GOING GLOBAL INTO NORTH AMERICA

YOUR COMPREHENSIVE GUIDE TO BREAKING THROUGH THE HIGH-END MARKET

出海北美

突围高端市场的全流程指南

徐怀玉　宋蕊　著

企业管理出版社
ENTERPRISE MANAGEMENT PUBLISHING HOUSE

图书在版编目（CIP）数据

出海北美：突围高端市场的全流程指南 / 徐怀玉著. -- 北京：企业管理出版社，2025. 5. -- ISBN 978-7-5164-3275-4

Ⅰ. F279.24

中国国家版本馆CIP数据核字第2025CE9532号

书　　名：	出海北美：突围高端市场的全流程指南
作　　者：	徐怀玉　宋　蕊
责任编辑：	韩明慧
书　　号：	ISBN 978-7-5164-3275-4
出版发行：	企业管理出版社
地　　址：	北京市海淀区紫竹院南路17号　　邮编：100048
网　　址：	http://www.emph.cn
电　　话：	总编室（010）68701719　发行部（010）68701816
	编辑部（010）68414643
电子信箱：	qiguan1961@163.com
印　　刷：	三河市东方印刷有限公司
经　　销：	新华书店
规　　格：	160毫米×235毫米　16开本　18印张　250千字
版　　次：	2025年8月第1版　2025年8月第1次印刷
定　　价：	98.00元

版权所有　翻印必究·印装错误　负责调换

序　言

2024年春节，按理说我应该在家吃饺子、放鞭炮，和亲戚朋友斗智斗勇地打掼蛋，而我却跑到了加拿大，在零下二十摄氏度的街头，捧着一杯滚烫的 Tim Hortons 咖啡，看着远处飘雪发呆。

结果，这趟"逃年"之旅，竟成了我思考中国企业出海的一个契机。

那几天，我遇到了两个想出海北美的中国企业家，一个是来自佛山的陶瓷大佬，另一个是苏州的装备制造民营企业家。两人风格迥异，但他们的困惑却惊人地相似——国内市场卷不动了，利润越来越薄，想去北美闯一闯，可又不知道这条路到底能不能走。

"加拿大盖房子慢，我们的瓷砖便宜、质量好，加拿大人肯定抢着要！"这位陶瓷老板说得斩钉截铁，眼里全是蓝海市场。可等我一问："你了解加拿大的建材标准吗？进口关税怎么算？仓储、配送怎么搞？"她立刻沉默了，挠了挠头："这个嘛……我回头让人研究研究。"

另一位装备制造企业家则稳重许多。他叹了口气："国内市场太卷了，我们企业技术不差，但总是打价格战。北美市场是不是个机会？"他的语气不像陶瓷老板那样激情四射，而是透着一种理性和审慎。他更关心的是知识产权保护、企业注册、法律合规和用工成本。

这两位企业家，一个急于行动却准备不足，一个想得周全却没有清晰路径。他们的问题，正是大多数中国企业想出海北美时的真实写照。

所以在这本书里，我希望为大家解决两个问题：第一，中国企业要不要去北美？第二，中国企业怎么去北美？

先说第一个问题：中国企业到底要不要去北美？

这次加拿大之行，让我真正意识到：中国企业出海北美，不是一个简单的决定，而是一个系统性的挑战。但问题来了，真的没人能去北美吗？当然不是。

内卷的尽头是出海。国内市场越来越卷，企业不再是和同行拼产品，而是在拼供应链、拼价格、拼营销，甚至拼谁亏得起。而北美市场虽然门槛高，但一旦进入，利润空间、品牌溢价都远比国内要好。

有人担心，中美关系、中加关系忽冷忽热，万一政策变动，出海的风险是不是太大？但我们应该换个角度看问题——正因为市场环境在变，才更需要专业的规划和策略，而不是观望等待。否则，这中西方关系，哪天变冷了，你被活活地冻死；哪天变热了，你又失去了和人"热络"的良机。

中国企业的能力已经足够，近年来，中国企业加速拓展海外市场，出海投资呈现出显著增长态势。2023年，中国对外直接投资（ODI）达到1773亿美元，同比增长7%，使中国成为全球第三大对外投资国。2024年前八个月，中国对外投资继续保持增长势头，累计达到7895亿元人民币（约1109亿美元），同比增长12.5%。

从行业分布来看，信息技术、先进制造和医疗健康是中国企业出海的主要领域。其中，医疗健康行业以29.45%的占比居首位。此外，科技与云服务、高端制造、医疗健康以及能源资源等行业的出海投资也在逐年增加。

在投资目的地方面，中国企业的海外布局日益多元化。传统上，北美和西欧是主要的投资区域，但新冠疫情后的前两年，东南亚、非洲等新兴市场的吸引力不断提升。值得注意的是，2024年年底，特朗普二次入主白宫之后，高举关税大旗，这让很多中国企业主将出海重心移回北美。

企业规模方面，大型企业在出海中占据主导地位。数据显示，29.5%

的大型企业已实施出海计划，19.9%的大型企业有出海意向。与此同时，中小微企业也在积极拓展海外市场，分别有39.4%、17.5%和13.6%的企业已开展出海业务。

总体而言，中国企业出海呈现出投资规模扩大、行业多元化、目的地多样化以及企业类型丰富等特点。随着全球经济一体化的深入发展，中国企业在海外市场的影响力和竞争力将持续提升。

接下来谈第二个问题：中国企业怎么去北美？

十年前，出海北美的中国企业还不多，但今天，我们的产品质量、科技含量、品牌意识、供应链管理能力早已不是问题。我不久前考察中海油北美中心，充分证实了这个结论。唯一的问题是——你踩过多少坑？你有没有一条正确的路径？

这本书，不是一本单纯的市场分析，也不是一本浮夸的成功学，而是一本基于实操经验的避坑指南。

我希望把这本书写得实用、接地气，让更多中国企业能少走弯路，少踩坑，真正抓住北美市场的机会。

毕竟，踩过坑的人，总得把路上的石头清理干净，才好让后来人走得更远。

"走出去"容易，"站稳脚跟"才是关键。对于想要进军北美市场的中国企业来说，投资咨询机构就像是一座桥梁，连接着中国企业的能力与北美市场的机会。如果企业是勇敢的探险家，投资咨询机构就是那张精准的地图，帮助企业绕过沼泽、避开陷阱，走上通往成功的捷径。

识别市场机会，避免盲目出海。不少企业一听"北美市场大、利润高"，就一头扎进去，结果发现北美市场水深、法规严、竞争激烈，最后不得不狼狈撤退。投资咨询机构能提供精准的市场调研和行业分析，帮助企业判断产品是否适合北美市场，如何调整策略，找到真正的"蓝海"。我们出海，不是简单的出国，而是要成功地把企业的生意搬过去，且活下来，而且活得很好。

规避法律与合规风险，确保安全着陆。北美市场的法规体系远比国内复杂，从企业注册、税务合规、商标专利，到用工法律、环保标准，每一步都有可能成为"坑"。一个合同漏洞、一个劳工法违规，都可能让企业付出惨痛代价。尽管本人当律师很多年，且对公司法研究较深，但在实操过程中，还是会遇到很多困惑，不得不请教当地的律师。每次遇到这种情况，就想起当年肯尼斯·斯塔尔在调查比尔·克林顿总统性丑闻（即"莱温斯基事件"）期间的真实经历。据报道，斯塔尔在负责独立检察官调查时，经常遇到复杂的法律问题，不得不向法学院教授请教。而他抱怨过每次法律咨询都要支付 50 美元的电话费。

这个故事突出了一个有趣的细节：即使是顶级检察官，在面对法律难题时，也无法"一个人战斗"，必须依靠专业法律人士的支持。这也侧面反映了美国法律体系的复杂性，以及法律服务的高昂成本。

投资咨询机构能提供合规指导、法律支持、财务规划，确保企业不会因"水土不服"而付出高昂学费。

优化供应链与落地模式，提高竞争力。我在 2025 年春节期间考察了加拿大一家仓储和供应链公司，国内某家知名无人机企业想进入北美市场，该无人机企业觉得只有好产品远远不够，物流、仓储、分销、售后都直接影响品牌能否长期立足，于是找到这家供应链公司寻求服务。当然，这家供应链公司也因为成功服务这家知名无人机企业，获得了比较好的口碑。投资咨询机构能帮助企业规划高效的供应链布局，优化本地化服务，降低运营成本，让产品真正"落地生根"。

融资与资本对接，助力企业做大做强。很多中国企业出海，不仅仅是为了卖产品，而是想建立本地品牌，甚至进行收购、合资合作。投资咨询机构能帮助企业对接北美资本市场，寻找战略合作伙伴，提供并购、股权投资、融资规划等专业支持，让企业的海外发展更具可持续性。有一次我在卡尔加里打车，出租车司机是个印度小伙子，他说中国人喜欢当老板，不习惯打工。是的，很多国人出海之后，手笔很大，动辄绿地项目来一个，殊不知一口往往吃不出个胖子来。

文化适应与品牌塑造，让企业被市场接受。中美文化、消费习惯、商业模式差异巨大，很多中国企业在国内是"王者"，在北美却成了"路人"。投资咨询机构可以提供本地化品牌战略、营销方案、客户关系管理，帮助企业快速融入市场，建立品牌认知，形成真正的国际竞争力。徐悲鸿先生说过，人不可以有傲气，但不可以无傲骨。傲骨是自信，傲气是自大。

北美市场充满机遇，但也布满陷阱，而投资咨询机构正是企业出海的"导航仪"。与其单打独斗、摸索前行，不如借助专业投资咨询机构的经验和资源，避坑、提速、降本、增效，真正让中国企业在北美市场立足、成长、壮大。毕竟，出海不是一场短跑赛，而是一场长期战，找对"引路人"，才能走得更远。

目 录

第一篇　中国企业的全球化趋势与北美市场的特殊性 …1

第1章　全球化新时代：中国企业的出海潮 …… 3
- 第一节　从制造到品牌：出海企业的国际化进程 …… 3
- 第二节　不同区域的出海模式对比 …… 4
- 第三节　为什么北美是更值得中国企业挑战的市场 …… 13
- 第四节　专业咨询机构如何帮助企业正确评估北美市场的可行性 … 15

第2章　为什么去北美的企业相对较少 …… 17
- 第一节　市场壁垒：高标准、高竞争、高门槛 …… 17
- 第二节　法律与合规的挑战：严苛的监管与政策风险 …… 20
- 第三节　成本与资本的压力：如何平衡高成本与长回报周期 …… 21
- 第四节　市场认知误区：北美真的适合我们吗 …… 26

第二篇　中国企业如何设计北美出海路径 …… 29

第3章　目标明确：如何选择北美市场 …… 31

第一节　美国 vs 加拿大：不同市场的机遇与挑战 …………… 31
第二节　行业分析：哪些行业适合出海北美 ………………… 38
第三节　市场进入策略：直营、合资、收购、合作 ………… 55

第4章　从0到1：构建出海北美的商业模式 ……………… 67

第一节　如何定位产品与品牌 ………………………………… 67
第二节　渠道选择：传统零售、电商、线下连锁，哪个更适合 … 77
第三节　如何与北美本地商业生态融合 ……………………… 81
第四节　投资咨询机构如何提供运营架构搭建、团队组建和财务管理支持 ……………………………………………………… 85

第5章　法规与合规：不踩雷的北美市场运营指南 ………… 89

第一节　企业注册与合规要求 ………………………………… 89
第二节　知识产权保护：专利、商标、数据合规 …………… 96
第三节　合同、雇佣、商业法律上的"坑" ………………… 103

第三篇　如何规避北美市场上的常见风险 ……… 107

第6章　文化差异带来的商业误判 ……………………………… 109

第一节　中国和北美消费者行为的巨大差异 ………………… 109
第二节　"低价战略"在北美市场行不通 …………………… 111
第三节　品牌信任度的建立远比价格更重要 ………………… 114
第四节　咨询机构如何提供精准的市场调查与品牌本地化策略 … 117

第7章　供应链与物流的现实挑战 ……………………………… 120

第一节　北美的供应链为何如此复杂 ………………………… 120
第二节　物流成本居高不下，如何优化 ……………………… 125

第三节　本地化仓储与配送策略 ……………………………………… 129

第8章　销售与渠道的风险 ………………………………………… 133
　　第一节　亚马逊并非万能解药，中国卖家越来越难做 ……………… 133
　　第二节　如何进入北美主流商超与零售体系 ………………………… 135
　　第三节　线下渠道与本地代理的风险 ………………………………… 138
　　第四节　投资咨询机构如何帮助企业搭建多元销售渠道并提供
　　　　　　商业合作资源 ………………………………………………… 142

第9章　用工与管理的法律风险 …………………………………… 146
　　第一节　北美招聘与用工合规指南 …………………………………… 146
　　第二节　"中国式管理"在北美的失败案例 ………………………… 149
　　第三节　如何打造符合北美文化的管理模式 ………………………… 153
　　第四节　投资机构如何提供劳工合规与 HR 管理优化建议 ……… 156

第四篇　成功者的经验与失败者的教训 ………… 161

第10章　中国企业在北美的成功案例 …………………………… 163
　　第一节　中海油北美中心：中国央企成功收购加拿大尼克森公司 … 163
　　第二节　双汇国际收购史密斯菲尔德，技术引进＋市场共享的
　　　　　　双赢 ……………………………………………………………… 170
　　第三节　万达收购美国 AMC 院线：成功还是失败 ………………… 176

第11章　失败案例分析：掉进坑里的企业 ……………………… 181
　　第一节　OFO 进军北美：在美国水土不服的共享单车 …………… 181
　　第二节　加拿大王府井购物中心破产案例 …………………………… 184
　　第三节　中国制造企业在墨西哥的投资失败案例 …………………… 187

第五篇　北美市场的未来趋势与机遇 ………… 193

第12章　北美市场的未来增长点…………………… 195
　第一节　新能源产业链的机会……………………… 195
　第二节　数字经济与人工智能的商业化…………… 202
　第三节　制造业回流带来的供应链变革…………… 206

第13章　新兴行业如何布局北美…………………… 211
　第一节　跨境电商的未来趋势……………………… 211
　第二节　中国 SaaS 企业的北美机会………………… 213
　第三节　医疗、教育、农业科技的新机遇………… 216
　第四节　投资咨询机构如何帮助不同产业在北美找到合适的市场
　　　　　切入点……………………………………… 220

第14章　北美市场未来的变数……………………… 224
　第一节　地缘政治对北美市场的影响……………… 224
　第二节　美加投资环境的变化……………………… 232
　第三节　跨境贸易的新模式：关税、供应链与数字化贸易…… 236
　第四节　投资咨询如何帮助企业制定应对地缘风险的策略…… 242

第六篇　投资咨询如何助力企业成功出海北美 … 247

第15章　投资咨询在企业出海中的角色…………… 249
　第一节　市场调研与可行性分析：如何熟悉北美市场……… 249
　第二节　融资与资本规划：如何找到合适的投资伙伴……… 252
　第三节　法律与合规支持：避免因小失大，合规先行……… 254

第四节 供应链与物流优化：降低运营成本，提高竞争力 ……… 257

第五节 品牌与市场推广：如何用北美的方式讲述中国企业的

　　　　故事 ………………………………………………… 260

尾　声 ………………………………………………………… 264

后　记 ………………………………………………………… 273

第一篇

中国企业的全球化趋势与北美市场的特殊性

第 1 章　全球化新时代：中国企业的出海潮

第一节　从制造到品牌：出海企业的国际化进程

中国企业的出海之路，常常从制造代工开始，逐步迈向品牌化。然而，在全球市场竞争中，我们不得不正视一个现实：中国制造在整体上尚未达到世界先进水平，尤其是在高端制造领域，比如工业母机。即便在某些特定行业里，我们的产品达到了世界一流，但部分制造体系的底层支撑仍然依赖国外供应链，这成为中国企业实现真正国际化的关键瓶颈。

前段时间，我在浙江大学为陕西省某国企讲课，期间提到了西安市的一家制造企业。该企业的产品质量卓越，达到了世界一流水平，出口至多个发达国家。但当我深入询问时，两个关键问题让我意识到，中国在制造业上的短板依然明显。

第一个问题，我问："你们的生产设备是哪里产的？"

对方答道："德国和意大利，还有日本。"

第二个问题，我问："你们的原材料来自哪里？"

对方答道："主要是美国进口或者美国标准。"

这两个回答揭示了一个重要现实——中国制造虽然能做出高质量产品，但制造的核心设备很多仍依赖西方，许多关键原材料仍依赖美国。换句话说，我们在生产端拥有执行力，在工艺上能做到极致，但在核心技术、材料和高端装备领域仍有短板，尚未形成真正独立可控的产业链。

对于出海企业而言，品牌建设的关键不仅仅是产品质量，更在于产业链自主可控。当中国企业真正摆脱对高端制造设备和关键原材料的依赖，并构建自己的核心技术壁垒时，才能从"中国制造"升级为"中国品牌"，真正实现全球竞争力的跃升。

好在我国很多普通生产资料、生活用品的制造已经达到或者基本达到国际水平，加之我们的管理优势、成本优势带来的市场占有率，完全可以迈出国门，走向海外。典型产品就包括具有一定科技含量的品牌无人机，输油管道等。

第二节　不同区域的出海模式对比

中国企业的出海已经进入深水区，不同区域的市场环境、政策体系、消费者需求等因素决定了企业在全球化过程中的路径选择。以东南亚、中东、非洲和北美为例，它们各自代表了不同的发展阶段和商业逻辑，企业出海的模式也因此存在显著差异。

一、东南亚：市场增长快，轻资产模式盛行

东南亚市场以泰国、越南、印度尼西亚、马来西亚、菲律宾为代表，人口超过6.7亿，GDP增速长期维持在5%以上，消费升级迅猛。这里的出海模式多以"轻资产+互联网模式"为主，包括跨境电商、短视频、电动两轮车、游戏等。东南亚距离中国比较近，无论是人种还是文化，都存在很多相似的地方，因此很多企业出海的首选地点就是东南亚。

东南亚发展主要的特点是年轻人口红利、数字经济崛起、市场碎片化（图1-1，图1-2）。

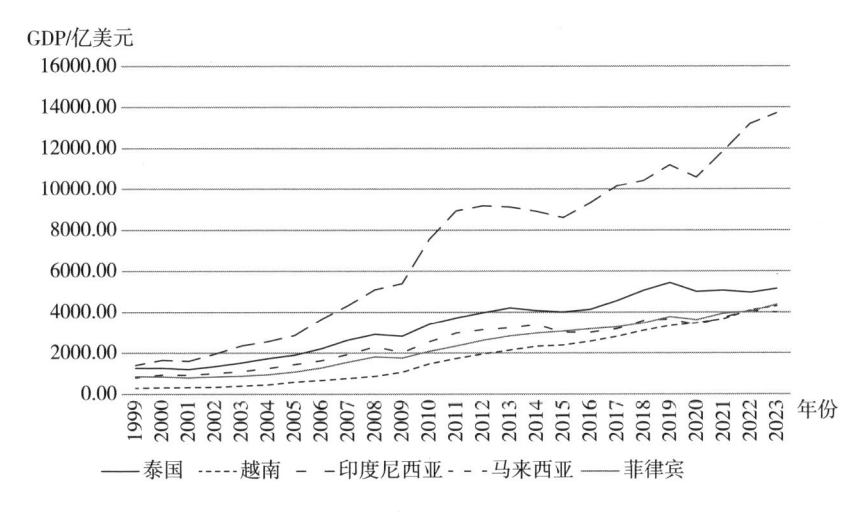

图1-1 东南亚各国GDP

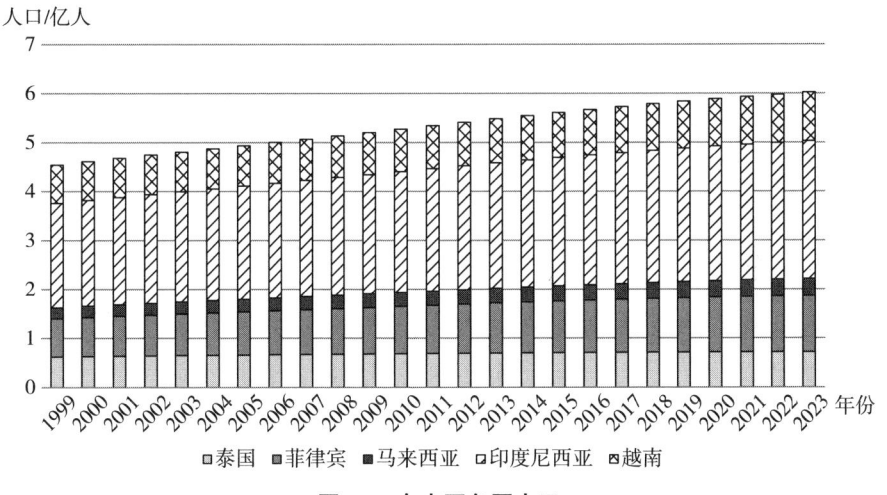

图1-2 东南亚各国人口

案例：上汽通用五菱出海印尼

2024年底，中国上汽通用五菱印尼公司第16万辆整车暨"云朵"出口车成功下线。从1辆到16万辆，作为首家在印尼布局的中国车企，五菱占当地新能源汽车市场份额已超50%。

2017年，上汽通用五菱为响应国家"一带一路"倡议，抓住世界汽车产业格局调整机遇，积极"走出去"，在印尼开设了海外工厂。针对印尼消费者的实际需求和当地市场的特点，五菱汽车通过技术创新，在空间、轴距、发动机、智能化配置乃至车膜等多方面进行了本土化改良，推出了多款适合东南亚市场的电动车型。

上汽通用五菱不仅仅是"跨国建厂"，更是"跨国搬链"，联合了中国的16家三电企业，推动产业链在印尼的本土化布局，共同在印尼建设新能源核心零部件生产基地，实现了"从零到一"的突破。一方面，上汽通用五菱在印尼西爪哇省投资了10亿美元，建设全新的汽车生产制造基地，包括主机厂和供应商园区；另一方面，联合上下游一起扎根印尼，并在印尼当地自主开发了超过100家本土供应商，建立起一个全新的生态圈。

如今五菱汽车在印尼新能源汽车市场占有率排名第一，领跑印尼新能源汽车市场。上汽通用五菱实验室理事长吕俊成公开表示，3.0时代是新质生产力出海的时代，科技创新、品质卓越、全链出海，才是中国品牌应有的样子。

但东南亚市场也面临挑战，例如本地政策不稳定，各国的税收、法规差异较大，且竞争激烈。部分国家还对中国企业的市场扩张持有一定的保护主义倾向。

二、中东：政策友好，基建 + 高科技机会多

中东市场，特别是阿联酋、沙特等国，近年来大力推动经济多元化，从石油经济向数字科技、智能制造、旅游、金融等领域转型。中国企业的出海模式主要以"基建 + 技术输出"结合 B2B 项目合作为主。

中东前些年以"土豪"的形象风靡全球，对外投资遍布世界各地。最有名的就是 2017 年，软银孙正义凭借 45 分钟的巧舌如簧，便从沙特

王储小萨勒曼那里收获450亿美元的投资——这次会谈可能是有史以来最高效的融资会谈，每分钟融资10亿美元，而且双方在会谈之前从未见过面。

但随着全球经济萎缩，中东也开始收紧投资。2024年10月29日，沙特公共投资基金（PIF）总裁亚西尔·鲁梅延在利雅得举行的未来投资倡议（FII）峰会上表示，PIF计划将其海外投资金额从总额占比的30%降至18%至20%之间，未来将更专注于国内经济。鲁梅延表示，PIF部署投资的方式已经发生了变化，转向与国际和本土公司成立合资企业。

所以，中东发展的主要特点是资本充裕、政商合作密切、政策鼓励外资。

案例：华为深耕中东二十年

早在1998年，华为就通过与阿联酋电信合作交付首套程控交换机进入中东市场。初期，华为重点聚焦海湾阿拉伯国家合作委员会（GCC），围绕基础设施薄弱的国家展开业务拓展。2001年，华为在迪拜设立中东地区总部，同步建立客户培训中心，开始对沙特、卡塔尔等国的电信运营商技术人员进行系统培训。到2005年，华为在中东通信设备市场份额达7.3%，存量合同总额累计突破6亿美元。

2012年，华为拿下了沙特电信全国光网改造项目，铺设光缆16万公里，沙特的家庭宽带渗透率从19%增长至52%。到2015年，华为在中东区域的收入首次突破20亿美元，运营商业务贡献率稳定在68%~72%区间。2018年华为又赢得沙特电信5G网络建设项目，在利雅得、吉达等9大核心城市建设3250个AAU基站，采用3.5GHz+700MHz混合组网方案，成功实现沙漠地带每平方公里覆盖成本降低34%。华为在中东的收入也从2016年24.6亿美元增长至2020年的58.3亿美元，五年复合增长率达24%。

美国实施技术封锁后，华为中东业务启动供应链重组方案。2021年沙特制造基地实现47%设备组件本土化生产，并将库存周转周期压缩至19天。2022年，华为推出基于昇腾处理器的中东版公有云服务，联合阿联酋G42公司建立3个区域数据中心，累计部署服务器23万台。在终端业务方面，开发面向中东市场的太阳能平板电脑，待机时间延长至普通产品的2.3倍。2023年华为财报显示，中东区域营收达82.7亿美元，运营利润16.4亿美元，利润率高达19.8%，显著优于全球平均利润率5.5%。

与东南亚不同，中东的市场容量较小，但单个项目金额大，需要依赖本地合作伙伴。对于B2C（Business to Consumer）行业而言，本地消费者的品牌忠诚度较低，中国企业需要投入更多市场教育成本。

三、非洲：基建+消费品市场，耐心为王

非洲市场虽然人均GDP较低，但人口超过14亿，年轻劳动力丰富。出海企业通常采取"基建先行+消费市场跟进"的模式，即通过大型基础设施项目建立市场信任，然后逐步引入消费品。

必须提及的就是人口。非洲在2023年已经拥有超过14亿人口，占全球人口的18%，仅次于亚洲，成为世界人口第二大洲。而且，非洲具有非常年轻的人口结构，30岁以下人口的比例高达70%。预计到2050年，非洲大陆的人口将达到近25亿。

非洲发展的特点就是人口增长快，但是基础设施薄弱、市场初级化（图1-3）。

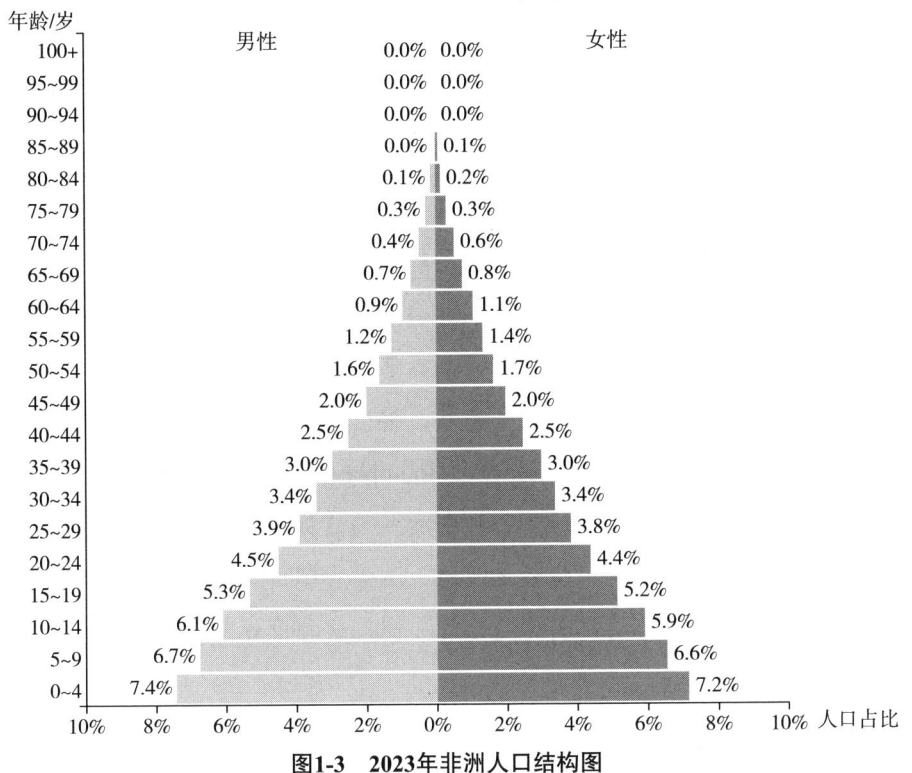

图1-3　2023年非洲人口结构图

案例：传音手机

提到非洲，不能不提传音手机。

全球销量第二的手机品牌是谁？很多人第一反应会是华为、小米，或者OPPO、vivo。很可惜，都不是。一家在国内几乎无人问津的公司——传音手机，在非洲成了"手机之王"。

20年前，正值非洲手机市场的萌芽期。当地消费者对手机的需求很大，但大多数国际品牌对此并不上心，产品和服务也没有真正贴合非洲人的实际需求。非洲市场的问题在于物流和支付体系不成熟，政局不稳定，应对这些挑战，都需要长期投入和耐心布局。

而传音，则敏锐地抓住了突破非洲市场的三大王牌：拍照、音乐和安全。

第一是拍照。非洲市场的手机品牌虽然不算少，但大多是国际品牌，产品设计基本以欧美用户为导向，摄像系统对深肤色人群并不友好，拍出的照片要么过暗，要么过曝，几乎看不清人脸。传音迅速发现了这个问题，并专门成立研发团队，搜集了海量非洲用户的自拍样本，开发了一套针对深肤色的美颜算法。这种技术可以自动调整曝光和肤色，让照片看起来更自然、更好看。就凭这一点，传音迅速在非洲市场赢得了用户的喜爱，被称为"最懂黑人的手机"。

第二是音乐。非洲是一个充满节奏感的大陆，音乐是人们生活中不可或缺的一部分。传音针对这一特点，推出了配备超大音量扬声器的手机，并开发了本地化音乐流媒体平台Boomplay。

第三是安全。传音在部分手机中加入了"防弹功能"。它选用了一种叫凯夫拉的材料，这种材料常被用于防弹衣制造。虽然听起来有些戏剧化，但在社会治安问题较为突出的非洲，这种设计却满足了用户对安全的需求。

所以，虽然非洲市场的个人消费能力有限，但仅次于亚洲的人口数量也不容小觑。依靠非洲市场，传音2024年营收达到了惊人的687亿元，净利润高达55.9亿元。

四、北美：高壁垒，高标准，高回报

北美是全球最成熟的市场，也是全球最高端的市场，具有非常强的品牌溢价能力，但也拥有最严格的市场监管。很多企业在出海的时候不敢选择北美，总有一种"丑媳妇不敢见公婆"的自卑感，要么觉得产品不行，怎么能卖到那么高端的市场去呢；要么觉得企业经营不规范，到了成熟的北美市场会不会不习惯？这样的案例当然也有，比如某电商平台，原本计划在北美大展拳脚，却因不了解当地税收政策和消费者权益保护法，屡屡陷入诉讼，最后不得不黯然退出。

但"人往高处走，水往低处流"，真正的好企业是不惧怕这些

"门槛"的。你看"玻璃大王"曹德旺，在美国建厂不是干得风生水起吗？

北美发展的特点是市场成熟、监管严格、竞争激烈。

案例：SHEIN的DTC模式

近年，海外网络贸易大环境变动不居，品牌出海之路也屡经波折。如果说"第一代外贸人守传真，第二代外贸人搞展会，第三代外贸人做阿里"，那么第四代外贸的趋势之一，就是减少对第三方平台的依赖，探索直面消费者的DTC模式。DTC意为"Direct to Consumer"，指品牌减少对经销商、代理商、零售平台的渠道依赖，直接面向消费者进行运营和销售，将省下的渠道成本用来提升消费者体验。

谈到DTC，以女装为主的全品类服装综合站SHEIN（希音）是一个绕不过去的话题。2021年，SHEIN超越亚马逊（Amazon），成为美国下载量最高的购物APP，全年下载量2.29亿次，官网的月访问量稳定在2.3亿次。在Google和WPP联手发布的《2023年Brandz中国全球化品牌50强》榜单中，SHEIN排名第四，仅次于字节、小米和联想。

近十五年的发展历程中，SHEIN敏锐地踩中了海外市场这个红利，主打北美和欧洲市场。作为最早一批B2C跨境电商，SHEIN通过低价策略打入海外服装蓝海市场，并抓住了谷歌搜索广告红利期，通过SEO和低廉的付费广告积累早期资产；在社交媒体时代，SHEIN一边通过社媒营销蓄水，一边自建独立站承接，同时继续整合供应链、夯实"快时尚"的根本，最终在新冠疫情期间把握住了电商红利，用户量和销售额都获得爆发式增长，成长为海外快时尚头部品牌。2023年，SHEIN的估值已经达到660亿美元，收入超过220亿美元，其中33%来自美国，30%来自欧洲。

然而，北美市场的挑战也显而易见。法律壁垒高——美国外国投资委员会（CFIUS）审核严格，TikTok在美市场面临政策压力。本地运营难——SHEIN 正面临劳工与环保合规问题。市场成熟度高——消费者对品牌忠诚度强，营销成本远高于东南亚等新兴市场。

五、数据对比：出海模式差异分析

出海模式差异可见表 1-1。

表1-1　　　　　　　　　不同市场的关键数据比对

市场	2023年人口（亿人）	预计GDP增长率	主要出海模式	主要挑战
东南亚	6.7	5%	跨境电商、短视频、电摩	法规差异大，竞争激烈
中东	4.5	3%~4%	基建+技术合作	依赖政府关系
非洲	14	3%~5%	基建+消费品	基础设施不足
北美	4	2%~3%	品牌运营、高端制造	监管严格，成本高

六、为何北美仍是终极战场

尽管北美市场壁垒高、监管严格、竞争激烈，但它依然是中国企业最值得挑战的市场。这里不仅拥有全球最成熟的消费市场，还有最具影响力的品牌价值体系和最高的利润回报。

首先，北美市场的品牌溢价极高。美国消费者更愿意为品牌和创新买单，例如苹果、特斯拉的高毛利率模式，使其在全球市场占据主导地位。相比之下，东南亚、非洲市场虽然增长快，但价格竞争激烈，利润空间有限。即使没有关税，出口到这些地方的产品也利润微薄。

其次，北美的商业规则透明，一旦进入便可长期稳健发展。虽然监管严格，但通过审核后的企业可以享受稳定的营商环境，不像东南亚、中东等地受到政策波动影响大。SHEIN、Anker（安克创新）等企业的成功表明，北美市场的规则虽严格，但值得长期投入。

更重要的是，在北美成功的企业，将具备全球化品牌影响力。北美市场不仅是一个盈利场，更是品牌认证的关键一环。SHEIN 在北美的成功，使其品牌迅速扩展至欧洲、日本等高端市场。

总的来说，北美市场的挑战大，但它提供的品牌价值、利润回报和全球认可度，远超其他市场。对于志在全球化的中国企业而言，这里不是可选项，而是必选项。在全球竞争中，北美市场不仅代表着企业品牌力的最终考验，更决定了企业的全球市场地位。尽管道路艰难，但只有真正能够立足北美的中国企业，才能在全球市场拥有足够的话语权。

第三节　为什么北美是更值得中国企业挑战的市场

中国企业将北美市场视为重要战略目标时，需从多维视角理性分析其挑战价值。尽管存在市场竞争激烈、合规成本高等门槛，但需要从战略价值体现方面重新审视北美市场。

首先，是北美市场的高端消费与溢价能力。

我们可以看到，美国劳动力的平均周薪已经从 2006 年的 700 多美元上涨到现在的 1220 美元，也就是说，平均月工资可以达到 5000 美元上下。再算上加拿大，北美发达经济体人均可支配收入达 6.3 万美元，这是多么庞大的市场！苹果手机对人家来说不过是半个月的平均工资而已。正因为消费力旺盛，北美市场具备对创新溢价的产品具有高度包容性。

比如我们熟知的大疆（DJI），就是通过差异化技术路径打破原有市场格局，率先突破北美市场后，才奠定了其行业领军者的地位。直到现在，北美市场依然占据其营收的 40% 以上，从另一个侧面印证了技术型企业突破价格天花板的可能性（图 1-4）。

图1-4 美国和加拿大的平均周薪

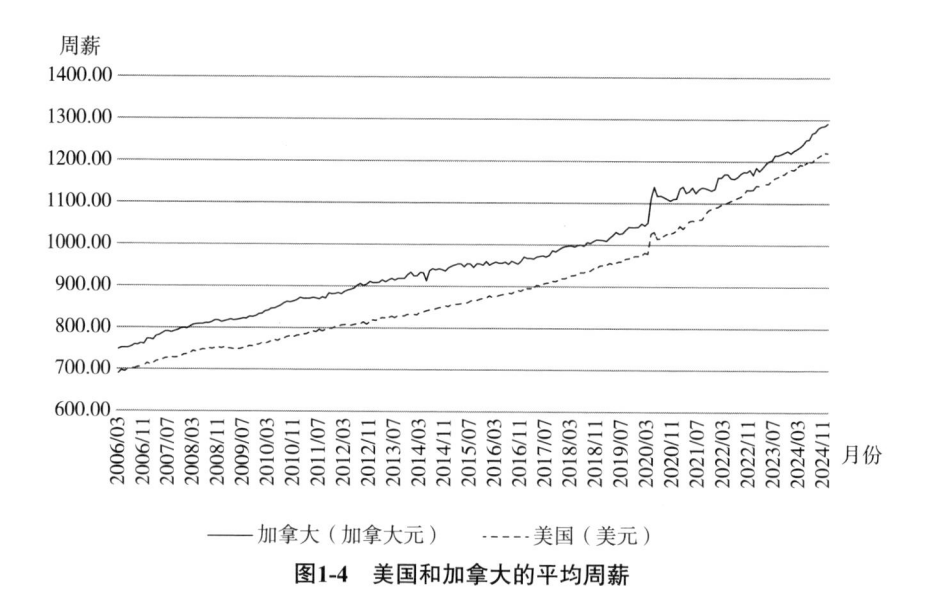

其次，是北美产业网络协同效应。

我们都知道，深圳有着全国最完善的电子产业链。传说，在这片创新热土上，只要你带着设计方案走进来，不需要走出城区，就能完成产品全链路：早晨敲定图纸，在华强北花两小时集齐全部电子元器件，中午前模具工厂已开启精密加工，下午科技园的芯片代理商会同步调试程序方案。这座城市编织出全球罕见的产业生态网——富士康级的头部企业与数千家隐形冠军交融，28万家制造业企业构成的超级供应链不断裂变，从微型传感器到智能终端所有环节皆可在5公里内精准对接。

这种体系生态不仅让初创团队能以极低成本验证产品，更让成熟品牌能在72小时内跑通从设计到样机全流程，造就了"世界工厂4.0"时代的深圳速度。正是这种坚不可摧的产业链韧性，让深圳始终屹立在硬科技革命的潮头浪尖。

有着如此强大的供应能力的，除了深圳，还有北美。相比于我们的供应链，北美有着更高端更精准的供应链体系，更重要的是，拿到了北美市场的认证，就相当于获得了全球产业链的准入资格。这种"市场突破—供应链升级"正循环对汽车零配件、高端制造企业具有战略意义。

最后，是北美创新生态的虹吸力。

北美有着非常成熟且差异化的资本运作体系，使得北美风投基金在支持技术创新和跨境协作方面有显著的优势。PitchBook数据显示，硅谷风险投资额占全球32%，成熟的投资体系和长周期的投资能力，允许企业经历技术探索、产品迭代的完整周期。反观国内，75%的有限合伙人为富有家族或个人，最近政府引导基金开始逐渐占据上风，虽然在政策里提到要"投早、投小、做耐心资本"，但受任期考核影响，国内的基金更倾向"5+2"年的短周期配置。

而且，国内基金的退出通道几乎只有首次公开募股（IPO）一条路，和北美并购、PE buyout、转让等多元退出通道相比，国内基金更倾向于投资成熟稳定的企业。这种生态差异造就了硬科技企业的进化分野：北美团队专注突破"卡脖子"技术，而国内企业多聚焦应用层创新。比如国内某些芯片企业就会在硅谷设立研发中心，实现研发效率提升，而国内主打后端制造。这种"前端研发—后端制造"的跨境协作模式正成为硬科技企业进化的新范式。

第四节　专业咨询机构如何帮助企业正确评估北美市场的可行性

在全球化新时代，中国企业出海北美的热潮不断升温。然而，北美市场的高壁垒、高竞争、高成本，使得企业在进入前必须进行充分的可行性评估。而专业的投资咨询机构，正是帮助企业规避风险、优化战略的关键工具。

以麦当劳为例，我们都知道它是一家全球知名的连锁餐饮企业，不仅遍布美国，在世界各地也都能看到这个"大叔"的身影。然而，每一家麦当劳的开设都不是简单的复制粘贴，而是要经过严格的前期调研和市场评估。

在选址阶段，麦当劳会综合考量地理位置、人流密度、消费能力、竞争环境等因素，确保新店能够达到最佳运营效果。例如，在繁华的商业区，麦当劳可能会选择更大面积的门店，提供更丰富的产品和座位，而在交通枢纽或高速公路服务区，店面可能更小，主打外带服务，以满足快节奏消费者的需求。

此外，麦当劳在进入不同国家和地区时，还会充分尊重本地文化和宗教习俗。比如，在中东地区，麦当劳提供清真食品；在印度，因宗教信仰限制，菜单中没有牛肉汉堡，而是主打鸡肉和素食产品；在日本，麦当劳不仅提供经典汉堡，还推出抹茶甜品等符合本土口味的产品。

正是这种精细化调研与本地化策略，让麦当劳在全球范围内保持了强大的市场竞争力，每一家门店都能贴合当地市场需求，而不仅仅是标准化的复制品。餐饮企业如此，更何况其他企业。

专业投资咨询能提供精准的市场数据分析。北美市场成熟但竞争激烈，不同行业的准入门槛、利润空间、政策法规各不相同。咨询机构可以通过数据建模、竞争对手分析、消费者研究等手段，帮助企业量化市场机会，避免盲目扩张。

法律与合规性评估是企业避坑的关键。北美对外资企业有严格的投资监管，例如CFIUS审核，税收政策、环保法规、劳动法规等极其复杂。专业顾问团队能够帮助企业理解当地法规，提前规避法律风险，确保合规运营。

此外，投资咨询机构还能协助制定落地策略。从选址、供应链整合，到品牌营销、人才管理，北美市场的商业模式与国内不同。专业咨询机构能结合企业资源与市场特点，定制适配的商业模式，提升成功率。

总的来说，专业投资咨询机构能帮助企业精准评估北美市场的可行性，减少试错成本，让出海战略更加稳健、可持续。

第2章 为什么去北美的企业相对较少

第一节 市场壁垒：高标准、高竞争、高门槛

北美市场作为全球最成熟的消费市场之一，以庞大的消费潜力、完善的商业规则和领先的技术标准著称。然而，其严苛的合规要求、高度成熟的竞争格局以及复杂的本地化运营挑战，形成了显著的市场准入壁垒。

事实上，北美市场的商业机会与挑战始终并存，并没有那么可怕。接下来，让我们来看看实际情况。

一、北美市场的高门槛，让多数企业望而却步

北美市场的门槛主要体现在法律合规、产品标准、竞争强度三大方面。

第一，法律合规严苛。中国企业到北美，往往最不习惯的就是北美严苛的法律政策，尤其是数据隐私、反垄断审查等等。比如加拿大的大部分交通摄像头在拍摄违规行为时，只能从后面拍车牌，而不能从前面拍驾驶员，否则会被认定为侵犯隐私。再比如，美国的CFIUS有着非常严格的审核流程，当初蚂蚁集团收购美国速汇金（MoneyGram）就因监管压力最终被迫放弃。

第二，产品标准极高。北美消费者对产品安全、环保、数据隐私等要求极其严格，例如医疗设备产品需通过美国保险商试验所（UL）、美

国食品药品管理局（FDA）等第三方认证，且各州法规差异显著。我国产品的部分标准与国际不兼容（如电子产品的易燃性测试与IEC标准冲突），导致企业需额外投入研发和认证成本。

第三，供应链压力。北美的线下渠道往往要求企业提供北美本地公司实体、完税证明、员工社保记录等资质文件，甚至需要在本地设立售后网点，因为北美消费者对质保期退换、维修服务等要求严格，需通过第三方服务商或自建海外仓实现本地化服务能力。例如某音响品牌因无法提供本地售后支持被Best Buy（百思买）终止合作。

二、高竞争环境，让企业不敢轻易下注

北美市场不是一片蓝海，而是一片血海。即便能进入，如何生存？

北美作为全球消费力最强的市场之一，其市场经济已高度成熟。多数行业呈现供应饱和状态，尤其在消费品、工业设备等领域，欧美及日本的老牌跨国公司长期占据主导地位。例如，亚马逊、沃尔玛（Walmart）等本土巨头在电商领域形成寡头格局，2024年数据显示亚马逊仍占据北美电商市场38%的份额。这种成熟度使得新进入者必须通过"攻城略地"的方式争夺市场份额。

另外，北美消费者习惯了本土品牌，品牌忠诚度比较高，对新品牌的接受度低，尤其对于"Made in China"的产品依然存在"质量差价格低"的刻板印象。比如拼多多旗下的Temu为了在美国市场打开销量，砸下1亿美元广告费，在具有"美国春晚"之称的超级碗比赛期间占据了30秒的广告时段，才勉强打开北美市场。但快速扩张之后，Temu收到了非常多的投诉，主要集中在产品质量、服务不达标等方面。因此，Temu面对亚马逊、沃尔玛这些传统品牌，能否像在国内一样，靠"砍一刀"打开并长久占据市场，依然是个未知数。

三、谁在北美赢了？往往是那些不怕难的企业

尽管如此，仍然有中国企业在北美市场突破重围。看看SHEIN，一

开始没人看好它。但SHEIN靠着极致供应链和社交媒体营销，把"快时尚"做到了极致，最终击败了Zara和H&M，在北美市场拿下30%以上的市场份额。

确切地说，SHEIN是打不死的小强。而SHEIN的出海之路，更是中国制造数字化的一个成功典范（图1-5）。

CLOTHING & FOOTWEAR			
Top Shopping Websites		Top Clothing Brands	
55% Amazon	12% SHEIN	1 Nike	35%
		2 lululemon	6%
7% Nike	2% GOAT	3 American Eagle	4%
		4 SHEIN	3%
		5 PacSun	3%

图1-5　SHEIN在Piper Sandler 2023年秋季调研中的排名

SHEIN成功的核心，就是将传统的中国制造供应链优势与先进的数字化体系结合在了一起。在SHEIN的官网上，对其数字化能力进行了三方面的概括：终端数字化、时尚趋势数字化以及供应链数字化。其中，时尚趋势数字化主要体现在捕捉市场潮流的能力上，而供应链数字化则强调在洞察市场需求后，能迅速将产品设计与生产出来并配送给消费者。至于终端数字化，SHEIN的解释是拥有两个线上国际站点，覆盖iOS端和Android端，为消费者提供便捷的购物体验。

SHEIN将中式互联网模式成功引入海外市场，利用移动支付和移动购物的普及时间差，迅速占据了终端数字化的优势地位。从SHEIN爆炸式的下载量来看，海外的消费者已经越来越习惯于在手机上购物。此外，SHEIN在互联网营销上的持续投入也是其成功的重要因素之一。有人说，SHEIN就是服装界的"拼多多"，平价、款式多、响应快，再加上中文互联网领域的网红种草带货模式，通过社交媒体展示新款SHEIN商品，以免费获得衣服或获得佣金为回报，迅速打开了北美市场。

这家跨境电商独角兽在海外市场的成功，不仅体现了其卓越的数字化能力，更展示了中式互联网营销模式的独特魅力，颇有一点初生牛犊不怕虎，乱拳打死Zara、H&M"老师傅"的味道。

四、别被北美的高门槛吓退，勇敢去闯

北美市场难进，但一旦突破，回报也是全球最高的。全球最具消费力的市场、最成熟的品牌溢价体系、最稳定的法律环境，都在北美。

2025年的冬天，加拿大雪大风大，室外气温动辄负10摄氏度以下。加拿大汽车协会（CAA）在二月初开展了一场史上最大规模的电动车冬季实测。"是骡子是马，牵出来遛一圈。"

最终，获得"续航之王"称号的竟然是Polestar2。Polestar原本属瑞典富豪车厂，后来富豪车厂被中国吉利汽车集团收购，其电动车品牌随之纳入吉利汽车集团，Polestar移师中国生产。

可见，"续航之王"充满中国元素，北美电动车市场也不是铁板一块。"冬天已经过去，春天还会远吗？"这个春天，注定属于Polestar。

如果你具备足够的勇气、专注和不怕输的精神，北美市场这块蛋糕，迟早会被你吃到。

第二节 法律与合规的挑战：严苛的监管与政策风险

北美市场的法律与合规要求严苛，这是所有出海企业必须面对的第一道门槛，但问题是，这种严苛真的是坏事吗？

很多人一听到北美市场就头大——反垄断调查、数据合规、环境法规、劳动法……每一项都像一座大山，让人觉得北美市场难以进入。例如，美国的CFIUS对外国投资的审查极为严格，包括TikTok在北美市场大获成功后，也不断受到美国政府的监管压力。

但换个角度想，监管严苛，意味着规则稳定。比起朝令夕改的政策、动不动就翻脸的市场，北美的法律体系虽然复杂，但至少透明。只要遵

守规则，市场就不会随意被干预。

再看看一些发展中国家，政府可能一夜之间修改法规，让企业的投资打水漂。比如，2021年东南亚某国政府突然宣布加强外资企业管控，直接导致多家中国企业撤资。再比如，中东某些国家的商业环境表面上友好，但如果政策突变，企业可能立刻面临高额罚款甚至资产冻结。相比之下，北美的监管虽然严苛，但它的稳定性，正是长期投资者真正需要的。

严格的规则，总比无法预期的变数要好。北美市场的高门槛，某种程度上也是一种保护，确保真正有实力的企业能在这里生存。而那些敢于接受挑战的中国企业，最终会发现，这里的市场才是最安全、最可持续的战场。

第三节　成本与资本的压力：如何平衡高成本与长回报周期

一提起出海北美，很多人直观印象就是不仅竞争激烈，成本更是高得吓人。从市场进入、日常运营到市场推广，每一个环节的成本都远超东南亚、中东等新兴市场。对于中国企业来说，如何在高成本环境下生存，并熬过长回报周期，是决定出海成功与否的关键。

一、北美市场的高昂成本，真的吗

1. 设立时的显性成本与隐性成本

企业出海的第一道关卡，就是在海外设立公司，或者办事处，或者直接建厂。无论哪种，都要面临一系列复杂且耗时的前期工作，其中包括公司工商注册、法律合规登记、办公室/厂房租赁、银行开户、财税服务、市场和运营证件登记等。不像在国内，这些机构都在身边，随时随地就办了。要远隔重洋去完成这些步骤，不仅消耗大量时间与精力，还伴随着相当可观的成本支出。

一说起成本，大家总会觉得北美很贵，东南亚很便宜。但根据PayInOne提供的数据分析，不同国家和地区设立海外公司的成本的确存在很大差异，美国的确很贵，但加拿大却并不比东南亚贵多少。与此同时，企业是否选择在海外建厂也是影响海外公司设立资金成本的一大重要因素。建厂成本通常较高，涵盖土地、建筑、设备、劳动力及合规成本等。海外建厂成本因产业特性、产能设计、所选国家或地区等有所不同，大致分布在 0.3 亿至 250 亿美元的巨大区间之内。不建厂成本相对较低，大部分国家仅仅设立办事机构并不建厂的成本，在 0.5 万至 5.7 万美元之间（图 1-6，图 1-7）。

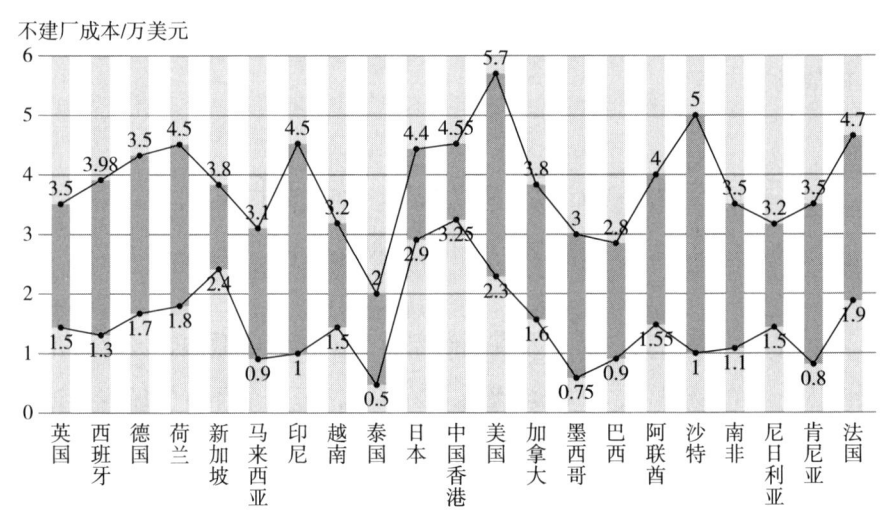

图1-6　中国制造业在不同国家和地区设立公司（不建厂）资金成本对比

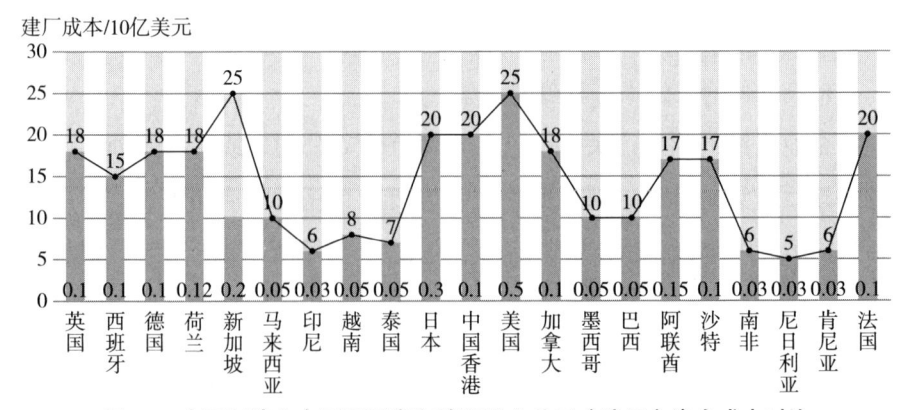

图1-7　中国制造业在不同国家和地区设立公司（建厂）资金成本对比

但需要注意的是，这里所提到的只是设立公司或者建厂的显性成本，实际操作中的隐性成本很难估计。比如在设立过程中，各个部门是否有"吃拿卡要"的现象，"人情费"需要多少？在设立过程中效率如何？一道手续是5个工作日就能走完，还是得拖上个几十天？厂房是半年就能开始投入生产，还是至少1~2年才能落地？这些很难估算的隐性成本对于企业未来的长远发展有着非常重要的影响。

2. 人力成本哪里最高

在海外，雇佣一名全职员工，其雇佣成本包含工资、社保公积金、商业保险、政府规定的补贴等。在PayInOne发布的《中国制造业出海人才白皮书2025》中提到，瑞士的雇佣成本最高，为平均每人每月8775美元；第二梯队的是美国、德国和荷兰，分别为7898美元、7040美元和7346美元。这些国家的高成本主要源于较高的生活水平和完善的社会保障体系，雇主需承担较高的社会保险和福利费用。

相比之下，印度和印尼的雇佣成本最低，分别为422美元和330美元，反映了这两个国家较低的生活成本和工资水平。这使得它们成为企业在成本控制方面的理想选择。此外，东南亚国家如越南、泰国和马来西亚的雇佣成本分别为451美元、472美元和1031美元（图1-8）。

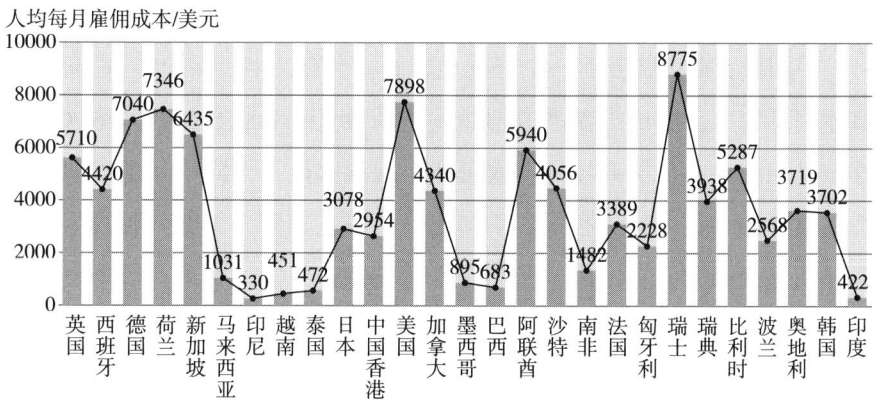

图1-8 中国制造业全职员工人均每月雇佣成本对比

在企业海外布局的过程中，人力成本是非常重要的一环。三十年前中国的发展，正是靠着"人口红利"所带来的低廉劳动力，大力发展劳动密集型产业，吸引西方国家来中国设厂，从而带动中国经济的腾飞。

而现在，中国企业出海也是两个方向。对于低附加值的产品，更倾向于向用工成本更低的东南亚等地转移，而对成本相对不敏感的高附加值产品，会更倾向于向有着完善供应链和成熟市场的消费地转移，包括美国、加拿大、欧洲等。

二、成本 vs 回报周期，中国企业如何平衡

1. 资本＋融资，撑过漫长的盈利等待期

在一次会议中，喜茶北美加盟商张文翰从落地实操的角度谈论了在北美开店的一些关键要点。他分享道，在实际的落地过程中，美国选址跟国内有非常大的区别。国内对于店租一般要求押一付三，美国物业的重点不在押金，而在连带责任，所以很多店铺在转租时，会花费很多时间，这也导致在美国做线下店，前期的决策成本会比国内高很多。喜茶在美国开出第一家店，就花了 8 个月时间，同一条街的平均开店周期是 12~15 个月。在国内和东南亚一路狂奔的茶饮、中餐，进入美国后就像被按下了慢速键，变成了一门慢生意。

但同样，美国物业有一个好处是，商场会有"半径保护"，在商场的整体规划中，会明确限制品类招商的店铺数量和品牌数量，并将这一条款签进租约。在美国商场，不太可能出现跟国内一样同一品类或同一品牌在很小的半径内开出很多店的情况。所以在美国，大部分餐饮店的存活时间是很长的。在国内，我们经常看到路边的店过不了一年半载就换了品牌，但在北美，你只要把店开起来，其基本的生存周期通常可达 8 年以上。

所以，出海北美需要经历漫长的筹备期和盈利等待期，必须有足够的资本储备，撑过最初的 2~3 年。如果企业说，我没有这么多钱，怎

办呢？答案是融资。这也是为什么北美的资本市场体系更加成熟和完善的原因之一，大多数的企业都是利用资本市场的力量来支撑长期发展。

适当的资本护航，可让出海北美的中国企业熬过"盈利前夜"。所以，建议出海企业至少储备3年的运营资金，倘若贸然进入北美市场，很可能会在竞争中被淘汰。

2. 以"品牌+高溢价"模式生存，而非拼价格

在中国，许多企业习惯于打价格战，你卖一元，我卖八角，压着成本，甚至不赚钱，也要把你从市场中挤出去。但在北美，这一策略很难奏效。北美市场消费者更注重品牌价值，而非最低价格。这也是Apple（苹果）、Tesla（特斯拉）等企业能在北美市场获得高利润的原因。

有一次，我和一个在美国和中国都创过业的科学家聊天，我问他，两次创业，你觉得最大的不同在哪儿呢？

他想了想说，美国习惯为服务付费。我做个很简单的小软件，用户觉得付费使用是理所应当的。所以在美国创业的时候，从一开始就有收入，虽然不多，但也还可以。

但是中国习惯先用免费服务抢市场，抢完了再开始收费服务。比如之前的网约车市场，快的和滴滴的烧钱大战历历在目。现在的各种AI软件，免费才有人用，一旦开始收费，用户立马开始寻找其他免费的替代品了。用户喜欢追求高性价比，一旦价格贵了，就开始寻找各种"平替"。所以在国内，无论做什么，最后都会陷入价格战这个怪圈。

但出海北美，再打价格战就行不通了。北美更认可的商业逻辑是，低价带来的是低质量和低端服务。比如深圳的消费电子龙头Anker，在北美市场不拼低价，而是用心寻找"浅海市场"，就是那些需求存在但尚未饱和的赛道，然后主推高端产品，强调"高品质、高性能"，成功抢占了欧美市场，收获了大量的忠实粉丝。现在Anker年营收超百亿元人民币，其中北美大概就占到50%，欧洲占比超过20%，两者合计占比近七成。有调查显示，在欧美，每100人中有30人知道Anker这个品牌。

3. 供应链优化：借助北美本地资源，降低物流和税收成本

中美关系确实存在不确定性，但感觉美国对于中国进入美国市场的产品增加关税是确定的。也就是说，如果依赖中国直接出口，物流费用和关税会大幅提高成本。那么，我们究竟应该如何面对？

有一家企业的做法可以借鉴。他们选择在加拿大建厂，关键原材料进口中国，在加拿大生产，最后出口美国。这家企业通过对于产品成本的有效设计，将出口到美国的产品成本构成中的51%发生在加拿大。这样，产品标注就是"Made in Canada"了，出口美国可以零关税。

这种模式不仅能规避关税，还能降低成本，让产品更快进入北美市场。

三、北美市场门槛高，但高投入 = 高回报

北美市场的高成本是事实，但别忘了，它的利润空间同样远高于其他市场。相比于价格战激烈、消费力有限的东南亚或者非洲等地，北美市场的品牌溢价、客户忠诚度、长期增长潜力，都更值得企业投入。

出海北美，成本高、竞争大、周期长，但回报也是世界级的。那些敢于投资、善于利用资本、精准定位市场的中国企业，最终都在北美市场赢得了一席之地。

第四节　市场认知误区：北美真的适合我们吗

很多中国企业在决定出海时，都会问自己："北美市场到底适不适合我们？"不少人一听到北美，第一反应就是"门槛高、监管严、竞争激烈"，于是干脆不去想，转而涌向东南亚、中东、拉美等新兴市场。但问题是，你以为容易的地方，真的适合你吗？

误区一：北美市场门槛太高，还是去东南亚更容易。

确实，北美的合规要求比东南亚严格，但东南亚市场的政策变动比北美更频繁，商业规则也更不稳定。2021年，印度尼西亚政府突然收紧外资电商准入，让不少跨境卖家措手不及。而北美虽然难进，但规则透

明、法律稳定，一旦进入，你就能安心深耕。

误区二：北美竞争激烈，价格战打不赢。

价格战确实难打，但北美市场的消费者更注重品牌溢价，而不是最低价格。看看 Anker，它从不打价格战，而是靠高端品质占领北美市场，最终成为全球充电设备的龙头。反观东南亚，低价竞争惨烈，本土品牌已经习惯打价格战，中国企业往往难以长期盈利。

误区三：北美消费者不接受中国品牌。

这个认知早已过时！SHEIN、TikTok、比亚迪，哪个不是在北美杀出一条血路？北美消费者只看产品实力，不管你是哪国品牌。

所以，与其问"北美适不适合我们？"，不如问自己：我们是否真的准备好了？

第二篇

中国企业如何设计北美出海路径

第3章　目标明确：如何选择北美市场

第一节　美国vs加拿大：不同市场的机遇与挑战

在选择北美市场时，美国和加拿大是两条截然不同的赛道。美国市场庞大但竞争激烈，加拿大市场稳定但增长空间不如美国。企业在做出决策前，必须明确自身优势、资源匹配度和长远规划。

一、市场规模vs竞争强度

美国：全球最大消费市场，机会与挑战并存。

2023年，美国GDP约29.2万亿美元，是全球第一大经济体。拥有3.4亿人口，且人均可支配收入接近8.6万美元，消费能力全球领先。但市场已高度饱和，本土企业如苹果、亚马逊、沃尔玛等巨头占据主导，新进入者面临强烈竞争。

加拿大：市场规模小但经济稳定。

2023年，加拿大GDP为2.2万亿美元，仅为美国的8%。人口4100万，但人均GDP高达5.49万美元，消费力不敌美国，但仍然是世界前列（图2-1，图2-2）。

本土企业较少，行业垄断程度低，进入门槛相对较低，更适合想要稳步发展的企业。

图2-1　2023年全球GDP前20国家

我们可以再来看一下这20个国家中人均GDP的排名情况。美国以8.34万美元排名第二，而加拿大则排名第五。

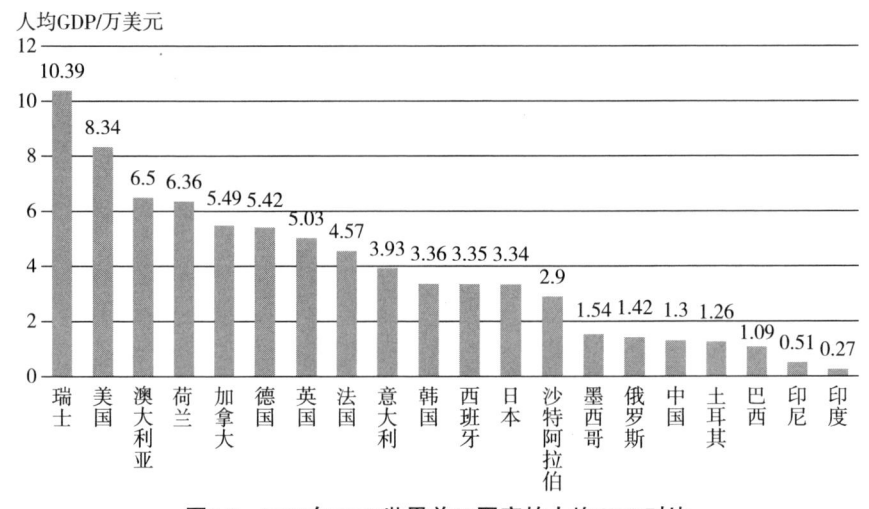

图2-2　2023年GDP世界前20国家的人均GDP对比

案例：加拿大立足，美国发展——浙江永嘉制造企业的北美突围之路

一家来自浙江永嘉的工具制造企业，他们在疫情前就已经开始布局北美市场。最初在加拿大建厂，生产中端工具产品，目标客户主要是之前积累的北美客户，其中核心市场是美国。

为什么选择加拿大建厂？他们的决策并非偶然，而是基于理性分析：

首先，地理位置优越。工厂选址在温莎（Windsor），紧邻底特律（Detroit），仅5公里外就是美国边境，可以最大化利用美国市场的需求，同时避开美国的部分政策风险。

其次，税收成本考虑。美国的企业税较高，而加拿大相对较为友好，尤其是对外资企业，提供了更多的商业激励和稳定的政策环境。

最后，本地资源整合。他们在加拿大已有长期合作的客户，成功利用该客户的厂房基础和供应链网络，大幅降低初期投资成本，使生产能快速落地。

所以他们规划的发展路径就是以加拿大为跳板，进军美国市场。几年后，随着企业产品质量的提升，客户数量逐渐增加，原来的加拿大工厂已无法满足订单需求。此时，他们已经积累了一定的市场经验和客户资源，于是决定扩展至美国，直接进入核心市场。

他们最终在底特律建立了子公司和新的生产基地。底特律不仅是北美汽车制造中心，也是工具类产品的核心需求市场之一。这一举措让他们可以更直接地服务美国客户，同时享受美国本土生产带来的市场信任度和品牌溢价。

如今，该企业在北美的业务运营良好，在加拿大和美国双市场布局，实现了稳定增长。

这一案例证明，对于中国企业而言，加拿大可以是进入北美市场的低风险跳板，而当企业成熟后，美国仍是最终的市场核心。

所以，如果企业追求规模和高增长，美国是必争之地；如果想要稳健进入北美，加拿大是更好的跳板。

二、政策与投资环境：谁更友好

美国：监管严格，政策变数大。

CFIUS 对中国企业投资审查严格，蚂蚁集团收购 MoneyGram 失败便是典型案例。

301 关税政策仍在，对中国制造企业的供应链带来挑战。

签证和移民限制多，限制了中国企业派遣管理层和技术团队进入美国市场。

加拿大：政策开放，对外资更友好。

加拿大对外资企业无特别审查机制（除涉及国家安全领域外），并鼓励科技、能源、生物制药等行业投资。

移民政策更宽松，企业家、技术人才更容易获得工作签证和永久居留权，有助于建立本地化团队。

特朗普政府政策变化：特朗普再次执政之后，同样对加拿大抡起税收大棒，导致两国关系空前紧张。这可能导致加拿大政府会对中国投资者减少一些限制。

案例：深圳某酒店机器人公司赴美受阻，转向加拿大

深圳一家机器人公司主营AI驱动的酒店接待与医疗运输机器人，这家企业的产品2021年进入北美市场，初期还算顺利，一年下来，美国市场贡献就占到了业务总营收的20%。

但随着2023年美国政府将"具备自主路径规划的移动机器人"列入《关键和新兴技术清单》，并援引《国防授权法》限制医疗机构采购"涉华敏感技术"，他们的业务受到了很大的影响，在美订单暴跌60%。

另外，根据美国的《通联技术禁令》，该公司建模系统需实时采集场景数据，但美国商务部将此类算法定义为"可能暴露敏感基建信息"。而且，美国海关自2024年起加大对机器人组件（如激光雷达）进口审查，超30%的核心部件滞港待检。重重压力之下，该公司被迫开始寻求其他更好的出海地点。

很快，他们就锚定了与美国一线之隔的加拿大。由于他们的产品科技含量较高，因此需要比较好的研发支持，出海可选的地区不多，要么是北美，要么就是欧洲。根据《美墨加协定》（USMCA）约定，加拿大生产的产品只要符合原产地规则（北美本地附加值≥75%），就可免税出口美国。这对在美国市场布局了很久的他们而言，是个非常大的利好。

很快，该公司就在蒙特利尔成立了研发中心和制造基地，投资了

8000万美元，并且采用"技术隔离"架构，软件代码在加拿大独立开发并申请本国专利；核心控制模块自产，传感器采购欧洲厂商，以替代原中国供应商。另外，加拿大为他们提供了400万加元的建厂补贴，还拿到了一笔不小的风投基金。

虽然在加拿大建厂，成本比中国生产高了30%左右，但是算上关税的减免、各种补贴，以及美国市场对加拿大产品的认可度，很快公司在美国的订单就恢复到了原来的水平，顺便还拿下了加拿大市场。整体算下来，净利率比原来提高了5%左右。

三、行业机遇：如何选择市场

美国适合科技、消费品牌、高端制造。
科技与AI：硅谷依然是全球科技中心，吸引大量风险投资。
DTC品牌：SHEIN、Anker等中国品牌通过电商平台崛起。
新能源汽车：美国正加速电动车普及，市场容量大，但政策壁垒高。
加拿大适合新能源、资源、生物科技。
清洁能源与矿产：加拿大拥有全球第二大石油储量，新能源政策友好。
医疗健康：加拿大医疗体系完善，政府支持生物科技和制药企业发展。
金融与区块链：多伦多是全球金融中心之一，创业环境优越。

案例：飞鹤乳业，国货奶粉的"出海"雄心

飞鹤乳业在国内的发展堪称一部波澜壮阔的奋斗传奇。多年来，其销量数据一路飘红，连续多年斩获国产婴幼儿奶粉销量冠军。以婴幼儿奶粉领域为例，旗下核心单品星飞帆系列，年销售额屡次突破新高，在国内母婴店货架上，它是众多宝妈奶爸的首选，市场占有率长期稳居前列，一度超15%。

当下，全球乳业市场正处于深度变革与快速发展的交汇点。一方面，新兴市场消费升级浪潮汹涌，对高品质乳制品需求呈井喷之势。以

东南亚、中东地区为例，随着当地居民生活水平提高，家庭对婴幼儿奶粉、高端液态奶投入意愿大增，市场规模年增速超 10%。另一方面，贸易全球化使得乳业产业链布局更趋国际化，原奶供应、生产加工、销售渠道跨越国界深度融合。

此时，国内乳业市场渐趋饱和，竞争白热化，增长空间受限。飞鹤乳业在国内虽占优势，但要迈向更高台阶，急需新的增长引擎。而加拿大，这片广袤而富饶的北美土地，幸运地镶嵌于北纬 40°~50° 之间的"黄金奶源带"。这一区域四季温润如春，降水均匀充沛，肥沃的土壤滋养出大片优质牧场。因此对飞鹤乳业来说，出海，尤其是进军乳业标准严苛、消费市场成熟且多元开放的加拿大，既能避开国内红海竞争，又能借助当地优质奶源、前沿科研资源，提升品牌国际知名度，融入全球乳业产业链高端环节，为品牌长远发展开辟新航道，开启二次腾飞新征程。

但是加拿大却有一个显著的产业短板：虽坐拥优质奶源，却长期缺乏本土婴幼儿奶粉大型工厂。其婴幼儿奶粉供应高度依赖进口，这一结构脆弱不堪，近年频繁暴露出严重问题。从物流受阻导致进口奶粉断货，到部分进口品牌因质量管控差异出现质量风波，加拿大母婴市场不时陷入"奶粉荒"困境。

飞鹤乳业瞅准这一市场空窗期，携成熟生产工艺、严苛质量管控体系与丰富产品线汹涌而至。凭借国内多年积累的大规模、智能化工厂运作经验，飞鹤有能力迅速填补加拿大本土产能缺口，稳定奶粉供应；其在国内经万千家庭检验的可靠产品质量，恰是加拿大消费者在困境中渴盼的"定心丸"，精准对接当地急切需求，为品牌入驻铺就顺畅道路。

出海对于每一家企业来说，都是一次重大的挑战。踏上加拿大土地开启建设征程之初，飞鹤乳业便遭遇诸多棘手难题。工厂建设招标阶段，由于当地建筑企业对中国乳企了解甚少，加之飞鹤严苛工艺标准与独特厂房设计需求，初期应标者寥寥无几，项目推进一度陷入僵局。当地建筑商担忧难以驾驭复杂的净化车间施工、定制化生产线安装，害怕承担高昂返工风险，故而踌躇观望。

审批流程更是漫长崎岖，加拿大食品检验局（CFIA）对婴幼儿奶粉工厂审批标准精细繁杂，且从未处理过中国乳企海外建厂申请，无先例可循。从工厂选址环境评估、生产工艺合规审查，到质量管控体系认证，层层关卡，资料反复递交、审核，耗时超预期一年有余，项目进度缓慢爬行，资金成本、时间成本如流水般消耗，企业压力骤增。

跨文化管理领域同样"暗流涌动"。飞鹤派遣的中方管理人员与加方本地员工在工作理念、沟通方式上冲突不断。中方强调高效执行、集体协作，加方员工注重个人权益、工作生活平衡，作息安排、加班制度分歧频出，团队凝聚力涣散，初期工厂运作效率低下，内部矛盾重重，如同深陷泥沼，前行艰难。

面对招标遇冷困境，飞鹤主动出击，邀请加拿大意向投标企业组团赴中国参观飞鹤国内旗舰工厂。实地观摩现代化智能生产线高效运转、"十万级"净化车间一尘不染、严谨有序的质量管控流程，直观展现飞鹤专业实力。同时，安排技术专家详细讲解厂房设计细节、施工难点攻克方案，答疑解惑，消除当地企业顾虑。这一举措成效显著，返程后多家企业踊跃投标，项目顺利重启。

审批流程上，飞鹤组建专业法务与技术对接团队，深入研究加拿大法规政策，主动与CFIA官员频繁沟通，提前预判审核要点，补充完善申报资料。针对工艺合规审查，邀请权威第三方检测机构模拟评估，依反馈优化调整，数月努力后，终获审批绿灯，成功打通建厂关键节点，让项目重回正轨。

为化解文化冲突，飞鹤引入跨文化管理顾问，为管理层定制培训课程，提升跨文化沟通敏感度。在员工管理上，融合双方优势，尊重加方员工休假、权益诉求，灵活调整作息；设立多元激励机制，表彰个人突出贡献，兼顾团队协作成果。定期组织文化交流活动，增进彼此了解信任，如户外拓展、节日派对等，员工关系渐趋融洽，工厂运作效率稳步回升，为飞鹤在加拿大扎根生长筑牢根基。

历经艰难筹备与攻坚运营，飞鹤乳业在加拿大市场初现锋芒，业绩亮眼。其位于加拿大的工厂成功拿下首张婴幼儿奶粉生产执照，标志着飞鹤正式敲开当地产业大门，具备合法、规模化生产资质，为后续市场拓展奠定坚实基石。

第二节 行业分析：哪些行业适合出海北美

北美市场广阔，但并非所有行业都适合中国企业出海。选择正确的赛道，比盲目扩张更重要。前文提到，北美市场更适合有着高端技术和高端客户群体的企业，比如需要借助北美强大的科研实力来提升技术水平的，比如产品的最大消费国就在北美的，比如主打的就是高端产品的，等等。综合市场需求、竞争格局、政策环境等因素，我们通过分析案例的方式，来逐个向大家展现哪些行业更适合出海北美。

一、科技与人工智能：北美的创新中心

美国是当之无愧的科技王者。美国的实验室吸引着全球科研工作者，美国科学、技术、工程和医学（STEM）领域有博士文凭的劳动力中，43%的人为非美国出生。而资金就是科研的驱动力，美国长期以来一直处于科学技术的领导地位，很大一部分源于其支出超过任何一个国家。算上政府和民间资助，美国每年研发支出近万亿美元，约占全球研发投入的30%（图2-3）。

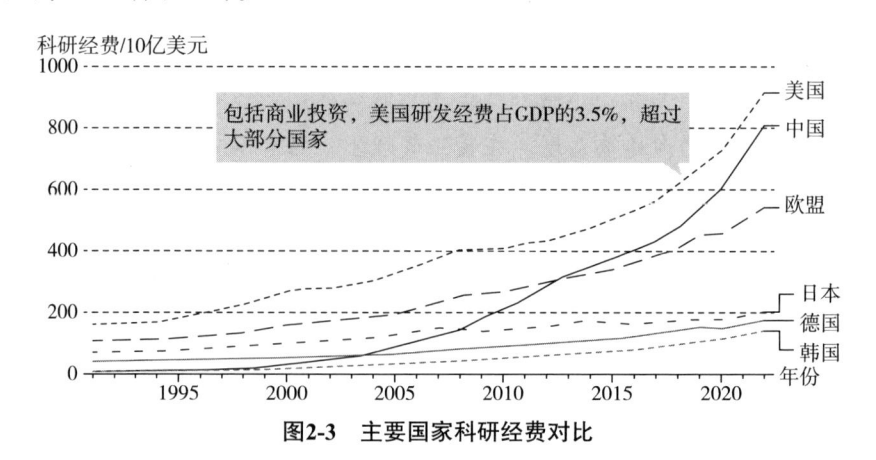

图2-3 主要国家科研经费对比

从诺贝尔奖获得者的数量上来看，截至2023年年末，美国获得的诺贝尔奖数量远超其他国家（图2-4），从20世纪中叶以来一直"称霸"诺奖。在美国的高校中，可能不经意间和你擦肩而过的老者，就是个诺奖的获得者。而在这些诺奖获得者的加持下，美国高校的科研能力称雄全球。

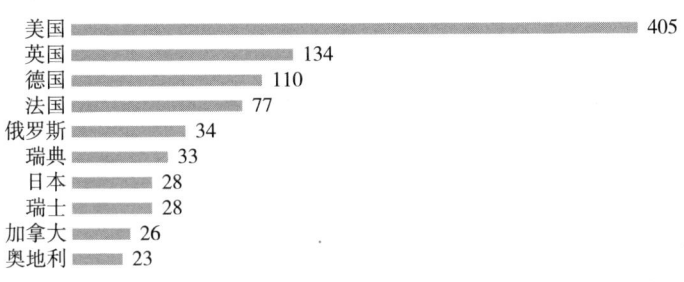

国家	数量
美国	405
英国	134
德国	110
法国	77
俄罗斯	34
瑞典	33
日本	28
瑞士	28
加拿大	26
奥地利	23

图2-4　截至2023年年末，全球获得诺贝尔奖国家数量前十排名

另外，美国资本市场对科技型企业十分追捧。之前有人做过一个统计，看美、中、欧三地市值前十大公司都是哪些企业。首先看美国，前十家公司总市值20.4万亿美元，基本由科技巨头主导，苹果、英伟达、微软、亚马逊、谷歌母公司Alphabet、Meta、特斯拉等。

而中国前十大公司的总市值仅有2.6万亿美元，而且基本是国企和互联网企业，腾讯、工商银行、阿里巴巴、贵州茅台、农业银行、中国移动等，其中腾讯和阿里还都是在美股上市的中概股。

欧洲前十大公司的总市值和中国差不多，为2.8万亿美元，主要集中在奢侈品和制药方面，包括诺和诺德、LVMH、SAP、爱马仕、ASML、阿斯利康等。

再比如加拿大，科技实力也是一骑绝尘。以人工智能领域为例，加拿大堪称当之无愧的先驱者。多伦多大学、蒙特利尔大学等学术重镇，汇聚了全球顶尖的AI科研团队，其研究成果在图像识别、自然语言处理等前沿领域屡获突破，诸多算法模型成为行业标杆。像OpenAI研发团队中的不少核心成员就来自加拿大高校，他们将前沿学术理论带出实验室，广泛应用于医疗影像诊断、智能客服、自动驾驶等多元场景，大幅提升行业效率，创造全新商业价值。

所以，科技行业的出海地，首选北美准没错。

机遇与挑战并存，有机会当然就有挑战。科技行业出海北美的主要挑战，还是在于中美科技竞争加剧，部分高科技行业受到政策限制。另外，北美的技术壁垒也比较高，本土巨头（Google、Microsoft、Amazon）主导市场。

案例：TikTok的美国征程，从文化现象到地缘政治牺牲品

2017年，字节跳动通过收购Musical.ly完成全球化布局的重要一跃。这款专注于音乐短视频的应用与抖音国际版TikTok合并后，迅速成为美国青少年文化的新图腾。到2019年，TikTok在美国已积累超4000万用户，其病毒式传播机制重塑了社交媒体生态，广告收入呈指数级增长。

但这种成功却引来了华盛顿的警觉。2019年10月，参议员马可·卢比奥首次以"数据安全"为由要求审查TikTok，五角大楼随即禁止军方设备安装该应用。

2020年7月，时任总统特朗普在新冠疫情舆论战中突然发难，援引《国际紧急经济权力法》要求字节跳动90天内剥离TikTok美国业务，否则实施禁令。8月6日行政令升级为全面交易禁令，45天后切断所有美国商业往来。这直接导致甲骨文、微软等巨头加入收购谈判，TikTok估值被压至300亿美元。

危急时刻，TikTok发起法律反击，8月24日起诉美国政府程序违法，9月27日联邦法院暂缓禁令。同时，TikTok用户发起"Save TikTok"运动，超百万创作者联署抗议。

拜登政府上台后，采取"监管替代封禁"策略，2021年6月撤销特朗普行政令，转而推动"得州计划"——将美国用户数据存储于甲骨文云服务器，组建本土合规团队。这套价值15亿美元的数据隔离方案，暂时缓解了关于TikTok对国家安全的质疑。

2022年12月中国修订了《限制出口技术目录》，将推荐算法纳入管

制，字节跳动失去了技术转让的主动权。与此同时，TikTok员工访问记者数据的"监视门"事件曝光，再次点燃政治火药桶。至2023年底，蒙大拿州率先立法封禁TikTok，虽后来被联邦法院叫停，却预示更大风暴即将来临。

2024年4月24日成为TikTok事件的转折点。美国国会以352:65票通过《保护美国人免受外国敌对势力控制应用法》，要求字节跳动在270天内剥离TikTok美国业务且持股不超过20%。拜登当日签署法案，设定最后期限为2025年1月19日。该法案创新性地将"有效控制权"定义为持股超20%，彻底堵死技术授权等变通方案。

而TikTok也启动了"三线防御"。法律层面起诉法案违宪；舆论层面发起"Keep TikTok"运动，动员1.7亿用户向国会施压；商业层面加速电商布局，TikTok Shop年度GMV突破120亿美元，试图证明其经济价值。但这些努力在选举年政治博弈前显得格外苍白——民主党担忧青少年选票流失，共和党则借机强化对华强硬形象。

到2025年1月19日，TikTok之争依然没有落下帷幕。反而在中文互联网上出现了戏谑性的一幕：大量美国网友自称"TikTok难民"，涌入另一款中文APP小红书。从1月13日开始，小红书的下载量一度飙升至北美区苹果应用商店免费榜首位，仅在两天内，就有数十万新用户加入。

TikTok会走向何处依然难以预测，但更深远的影响在于，此案例开创了"数字主权"干预先例。在一段时间内，美国官方可能会对中国科技企业实施更严格的监管，但我们也会坚决维护属于自己的权利。

也许对于数据等敏感行业，出海北美不是一个很好的选择。但对于其他的科技型企业，可以通过对交易结构或者股权结构的设计，来避开北美的监管风险。

二、新能源与汽车产业：政策推动 + 市场需求旺盛

过去十年中，美国电动汽车（EV）产业经历了显著增长，受到技术进步、政府激励措施以及消费者对可持续交通需求增加的推动。美国市场中的主要参与者包括特斯拉、通用汽车（General Motors）、福特（Ford）（图2-5）。

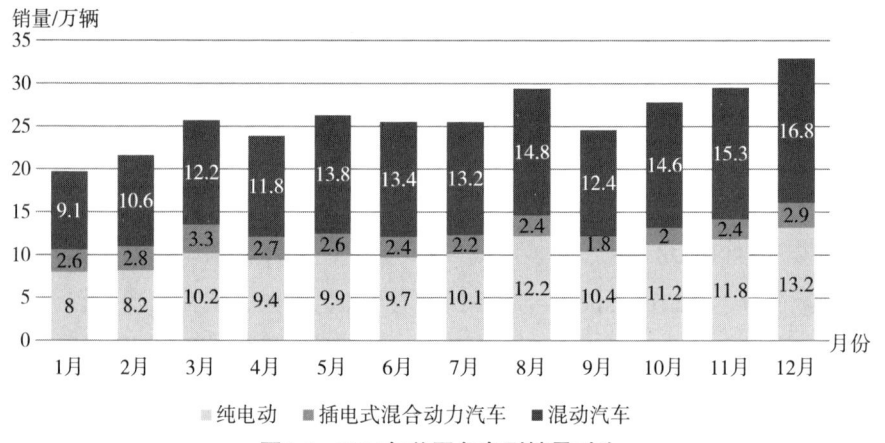

图2-5　2024年美国各车型销量对比

特斯拉依然是美国 EV 市场的领导者，其 Model 3 和 Model Y 车型在销量上遥遥领先，并继续推进其全自动驾驶技术。然而，特斯拉也面临生产延迟和质量控制问题。通用汽车正在扩大其电动车型阵容，包括雪佛兰 Bolt 的改款和即将推出的 Hummer EV，但在充电基础设施和电池供应链上仍有待改进。再比如福特的 Mustang Mach-E 和电动版 F-150 Lightning，也已经获得了市场的认可，特别是 F-150 Lightning 作为首款电动皮卡吸引了大量关注。

尽管这些公司在技术创新和市场拓展方面取得了显著进展，但美国本土汽车制造商在电池技术和整体电动车技术方面仍面临一定的劣势。相比之下，中国电动车公司在电池能量密度、充电速度和电池寿命等方面具有明显优势，这为中国电动车公司在美国市场的扩展提供了有利条件。

从市场趋势上来看，美国的电动汽车销量一直在稳步上升。据 EV

volumes 的数据，2023 年美国电动汽车销量达到 98.2 万辆，同比增长 65%。预计到 2030 年，电动汽车将占美国新车销售的 30% 以上。同时，充电基础设施也面临扩展需求，包括特斯拉超级充电站、Electrify America 和 ChargePoint 等快速充电网络。

联邦和州政府也提供各种激励措施，包括税收抵免、补贴和赠款，以支持电动车的购买和基础设施的发展。比如联邦政府提供高达 7500 美元的税收抵免，而加利福尼亚州等州提供额外的补贴等。

目前，许多外国汽车制造商都在美国设有制造工厂，这些工厂为美国消费者提供了多样化的汽车选择，并创造了大量的就业机会。例如，日本品牌汽车制造商在美国拥有 24 个制造设施和 43 个研发设计设施，生产近 400 万辆汽车，雇员超过 9 万人。德国品牌如宝马、奔驰和大众也在美国设有多个工厂，支持美国的制造业就业。

而对于中国电动车公司来说，首先，在美国设立制造设施使中国公司能够更接近其客户，降低运输成本，缩短交货时间，这对于即时生产流程尤为重要。其次，本地制造有助于公司归避影响利润和市场准入的关税和贸易壁垒。同时，还能享受美国各州提供的有吸引力的激励措施，包括税收抵免、赠款、降低公用事业费率和劳动力培训计划等。另外，美国拥有技术娴熟的劳动力，在先进制造和技术方面具有专业知识，这对于生产高质量的电动车和零部件至关重要。最重要的是，本地制造可以增强品牌认知度和美国消费者的信任，更有利于拓展北美消费市场。

在新能源与汽车行业，如果要出海北美，所面临的最大的挑战依然是政策的不确定性，尤其是特朗普上台之后。其次，便是需要符合美国本土制造要求，《通胀削减法案》（IRA）要求电动汽车的 40% 零部件需在北美生产。

另外中企出海的时候尤其要注意用工的合法合规性。比如 2024 年底闹得沸沸扬扬的巴西比亚迪用工事件，就是巴西劳工部门发表声明，指控比亚迪在巴伊亚州电动汽车工厂建设工地上的 163 名中国工人遭遇

"奴役式用工"，从另一个侧面反映了我们在对待劳工问题上极大的文化差异。

案例：比亚迪，美国电动公交龙头

在全球新能源汽车的浩瀚星空中，比亚迪无疑是中国区域内最为耀眼的，更因"卷王"之名威震四方，其在全球市场的销量与实力彰显着中国新能源汽车工业的崛起力量。

比亚迪一直试图打入美国市场，但一方面，特斯拉等本土品牌已经深入人心，比亚迪作为新进入者面临品牌信任度挑战，美国消费者对本土品牌有较强偏好，对比亚迪的"中国制造"标签仍怀有偏见。尽管其技术领先（如电池寿命、续航能力），但市场认知提升需要长期投入。另外，美国对中国电动汽车设置了多重政策障碍，包括高达27.5%的关税，以及对整车和零部件的严格审查，再加上长途运输的不菲费用，使得比亚迪汽车在美国市场的落地成本飙升，直接削弱了比亚迪的价格竞争力。

为了应对上述挑战，2013年，比亚迪选择在美国加利福尼亚州兰卡斯特建立独资工厂，直接绕开关税限制。该工厂年产能达1500辆，雇佣95%本地员工，甚至将工厂所在街道命名为"BYD Blvd"，强化本土化形象。此举不仅降低成本，还通过创造就业获得了政界支持，例如共和党与民主党政要曾共同出席工厂竣工仪式。

比亚迪建厂后，主打的是美国电动巴士市场，采用磷酸铁锂电池，以低成本、长寿命和高安全性满足公交运营需求。例如，其双层巴士续航达640公里，远超欧美同类产品。同时还精准对接美国各州推动公交电动化的政策需求（如加州计划2030年实现100%电动化）。例如，其纯电动巴士通过严苛的Altoona测试（全球首个12米电动巴士认证），并拿下洛杉矶交通局60辆订单，成为实现环保目标的核心供应商。

目前，比亚迪占据美国电动巴士市场80%以上份额，服务覆盖30多个州，客户包括斯坦福大学、洛杉矶地铁等。其成功表明，规避贸易壁垒还需本地化深耕，而非单纯依赖出口；另外，技术适配与文化融合才是打开海外市场的关键。

适合企业：新能源汽车、电池、光伏、新能源基础设施公司，具备北美本地化生产能力的企业。

三、医疗与生物科技：政策友好＋高利润行业

2023 年，全球医疗设备市场已超过 2800 亿美元，展现出 8.11% 的五年复合增长率，彰显出医疗设备在全球卫生健康中的重要性。从区域市场来看，北美仍然是全球医疗设备最大的市场，2023 年其市场份额达到近 40%。这一数据说明，北美不仅是医疗设备的主要生产地，更是技术创新中心。

北美的医疗与生物科技领域主打高科技，比如在基因编辑、细胞治疗、合成生物学等领域处于全球领先地位，2024 年合成生物学市场规模达 160 亿美元，预计 2032 年可以增至 1380 亿美元。精准医疗市场规模 2025 年可能突破 200 亿美元，基因测序和 AI 辅助诊断技术推动行业迭代。AI 技术在影像分析、远程监控等场景广泛应用，智能可穿戴设备需求激增，2024 年全球医疗设备市场规模突破 3000 亿美元，北美占比 40%。3D 打印技术为个性化医疗材料定制提供新可能。

北美医疗市场不仅拥有发达的技术标准与创新能力，其市场环境也相对规范，为医疗器械企业的进入和发展奠定了良好的基础。2023 年，中国医疗器械对北美的出口额已达 287.3 亿元人民币，占比 31.95%，显示出市场潜力的巨大发展空间；其次为欧盟地区，出口额总计 212.5 亿元人民币，占比 23.62%；共建"一带一路"国家紧随其后，出口额总计 111.7 亿元人民币，占比为 12.43%。

但同时，中美贸易竞争下，医疗行业同样受到了波及。2024 年 3 月 6 日美参议院委员会通过《生物安全法案》，以国家安全为由，要求

美政府对华大基因、药明康德等中国生物医药产业链创新链领军企业进行制裁。同期，欧盟对中国医疗器械采购启动调查，以期消除对于中国政府政策不公平地偏向国内供应商的担忧，并可能导致欧盟限制中国参与其招标。因此，要抢占国际医疗市场，必要的海外布局势在必行。

中国医疗行业出海北美，第一大挑战就是严苛的法规与市场准入壁垒。FDA审批复杂，流程耗时且成本高，对医疗器械监管严格。出海前，企业必须透彻了解FDA相关法规及其他美国本土标准。不同类型的医疗器械，其监管要求大相径庭。例如，I类医疗器械风险较低，通常只需进行简单的注册；而III类医疗器械因风险较高，可能需要进行全面的上市前批准（PMA），涉及大量的临床数据和严格的技术评估等等。

另外，即使是医疗行业，也要注意数据隐私与合规风险，比如AI医疗设备涉及患者数据安全，是否符合《健康保险便携性和责任法案》（HIPAA）等法规，违规可能导致高额罚款。

同样，医疗行业也要面临来自本土巨头的垄断压力，比如强生、美敦力等企业占据生物材料市场30%份额，如何通过差异化竞争（如聚焦细分疾病或个性化服务）等在北美立足便至关重要。以及如何应对北美医疗体系高度市场化的营销方式，如何通过本地分销商或代理商建立信任，如何通过展会参与树立品牌等。

案例：迈瑞医疗，三张王牌打通美国市场

第一张王牌，并购。迈瑞医疗（Mindray）从成立之初便确定了自己的国际化战略，要从欧美等发达国家入手，先难后易，逐步扩张到全球范围。因此，2006年，迈瑞医疗率先在美国纽约交易所上市，成为中国首家美国上市的医疗器械公司，大大提升了公司的国际化品牌形象和认知度。2007年，迈瑞医疗以2.02亿美元收购了美国Datascope的生命信息与支持业务，不仅获得其监护仪技术，还直接接管了Datascope在

美国的销售网络和客户资源，成为全球监护仪第三大品牌。此次并购帮助迈瑞迅速进入美国中小型医院市场，并通过交叉销售其他产品扩大覆盖面。

2013年，迈瑞再次以1.05亿美元全资收购美国ZONARE医疗系统集团公司。ZONARE位于美国加利福尼亚州，专注于高端超声影像技术的研发，其革命性的"区域成像技术"（ZONE-Sonography™）显著提升了超声设备的图像质量。此次收购帮助迈瑞补齐了高端超声技术短板，并加速了其在美国市场的布局。收购后，迈瑞推出的昆仑系列高端彩超产品在国内市场迅速占据了份额前列。

第二张王牌，设点。就是在目标国家或地区设立子公司、办事处，建立走向海外的"桥头堡"，畅通出海通道。最典型的做法是集中优势资源，主攻目标国家或地区并积极开拓客户和市场，在短时间内打出知名度并建设为标杆市场，然后向其他地区延伸和复制这一模式。迈瑞在美国采用了专业团队直销模式，与四大集团采购组织（GPO）和HPG合作，覆盖北美近万家医疗机构。通过直接对接医院和医联体（IDN），快速响应需求并建立长期合作关系。截至2024年，迈瑞已覆盖美国近90%的IDN医联体，监护仪、麻醉机、POC超声等产品市占率稳居前三。

第三张王牌，合作。一是积极寻求有实力的国际资本开展资金、股权等方面的合作，双方利益深度绑定。国际资本可以发挥自身的资源、客户、渠道、市场等优势，为国产医疗器械的出海提供有力支持，显著提高出海效率和效果；二是探索医疗器械CRO模式，让专业的人做专业的事，有效规避目标国家的医疗器械准入风险。制定并落实科学合理的产品出海战略与路线图，协助企业在第一时间抢占市场先机。自2018年中美贸易摩擦以来，迈瑞加速推进海外本地化生产，计划在墨西哥等国家设立10个以上生产基地。此举不仅规避关税影响（如拜登政府加税政策未涉及迈瑞业务），还缩短供应链响应时间。同时，迈瑞在美国硅谷、新泽西等地设立研发中心，结合本地化需求开发高端产品（如Resona7超声设备），并通过全球12大研发中心实现技术快速迭代。

截至2025年，迈瑞医疗在国外拥有62家子公司，分布在北美、欧洲、亚洲、非洲、拉美等40多个国家和地区；公司的十二大研发中心分别位于美国的硅谷、新泽西、明尼苏达，芬兰、德国以及国内的七大城市。通过全球设点、由点到面，迈瑞医疗的产品及解决方案已广泛应用于全球190多个国家和地区，覆盖了生命信息与支持、体外诊断和医学影像三大领域，实现了"一站式"产品、数智化方案和本土化服务的全面覆盖。

适合企业：医疗设备、体外诊断、生物制药、数字医疗公司，能够适应北美监管体系的企业。

四、消费品牌与DTC模式：跨境电商红利

北美市场（尤其是美国）是全球最大的消费市场之一，2023年零售总额突破5.5万亿美元，线下渠道占比达80%。美国人均可支配收入接近4万美元，消费者支出达15万亿美元，覆盖从大众到高端的多层次需求。例如，休闲食品市场规模超千亿美元，且持续增长，母婴市场预计到2032年将以5.3%的年复合增长率扩张。这种规模为品牌提供了稳定的增长空间。

同时，美国也拥有全球领先的零售基础设施，如沃尔玛、Target等全国性连锁门店覆盖广泛，区域性连锁门店则提供本地化渗透机会，且近年线下渠道对新品牌扶持力度加大。更重要的是，进入北美市场能显著提升品牌全球影响力。例如，华为通过北美研发中心融入当地创新生态，海尔通过本地化策略成为中国家电标杆。北美市场的成功被视为品牌国际化的"跳板"，有助于建立全球消费者信任。

另外，北美消费者消费能力强，对创新接受度高，愿意为技术、设计或文化附加值付费（图2-6）。例如，智能母婴品牌Eufy通过健康监测功能打开市场，中国新锐品牌Bremo将中医穴位概念包装为"Techacupuncture"实现品类突破等，都是中国消费品牌出海北美非常好的案例。

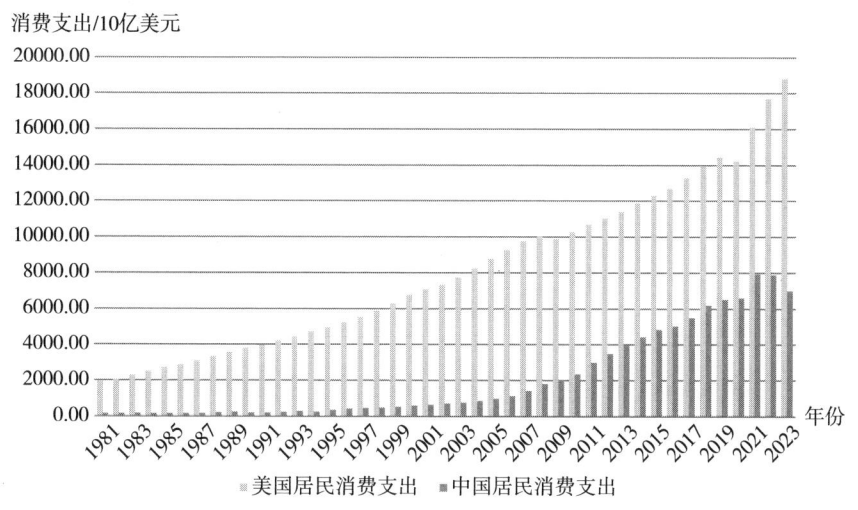

消费支出/10亿美元

图2-6 中美居民消费支出对比

数据显示，2024年中国出口规模首次突破25万亿元，达到25.45万亿元，连续8年保持增长。从奶茶、扫地机器人到智能家居，中国企业正以"中国速度"涌入这片全球最大的消费市场。但同时，消费者对"Made in China"的认知仍停留在"高性价比"而非"高价值"。

而中国消费企业出海，面临的第一道关口就是成本。为了规避关税，不少消费类企业，比如海信、TCL等不得不在墨西哥投建产业园。但当地人力、水电、原材料、物流等各项成本都比中国高出40%~50%，即便减少了运输和关税成本，墨西哥工厂的整体成本仍然更高。这就使得我们常用的"薄利多销"的手段很难开展。除了供应链成本，在美国开店的成本也不容小觑，据说名创优品（MINISO）纽约时代广场旗舰店的装修成本是国内的10倍。

第二道关口，就是文化认同与品牌认知。北美消费者偏好简约设计、环保理念，且需求多元。直接复制国内产品易遇冷，需针对性调整。不少华人品牌虽然出口北美，但基本还困于华人超市中，很难打入沃尔玛等美国主流超市。出海北美的中国品牌的主要客户群体依然是亚裔。但文化认同一旦被打破，所带来的利润空间也是巨大的。比如名创优品保温杯曾经因"美国人不喝热水"滞销，之后改成了以IP联名设计为主的产品策略，通过与粉红豹、Hello Kitty、漫威、NBA等美国IP的合作，再加上供应链优势大幅降低产品的成本，以售价比美国本土品牌便宜了2/3的组合拳，强势在美国市场站稳了脚跟——时代广场店在开业首日销售额突破55万元人民币，开业三个月月均销售额100多万美元。

所以你看，装修成本贵又如何，一旦市场获得突破，带来的收入和利润都是非常可观的。

第三道关口，就是线上模式的突破。虽然国内的电商做得如火如荼，但在美国，线下零售仍然占有主导地位，基本占到零售业务的80%以上，沃尔玛、好市多（Costco）等巨头垄断市场，新品牌具备知名度和售后能力后才能进入。

中国品牌在出海北美的过程中，需要应对"中国效率"与"美国规则"的碰撞。我们的电商习惯于走低价低质路线，如果出现质量问题，那退货就行了；即使面对高企不下的退货率，但只要卖出去了，就算成功。但在美国这条路就行不通了，Temu曾经也试图用"1美元包邮"改写美国电商规则，但后来诸多Temu卖家陆续因资质问题违规遭到了处罚，包括罚款、限制提现和产品被批量下架等。我们的品牌如果不能同步构建合规能力和本土化价值观，势必将陷入"低价获客—违规受罚—信任崩塌"的恶性循环。而一旦信任崩塌了，中国产品想再登上美国市场，可谓难上加难。

所以在这里，笔者特别想谈一下DTC模式。最近几年，越来越多的中国企业采用DTC模式，成功拓展北美市场。

案例：泡泡玛特，从B2C到DTC

泡泡玛特（Pop Mart）是中国知名的潮流玩具品牌，而它的出海，也是经历了从B2B模式的初步探索，到B端与C端并进的过渡，最终进入以DTC模式为重心的快速发展阶段。DTC与B2C的核心区别在于：DTC是直接面向消费者的独立运营模式，强调品牌与消费者的直接联系；而B2C是通过第三方平台或中间商触达消费者的广义电商模式。

因此，在渠道布局上，泡泡玛特采取了线下门店与机器人店同步迅速铺开的策略。截至2024年6月，泡泡玛特港澳台及海外门店数达到92家，同比增长67.3%，增速高于国内门店的10.0%；港澳台及海外机器人商店达到162家，同比增长13.3%，增速高于国内机器人店的0.2%。在线下渠道方面，泡泡玛特选择了地标性直营店与快闪店结合的模式，聚焦年轻人聚集的潮流商圈，如芝加哥的壮丽大道（类似北京三里屯）、洛杉矶的世纪城（紧邻影视文化核心区）等，通过高曝光度吸引目标客群，同时在门店融入艺术元素（如卢浮宫展厅合作），结合新潮设计提升消费者沉浸感，强化品牌调性。

泡泡玛特登陆北美市场之后，面临的首要问题就是IP的缺失，尤其是和迪士尼、孩之宝这种老牌本土品牌相比，泡泡玛特的IP缺乏内容支撑，很难令消费者一下子喜欢上其产品。经过摸索，泡泡玛特也找到了一种"过渡"的办法，它与本地品牌、艺术家合作，通过IP授权、联名款等方式让更多人接触到自己的产品，提升品牌的知名度。例如，公司与迪士尼合作推出MEGA SPACE MOLLY系列手办，与漫威合作推出漫威复仇者联盟系列盲盒，通过在产品设计中融入东西方文化元素，打造多样化潮玩手办；与美泰合作，推出新品芭比风尚系列，售价16.99美元（大约人民币123元），一经面世便销售火爆；在加拿大首店推出PUCKY海狸限量吊卡及枫叶款手办等，加深消费者与品牌间的文化认同等。

另外，泡泡玛特的供应链管理同样体现了其全球化布局的深度。公司通过全球供应链系统调节供应链，从而支持境外销售。目前，公司采取国内仓库发货与海外仓库发货相结合的方式，在东南亚和北美地区，公司建立海外保税仓，以缩短运输和配送时间。公司已实现境外后台管理系统的打通，可以实时查看每个国家和地区的库存、销售、盈利情况，消费者数据的沉淀促进了系统日益完善。公司通过系统保持供应链柔性调节，对物流成本、生产成本预先进行准备与测试，并提高对销量预测的准确性，成功实现对境外销售的有力支撑。

适合企业：服饰、消费电子、美妆、个护、健康食品等DTC品牌，擅长社交媒体营销的企业。

五、矿产与资源产业：加拿大的独特优势

提到矿产，那就不能不提加拿大。

从产业布局来看，加拿大的自然资源产业堪称其经济基石，广袤大地之下，蕴藏着极为丰富的矿产资源，形成一座天然的"聚宝盆"。其矿产种类繁多，涵盖了金、银、铜、锌、镍等众多有色金属，以及铀、钴等关键稀有金属。加拿大已经探明矿产资源为60多种，钾矿储量为45亿吨，氧化钾为11亿吨，排名世界第一，铀储量为51.4万吨，铁矿石储量为69亿吨，镍储量为280万吨，锌为250万吨。以黄金为例，加拿大每年的黄金产量在全球名列前茅，诸多金矿分布在安大略省、魁北克省等地，像著名的赫姆洛金矿，多年来持续产出大量高品质黄金，为矿业经济注入强劲动力（图2-7）。

在能源领域，加拿大的石油与天然气储量惊人。其油砂资源更是独树一帜，主要集中在阿尔伯塔省，已探明的油砂储量约占全球的70%，这一庞大储量奠定了加拿大全球能源巨头的地位。据统计，加拿大每日的石油产量高达数百万桶，大量出口至美国等国家，成为国际能源市场上的重要供应方。

森林资源方面，加拿大拥有全球约9%的森林面积，森林覆盖率高达40%，从东部的大西洋沿岸到西部的太平洋之滨，广袤的针叶林与阔叶林连绵不绝。不列颠哥伦比亚省是林业的核心区域，这里产出的优质木材，如松木、云杉等，广泛应用于建筑、造纸、家具制造等行业。

每年，加拿大林产品出口额数以百亿加元计，纸张、木材制品等畅销全球。

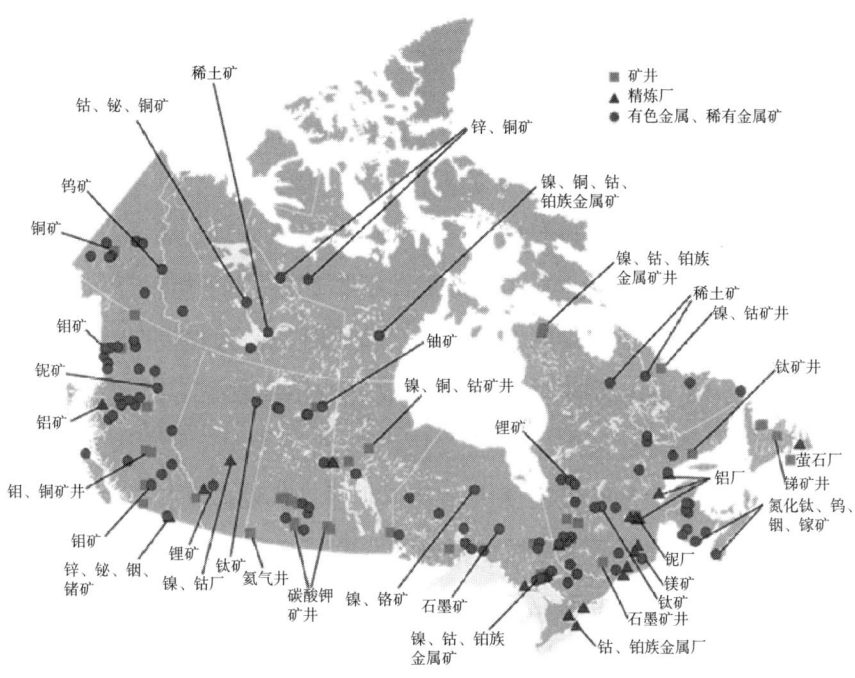

图2-7 加拿大矿产资源分布图

北美本土矿产加工能力薄弱，例如美国仅有1座锂矿和钴矿，且缺乏规模化精炼设施，导致即使发现新矿藏（如内华达州4000万吨锂矿），也难以快速转化为产能。事实上，在20世纪90年代中期之前，美国在锂生产方面一度领先全球50多年，但由于70年代实施的一系列环境法规以及来自海外的成本竞争，导致国内产量崩溃，这个缺口逐渐被外国矿山的进口所填补。

近十年来，美国国内对关键矿产的需求和国内生产之间的差距越来越大。2010年，政府下令创建关键矿产清单，以更密切地监控其供应风险。美国地质调查局(USGS)确定了50种矿产，并每年报告其脆弱程度。2023年，美国地质调查局发现，美国对这50种矿产中的12种完全依赖进口，另外29种矿产超过50%依赖进口。值得注意的是，中国是36种供应风险升高的关键矿产中的24种的主要生产国，这考虑了矿产对能源应用的重要性以及获取矿产的来源多样性。

所以由此便能看到，出海北美矿产所面临的两大挑战，第一是技术成本，第二就是环保压力。

北美矿产开发成本要远高于中国等国家，叠加全球价格波动（如钴价暴跌导致爱达荷州矿山停滞开采），企业盈利压力巨大。美国政府虽提供补贴，但仍难以抵消高成本劣势。

另外，北美环保标准严格，项目需通过水资源管理、碳排放等审查，且当地居民强烈反对采矿项目（如加拿大北部开发需平衡生态与资源需求）。企业还需维持高ESG（环境、社会和治理）评分才能获得绿色债券融资，但北美矿业废品回收率低（如锂离子电池回收率不足5%），循环经济模式推进缓慢。

还有一点，就是回报周期太长。矿业项目从勘探到投产平均需16年，而贸易战和政策不确定性加剧资本撤离。例如，加拿大矿企Solaris因监管审查终止与紫金矿业的合作。尽管绿色债券可支持可持续项目，但全球资本更倾向短期收益，导致北美矿业长期依赖政府资金。尽管近期中美贸易争端不断，但在确保未来国防和高科技产业发展的关键矿产供应方面，合作不仅是可取之道，更是必由之路。

案例：紫金矿业的海外并购之路

近几年，紫金矿业境外收并购颇为积极，且投入巨大。2018年，紫金矿业宣布以每股6加元价格收购加拿大Nevsun公司276820575股，占全部股份的89.37%，交易价值约18.6亿加元。2019年，紫金矿业宣布以2.4亿美元初始购买价格加部分延期付款协议，收购自由港勘探公司间接持有的Timok铜金矿下部矿带权益；以总对价约10亿美元收购加拿大大陆黄金，从而掌握大陆黄金在哥伦比亚布里迪卡黄金矿项目的控制权。

此外，紫金矿业还以1.94亿加元增持艾芬豪矿业股权，9.6亿加元收购加拿大Neo Lithium公司控制"阿根廷3Q盐湖锂矿"，出资3.5亿美元以获得塞尔维亚铜矿开采及冶炼企业RTB Bor63%的股份等。

2023年年报显示，紫金矿业的境外资产为1443亿元，占总资产的比例为42%，旗下资产包括左岸金矿、博尔铜矿等并购资产。紫金矿业称，公司境外资产质量良好，资源量和产量占比超过国内，对利润贡献突出。其中，铜、金、锌(铅)、碳酸锂的资源量分别占公司总资源量的75%、67%、23%、82%；公司境外矿产铜、矿产金、矿产锌(铅)产量分别占公司总产量的56%、64%、45%。报告期，公司境外项目合计贡献的抵消前利润占公司总抵消前利润的45%。

但矿业收购毕竟不是一件容易的事情，比如2024年1月，紫金拟以1.3亿加元收购Solaris 15%股权，目标为厄瓜多尔Warintza铜矿（资源量618万吨铜）。但加拿大政府以《投资法》审查为由拖延，最终交易因"无法满足审查标准"于当年5月终止。

尤其是2022年起，加拿大将铜、锂等31种矿产列为"关键矿产"，限制外国国企投资，审查标准模糊化。加拿大政府近年已多次以"国家安全"为由否决中资矿业交易，如2022年强制三家中国公司撤资锂矿项目，特鲁多政府明确表示要减少对中国供应链依赖。

但紫金副总裁沈绍阳也明确表示"不会因政治阻力放弃加拿大市场"，毕竟在全球能源转型背景下，加拿大这么优质的矿产市场是很难让人舍得放弃的。尽管面临政策壁垒，紫金通过灵活的交易结构设计、技术降本能力和多区域布局，依然参与了至少9笔加企投资，2023年对加矿业投资达22亿加元，并将加拿大定位为"补充性资源池"。

适合企业：矿产投资、石油天然气、新能源原材料公司，能够整合国际供应链的企业。

第三节　市场进入策略：直营、合资、收购、合作

进入北美市场，路径选择决定了成败。面对复杂的市场环境，就必须制定科学合理的市场进入策略。直营、合资、收购、合作等模式各有优劣，企业需要根据自身的实力、产品特点、市场目标以及对风险的承

受能力等因素，综合权衡，谨慎选择。

一、直营：掌控全局，深度扎根

直营模式，意味着企业在北美市场直接投资设立分公司、子公司或门店，独自负责市场运营的各个环节，从产品销售、市场推广，到售后服务，均由企业自身团队把控。这种模式赋予企业高度的控制权，能够确保品牌形象和服务标准在海外市场的一致性。以苹果公司为例，其在北美各地的直营店，无论是店铺装修风格，还是员工服务流程，都严格遵循统一标准，为消费者提供了始终如一的品牌体验，使得消费者无论走进哪家门店，都能感受到苹果品牌的独特魅力。

直营模式还能让企业直接获取第一手市场反馈。通过与当地消费者的直接接触，企业能够深入了解他们的需求、偏好和痛点，从而快速调整产品策略和营销策略。例如，特斯拉在北美市场通过直营门店，直接收集消费者对电动汽车续航里程、充电设施便利性等方面的反馈，并据此不断优化产品性能和服务网络，提升了消费者的满意度和忠诚度。

然而，直营模式并非毫无弊端。

首先，它需要企业投入大量的资金，用于租赁场地、装修店铺、招聘员工、市场推广等，资金压力较大。以一家中等规模的零售门店为例，在北美一线城市开设一家直营店，前期的投资成本可能高达数百万美元，包括高昂的店铺租金、装修费用以及人员工资等。

其次，直营模式要求企业具备强大的本地化运营能力。企业需要深入了解当地的商业环境、法律法规、文化习俗等，组建本地化的运营团队，这对企业的管理能力和资源整合能力提出了很高的要求。例如，中国的电商企业在进入北美市场时，就需要适应北美地区不同的物流配送体系、支付方式和消费者购物习惯，否则很容易在运营过程中遭遇困难。

此外，直营模式还可能面临政策法规风险。北美地区的政策法规较为复杂，不同州、不同省份的规定存在差异，企业如果不能及时了解并遵守相关法规，就可能面临法律纠纷和罚款。比如，在某些地区，对于产品的环保标准、安全认证等要求极为严格，企业需要投入大量的时间和精力去满足这些要求。

案例：SHEIN的直营之路

前文提到的SHEIN和名创优品，都是直营模式的成功案例。在这里，我们再次强调一下SHEIN作为跨境快时尚领域的佼佼者，是如何在北美市场通过直营模式取得了令人瞩目成绩的。

在销售端，SHEIN借助数字化手段，构建了自己的线上销售平台，从网站到APP，打造出便捷流畅的购物界面，为北美消费者提供了极佳的购物体验。

在供应链端，SHEIN实现了高度的自主掌控。它拥有庞大的自有设计团队，每年能够推出数十万款新设计。通过对时尚潮流的敏锐捕捉，结合大数据分析消费者喜好，精准设计符合北美市场需求的服装款式。同时，SHEIN采用小单快返的生产模式，与众多供应商紧密协作，能够快速将设计转化为产品，并根据市场反馈及时补货或调整款式。这种灵活高效的供应链运作，不仅降低了库存风险，还能让消费者始终接触到最新潮的时尚单品。

在营销推广方面，SHEIN深度扎根北美市场的社交媒体生态。在TikTok、Instagram等深受北美年轻人喜爱的平台上，SHEIN与大量网红、博主展开合作，通过他们的影响力，将品牌和产品信息广泛传播。并且，SHEIN利用自身积累的海量用户数据，进行精准的广告投放，提高营销效果。凭借这种直营模式下对全流程的把控，SHEIN成功在北美市场站稳脚跟，收获了大量年轻且忠诚度较高的消费群体，成为中国品牌出海直营模式的成功典范。

二、合资：优势互补，共担风险

合资模式是指由两家或多家公司共同投入资本成立新的企业，各方分别拥有部分股权，共同分担支出、风险。这种模式能够整合双方的资源，实现优势互补。例如，一家中国的制造业企业与北美当地的销售企业合资，中国企业可以凭借自身强大的生产制造能力，提供质优价廉的产品；北美企业则可以利用其在当地成熟的销售渠道和市场资源，将产品快速推向市场，提高产品的市场占有率。

合资还能有效分担成本与风险。进入北美市场需要投入大量的资金用于市场调研、生产设施建设、营销推广等，通过合资，企业可以与合作伙伴共同承担这些成本，降低自身的资金压力。同时，在面对市场风险、政策风险等不确定性因素时，双方也可以共同应对，减少风险对企业的冲击。

选择合适的合资伙伴至关重要。合作伙伴不仅要在资源、技术、市场渠道等方面与自身形成互补，还要具备良好的信誉和合作意愿。例如，在汽车行业，中国的吉利汽车与瑞典的沃尔沃汽车合资，沃尔沃在汽车安全技术、品牌影响力等方面具有优势，吉利则在成本控制、中国市场资源等方面表现出色，双方的合作实现了互利共赢。

明确股权分配和利益共享机制也是合资成功的关键。合理的股权分配能够确保各方在企业决策中拥有相应的话语权，避免出现一方独大或权力失衡的情况。同时，清晰的利益共享机制可以激励各方积极投入资源，共同推动企业的发展。例如，在一些合资企业中，根据双方的出资比例、贡献程度等因素，制定合理的利润分配方案，使得双方都能从合资企业的发展中获得相应的收益。

解决文化和管理差异同样不容忽视。不同国家和地区的企业在文化、管理理念、工作方式等方面存在差异，这些差异可能会导致沟通不畅、决策效率低下等问题。因此，合资企业需要建立有效的沟通机制和跨文化管理体系，促进双方的文化融合和协同工作。例如，一些跨国合资企业会定期组织文化交流活动，让员工了解彼此的文化背景和工作方式，同时引入先进的管理理念和方法，提高企业的管理水平。

案例：华纬科技与万安科技的合资布局

华纬科技与万安科技在墨西哥设立合资公司建设生产基地的案例，为我们展示了合资模式在拓展北美市场中的应用。华纬科技主要从事高端弹性元件研发，万安科技致力于汽车底盘控制系统研发，双方长期以来在业务拓展及发展战略上形成了紧密的合作关系。

此次双方全资孙公司携手进军北美市场，投资总额不超过3000万美元。通过合资，华纬科技和万安科技可以充分发挥各自的优势，实现资源共享和协同发展。华纬科技可以借助万安科技在北美市场的渠道资源和市场经验，快速打开当地市场；万安科技则可以利用华纬科技的生产制造技术和产品优势，提升自身的竞争力。

这一合资项目是双方基于共同业务需求的自然延伸，践行了民营企业间抱团出海的发展策略。墨西哥作为重要的制造业基地，具有劳动力成本低、地理位置优越等优势，能够有效降低生产成本，缩短汽车零部件的供应链，提升市场反应速度。通过在墨西哥设立生产基地，合资公司可以更好地满足北美市场对汽车零部件的需求，提高产品的市场竞争力。

三、收购：快速切入，整合资源

收购是企业在出海北美市场时，实现快速扩张和战略转型的重要手段之一。通过收购北美当地企业，企业能够迅速获取其成熟的市场份额、先进的技术、知名的品牌以及广泛的销售渠道，从而绕过市场进入的诸多障碍，快速融入当地市场。以联想收购 IBM 个人电脑业务为例，通过此次收购，联想不仅获得了 IBM 在全球的 PC 业务资产，包括研发团队、生产基地、销售渠道等，还一举提升了自身在国际市场的品牌知名度和技术实力，成功跻身全球 PC 市场前列，在北美市场也占据了重要份额。

然而，收购并非一蹴而就，其中蕴含着诸多挑战与风险。收购往往需要企业投入巨额资金，这对企业的财务状况和资金流动性是巨大的考验。如果企业的资金筹备不足或融资渠道不畅，可能会导致收购计划的搁浅。而且，对目标企业的估值也存在风险，由于信息不对称等因素，企业可能对目标企业的价值评估过高，从而支付过高的收购价格，这将影响企业未来的投资回报率和盈利能力。

文化整合和管理整合也是收购过程中的难点。不同企业之间的文化差异、管理理念和运营模式的不同，可能会导致收购后的企业在内部沟通、决策执行、员工协作等方面出现问题。例如，美国企业注重个人主义和创新精神，而中国企业可能更强调集体主义和团队合作，这种文化差异如果不能妥善处理，可能会引发员工的不满和抵触情绪，影响企业的正常运营。

此外，收购还可能面临政策监管障碍。北美地区的反垄断法规、行业监管政策等较为严格，企业在进行收购时，需要通过相关部门的审查和批准，如果收购方案不符合政策要求，可能会被否决。

案例：稳健医疗的收购启示

2024年9月，稳健医疗以1.2亿美元收购了总部位于美国佐治亚州的全球性医疗耗材和工业防护企业GRI75.2%的股权。此次收购，对稳健医疗的全球化战略布局具有重要意义。

GRI公司在全球拥有多个生产基地，包括美国、越南、多米尼加等，在美国与欧洲拥有销售与物流布局。稳健医疗通过收购 GRI，直接填补了海外产能的空白，满足了海外客户对于分散供应链风险的诉求，提升了在全球市场的竞争力，扩大了在欧美市场的份额。同时，收购 GRI 也有助于稳健医疗规避关税壁垒。美国对中国低值医用耗材加征关税，对稳健医疗的出口业务造成了一定影响。而通过收购 GRI，稳健医疗可以凭借其在美国本土的生产基地和销售渠道，实现产销一体化运营，从而避免高额关税，更好地发展海外市场。

在业务互补方面，GRI 拥有行业领先的可水溶降解防护材料的研发、生产及处理能力，将助力稳健医疗丰富创新基材和复合材料的产品解决方案，完善产品线。GRI 在医疗耗材和工业防护领域的市场资源和客户群体，也为稳健医疗开拓新市场提供了契机。稳健医疗可以借助 GRI 的品牌和渠道，将自身产品推向美国医院等市场，增加未来自主品牌销售的可能性。

在收购后的整合过程中，稳健医疗采取了一系列有效的措施。公司治理方面，稳健医疗在董事会中拥有控制权，并设有投后管理委员会，制定投后百天计划，进行财务、合规流程，IT 系统整合以及商业协同等多方面的交流与整合，确保收购后的协同效应能够有效发挥。

四、合作：灵活协作，互利共赢

合作模式是企业出海北美市场的又一重要选择，它具有灵活性高、资源整合能力强等特点，能够帮助企业快速适应市场变化，降低运营风险。合作模式的形式丰富多样，企业可以根据自身的业务需求和市场情况，选择与当地经销商、供应商、服务商、红人营销公司等不同主体展开合作。

与当地经销商合作是一种常见的模式。经销商在当地拥有成熟的销售渠道和客户资源，企业可以借助他们的力量，将产品快速推向市场。例如，一家中国的电子产品企业与北美当地的经销商合作，经销商负责产品的仓储、配送和销售，企业则专注于产品的研发和生产，双方通过合作实现了优势互补，提高了产品的市场覆盖率。

与供应商合作同样重要。优质的供应商能够提供稳定的原材料供应、先进的生产技术和合理的价格，有助于企业降低生产成本，提高产品质量。比如，汽车制造企业与零部件供应商紧密合作，共同研发和生产高质量的汽车零部件，确保汽车的性能和品质。在合作过程中，双方可以共享信息，协同优化供应链，提高供应链的效率和稳定性。

与服务商合作也是一种有效的市场进入策略。服务商可以提供市场调研、营销策划、物流配送、售后服务等专业服务，帮助企业解决在海外市场运营中遇到的各种问题。例如，企业可以与当地的市场调研公司合作，深入了解北美市场的消费者需求、竞争对手情况和市场趋势，为企业的市场决策提供依据；与物流服务商合作，确保产品能够按时、安全地送达客户手中；与售后服务商合作，提高客户满意度，增强客户忠诚度。

在合作过程中，有几个核心要点需要企业特别关注。首先，选择可靠的合作伙伴至关重要。合作伙伴的信誉、实力、市场口碑等都是企业需要考量的因素。一个可靠的合作伙伴不仅能够履行合同义务，还能在合作中提供积极的支持和帮助，共同应对各种挑战。例如，在选择供应商时，企业要对供应商的生产能力、产品质量、交货期等进行全面评估，确保供应商能够满足企业的生产需求；在选择经销商时，要考察经销商的销售渠道、市场覆盖范围、销售团队素质等，确保经销商能够有效地推广和销售企业的产品。

明确合作目标和职责也是合作成功的关键。双方在合作前要充分沟通，明确各自的目标和期望，以及在合作中承担的职责和义务。只有目标明确、职责清晰，才能避免在合作过程中出现推诿扯皮、责任不清等问题。比如，在与服务商合作时，要明确服务商的服务内容、服务标准、服务期限等，以及企业对服务商的考核标准和奖惩措施；在与经销商合作时，要明确经销商的销售任务、市场推广责任、价格政策等，以及企业对经销商的支持和管理措施。

建立良好的沟通机制和利益分配机制同样不可或缺。及时、有效的沟通能够帮助双方及时解决合作中出现的问题，增进彼此的信任和理解。利益分配机制则要公平合理，充分考虑双方的投入和贡献，确保双方都能从合作中获得相应的收益。例如，企业可以与合作伙伴建立定期的沟通会议制度，及时交流市场信息、业务进展情况等；在利益分配方面，可以根据双方的出资比例、贡献程度、风险承担等因素，制定合理的利润分配方案。

案例：中国教培企业与加拿大私立高中合作

近年来，中国教育培训企业积极与加拿大私立高中开展合作，取得了显著成果。例如，罗伊教育与位于多伦多的NOIC Academy国际私立高中建立了战略合作关系，整合了NOIC近20年的办学经验，为学生提供安大略省学分课程和剑桥国际教师专业发展项目。此外，江苏省教育厅于2007年在加拿大多伦多设立了苏安学院，作为海外教师培训基地，推动了两地教育交流与合作。这些合作项目不仅提升了中国教育机构的国际化水平，也为学生提供了多元化的教育选择。

还有一所加拿大本土私立高中，校舍八千多平方米，历史悠久，加拿大教育部注册，教学体系先进，师资力量雄厚，专注国际化教育，有多年的办学经验和品牌标识。历届毕业生大学录取率高达96%，其中超过40%的学生获得丰厚的入学奖学金，展现了学校卓越的教学成果和学生的强劲竞争力。该校目前也正在探索和中国教培机构合作，计划由加拿大高中一方提供物业等基础设施，投资者投入运营资金，实现资源互补，降低单方资金压力，提高投资回报率。依托加拿大高中的办学经验与投资人的招生和财务管理优势，优化运营，提高品牌影响力，吸引优质生源。采用独立财务核算模式，确保透明管理，收益合理分配，实现双方长远共赢，促进学校持续发展。

五、选择合适的模式：如何决策

企业在出海北美市场时，选择合适的市场进入策略至关重要，这需要综合考虑多方面的因素。自身的战略目标是首要考量因素之一，如果企业追求的是长期的市场份额增长和品牌建设，直营模式可能更适合，因为它能够让企业直接掌控市场运营，更好地传递品牌价值和理念；而如果企业希望快速进入市场并降低风险，合资、收购或合作模式可能更为合适，这些模式可以借助合作伙伴的资源和经验，快速打开市场局面。

资源实力也是不可忽视的因素。直营模式需要大量的资金、人力和管理资源投入，如果企业自身资源有限，可能难以承担直营的成本和风险。相比之下，合资、合作模式可以整合各方资源，减轻企业自身的负担；收购模式则需要企业具备强大的资金实力和整合能力，以完成对目标企业的收购和后续整合。

产品特点也会影响进入策略的选择。对于技术含量高、需要专业售后服务的产品，如高端医疗设备、精密电子产品等，直营模式或与专业服务商合作的模式可能更有利于提供及时、专业的服务，满足客户需求；而对于标准化程度较高、市场需求较大的产品，如日用品、快消品等，可以通过与经销商合作或收购当地成熟品牌的方式，快速扩大市场份额。

市场需求和竞争状况同样关键。如果目标市场对产品的需求呈现多样化、个性化的特点，企业需要更贴近市场，了解消费者需求，此时直营或合作模式可以更好地实现这一目标；而在竞争激烈的市场中，收购当地有竞争力的企业可以帮助企业迅速提升市场地位，增强竞争力。

风险承受能力也是企业必须考虑的因素。不同的进入策略面临的风险不同，直营模式面临的市场风险、政策风险相对较高，需要企业有较强的风险承受能力；合资、合作模式则可能面临合作伙伴风险、利益分配风险等；收购模式面临的整合风险、财务风险较大。企业应根据自身的风险承受能力，选择合适的进入策略（表2-1）。

表2-1　　　　　　　　　不同企业进入北美市场的策略

策略	适用行业	优点	挑战
直营	消费品、科技	高品牌掌控、利润最大化	资金需求大、本地运营复杂
合资	制造、汽车、新能源	共享资源、政策支持	决策权受限、利润分配
收购	制造、金融、科技	快速进入市场、继承本地资源	资本投入大、整合难度高
合作	零售、电商、互联网	低成本、快速落地	依赖合作伙伴、品牌影响力受限

在实施市场进入策略的过程中，企业需要做好以下关键步骤。首先，要做好充分的市场调研。深入了解北美市场的消费者需求、市场规模、竞争态势、政策法规、文化习俗等信息，为制定市场进入策略提供依据。可以通过委托专业的市场调研机构、与当地的商业伙伴合作、收集行业报告和数据分析等方式，获取全面、准确的市场信息。例如，某中国家电企业在进入北美市场前，通过市场调研了解到北美消费者对家电的智能化、节能环保等功能有较高需求，于是在产品研发和设计上进行了针对性的改进，推出了符合当地消费者需求的智能家电产品，取得了良好的市场反响。

制定详细的市场进入计划也是必不可少的。根据市场调研结果，结合企业自身的战略目标和资源实力，制定具体的市场进入计划，包括进入时间、进入方式、市场定位、产品策略、营销策略、财务预算等内容。计划要具有可行性和可操作性，明确各阶段的目标和任务，以及相应的责任人。比如，一家中国服装企业计划通过与当地经销商合作的方式进入北美市场，在计划中明确了与经销商的合作方式、产品供应计划、市场推广方案、销售目标等内容，为市场进入的顺利实施提供了指导。

组建专业的团队对于市场进入的成功至关重要。团队成员应具备丰富的海外市场运营经验、跨文化沟通能力、专业的业务知识等。可以招聘当地的人才，组建本地化的团队，也可以选派企业内部优秀的员工到海外市场进行锻炼和学习。例如，某中国互联网企业在进入北美市场时，招聘了一批具有丰富互联网行业经验的北美当地人才，组建了本地化的研发、市场和运营团队，有效地推动了企业在北美市场的发展。

注重风险管理也是实施过程中的重要环节。建立健全的风险管理体系，对市场进入过程中可能面临的各种风险进行识别、评估和监控，制定相应的风险应对措施。比如，针对政策法规风险，企业要密切关注当地政策法规的变化，及时调整经营策略，确保企业的运营符合当地法规要求；针对市场风险，要加强市场监测和分析，及时调整产品策略和营销策略，以适应市场变化。

持续优化调整是确保市场进入策略有效性的关键。市场环境是不断变化的，企业要根据市场反馈和实际运营情况，及时对市场进入策略进行优化调整，不断提升企业在北美市场的竞争力。例如，某中国餐饮企业在进入北美市场初期，采用了标准化的菜品和服务模式，但在实际运营中发现当地消费者对菜品的口味和服务方式有不同的需求，于是企业及时调整了菜品口味和服务策略，增加了本地化元素，提高了消费者的满意度和忠诚度。

无论选择哪种方式进入北美市场，一定要事先进行严格的尽调，建立适合自己的商业模式。不能因为前面的案例成功了，就一定代表你会成功；也不能因为前面的案例失败了，就一定代表你会失败。

第4章 从0到1：构建出海北美的商业模式

第一节 如何定位产品与品牌

成功进入北美市场，产品与品牌定位是第一步。许多中国企业在国内市场取得成功，但在北美市场却水土不服，关键问题往往出在产品、品牌、消费者认知三个维度的适配性。如何精准定位，才能让产品在竞争激烈的北美市场立足？

一、洞察北美消费者：不同于中国市场的需求

针对北美市场的产品与品牌定位，需结合当地消费者需求、品牌偏好及竞争环境进行差异化设计。

1.高质量、高性价比，而非简单低价

中国市场习惯打"价格战"，但在北美市场，消费者更关注品质、耐用性、环保标准。究其原因，主要是中国的市场经济发展时间较短，还不够成熟，在多数行业中，企业数量众多，规模较小、效率较低，市场竞争激烈，且产品同质化现象较为严重。企业为了抢占市场份额，往往容易采取降价的方式来吸引消费者，从而导致"价格战"频繁发生。例如，在电商平台上，众多中小品牌的服装、电子产品等，常常通过打折、促销等价格手段来争夺客户。但很多东西买回来，客户又往往觉得"货不对板"，性价比不高，这也是电商平台退货率居高不下的原因之一。

但相比之下，北美市场发展较为成熟，许多行业往往由少数几个大型企业或品牌主导，市场集中度较高。很多企业通过长期的发展，已经建立了较高的品牌知名度和市场美誉度，更注重通过产品的品质、性能和服务来吸引消费者，而不是单纯依靠价格竞争。例如，在汽车行业，北美市场的通用、福特等品牌，凭借其长期积累的技术实力、品牌形象和产品质量，赢得了消费者的信任。

所以，对于出海北美的产品定位而言，首先要改变的就是用低价砸市场的传统观念。

案例：UGREEN（高端桌面整理&数码配件）——小众科技品牌如何赢得北美市场

UGREEN（绿联）起初在国内以高性价比闻名，随着国内市场竞争的加剧，绿联意识到全球市场的重要性。2013年，绿联开始布局海外市场，在亚马逊等国际电商平台上开设店铺。通过深入了解不同国家的消费者需求和文化背景，绿联成功地在北美、欧洲等地建立了稳定的销售渠道，实现了销售额的显著提升。

在北美市场，UGREEN采用高端化品牌策略，避开低价竞争，专注桌面收纳+智能充电的结合，例如集成无线充电、USB-C扩展坞的桌面解决方案，满足极简办公需求。还通过YouTube科技测评达人+Kickstarter众筹，让品牌进入科技极客圈层，提高品牌溢价。

2023年，UGREEN在亚马逊北美市场的高端智能配件品类销量增长80%，逐渐挑战Belkin等老牌品牌。其高端USB-C扩展坞在北美市场定价达到100~200美元，依然畅销。

启示：不要打价格战，而是打"设计战"和"品牌战"。北美用户愿意为好设计买单。

2. 品牌故事驱动购买，而非单纯产品功能

中国消费者相对而言更注重节俭和实惠，这种文化观念使得消费者

在购买产品时，往往会对价格进行比较和权衡，希望能够以较低的价格获得较好的产品。同时，中国文化中也存在一定的面子消费观念，在一些情况下，消费者可能会为了追求品牌或面子而购买高价产品，但在更多的日常消费中，价格因素仍然占据重要地位。

但在北美文化中，更强调个人主义和自我实现，消费者更注重产品是否能够满足自身的个性化需求和生活方式。他们愿意为高品质、高性能和具有独特设计的产品支付溢价，以彰显自己的个性和品位。比如，北美文化中的环保理念深入人心，消费者将环保视为一种社会责任，因此在消费行为中会积极选择环保产品。

案例：Lululemon（加拿大运动品牌）通过"瑜伽文化"塑造品牌故事

近年超火的Lululemon的创始人奇普·威尔逊，就是把瑜伽康复经历（慢性疾病通过瑜伽缓解）作为品牌诞生的原点。他将瑜伽从单纯的体式训练升华为"身心平衡的正念哲学"，并将这一理念注入产品设计，例如Align瑜伽裤的"裸感"设计不仅追求物理舒适度，更隐喻"摆脱束缚、接纳自我"的精神内核。这种将产品功能与精神价值绑定的策略，使Lululemon从运动装备进化为"现代人的精神图腾"。

Lululemon的成功，源于它精准卡位了"专业性能+时尚设计+社群文化"的黄金三角。专利面料Luon具有四向拉伸、吸湿排汗特性，款式设计独具匠心，能修饰身材曲线，得到女性的青睐。品牌的核心客群被定义为"24~35岁、受过高等教育、年收入较高的都市女性"。比如，女士瑜伽裤一般定价800~1200元，比耐克同类产品高50%，但是挡不住"中年少女"们的真心热爱。同时，用"她经济"撬动家庭消费，数据显示，70%的男性产品由女性消费者购买。

而创始人威尔逊的一句话，"我们卖的不是裤子，而是一种生活可能"，更是击中了无数女性的"心趴"。从温哥华到上海，从瑜伽馆到写字楼，Lululemon正在证明，运动服饰的终极战场，不在货架，而在人们的生活方式和自我认同里。

3. 环保、可持续、高端市场趋势

虽然我们国内整体收入水平仍处于不断提升的阶段，但居民在消费时对价格依然较为敏感，尤其是一些非必需品或价格相对较高的商品，价格往往是影响购买决策的重要因素。至于环保、可持续这类理念，尚未被大众接受，更难以让大众为此付费。

但北美地区经济发达，消费者收入水平较高，对于价格的敏感度相对较低。他们更注重产品所能带来的品质体验、使用价值和长期效益。同时，北美消费者的环保意识普遍较强，在购买产品时会优先考虑环保因素，对于符合环保标准的产品更愿意支付较高的价格。例如，在购买家居用品时，他们会选择使用环保材料制作的产品；在购买汽车时，也会关注车辆的燃油效率和尾气排放标准等。2023年Statista数据表明，75%的美国消费者愿意为环保产品支付更高价格。

案例：SHEIN在北美市场推广"可持续时尚"的环保战略

前文提到过的SHEIN，在北美市场推广"可持续时尚"的环保战略，就是其近年来品牌升级和全球化布局的重要举措。通过技术创新、模式革新与消费者洞察的结合，SHEIN成功将环保理念融入产品全生命周期，既响应了"Z世代"对可持续消费的诉求，也重构了快时尚行业的价值链条。

比如SHEIN研发的冷转印技术通过数字化打印直接呈现牛仔效果，相比传统工艺节省70.5%的用水量。该技术不仅获得Bureau Veritas认证，还通过专利环保墨水减少化学助剂使用，实现从设计到生产的全链条节水减污。截至2024年，该技术已累计节省近9000吨水，相当于1800万瓶瓶装水量。另外，在印花环节采用零耗水的数码热转印工艺，替代传统丝网印刷。数据显示，截至2022年，该技术应用覆盖超65%的印花产品，累计节水113万吨。同时结合AI算法预测需求，实现"小单快反"生产，将库存率从行业平均30%~40%降至个位数。

近年来，在国内市场上很火的ESG概念，作为衡量企业环境保护、社会责任和公司治理成效的标准，越来越成为影响企业长远发展的重要考量因素。根据益普索发布的《中国品牌全球信任指数》，中国品牌要在全球范围内获得信任，除了提供优质的产品和服务外，ESG的重要性正逐渐凸显。而SHEIN对ESG表现出的重视，不仅是塑造中国企业出海成功典范的要求，更是保障自身品牌及供应链生态长期稳健发展的基石。自创立以来，SHEIN始终将ESG基因贯穿于整个生产运营环节，通过一系列举措引领全球可持续时尚的发展。这也是SHEIN能在北美顺利扎根立足的关键因素之一。

二、"本地化 + 差异化"是精准定位产品的关键

要成功打入北美市场，产品必须做到本地化适配和差异化竞争。

1. 本地化适配：市场、合规和文化

深入了解当地市场需求，通过市场调研，精准把握北美消费者对产品品质、功能、设计等方面的偏好。比如，北美消费者对户外用品的耐用性和功能性要求较高，对家居用品的舒适性和设计感较为关注。同时，关注当地的消费趋势和流行文化，以便及时调整产品策略。像智能穿戴设备，北美消费者可能更倾向于具备健康监测等实用功能且设计简约时尚的产品。

遵守当地法规和标准，严格遵循北美地区的各类法规，如产品安全标准、环保要求等。例如，电子产品需符合美国的 FCC 认证、加拿大的 ICES 认证等。在环保方面，要满足相关的绿色标准，确保产品在当地市场的合规性，避免因法规问题导致产品受阻。

适配当地文化和语言，对产品的包装、宣传材料等进行本地化设计，融入北美文化元素，避免文化冲突。同时，确保产品说明书、标识等使用当地语言，且表达准确清晰。比如，在产品广告中，可采用北美消费者熟悉的文化符号和形象，提高产品的亲和力和接受度。

最重要的，还是瞄准市场空白，找到"高利润细分市场"，避开红海竞争，切入市场空白点。

案例：CASETiFY——定制化品牌的胜利

近年来，手机壳不仅是保护手机的重要工具，更成为年轻人眼中触手可及的时尚单品。个性化的图案、耐摔的外壳、缤纷多彩的色系等要素都成为手机壳必备的标签之一。一般的手机壳也就几十块钱左右，贵一点儿的一百多，而CASETiFY就是一家做手机壳的香港小型创业公司，在北美市场找到个性化手机壳的突破口，将手机壳打造成时尚潮牌的品牌，普遍定价为五百元左右，是普通手机壳价格的十几倍，以其独特的设计和个性化定制成功出圈，成为手机壳中的"佼佼者"。

你看，这么普通的手机壳，只要定位找准了，也能做成大生意。

CASETiFY从2011年创立之初便以"将社交媒体照片转化为手机壳图案"为核心卖点，通过Casetagram项目让用户自由组合Instagram照片生成多宫格设计。这种"社交网络→实体产品"的转化模式，精准捕捉了"Z世代"展示数字身份的需求，使手机壳从功能性产品升级为"社交货币"。CASETiFY还就此开发了行业领先的在线设计平台，提供超过30万种设计模板，支持字体、颜色、图案的模块化组合。2025年上海时装周期间推出的DOT、SKYLINE等新字体设计，通过几何美学与防摔功能的结合，将个性化定制推向艺术表达层级。

另外，CASETiFY还打造了全渠道数字化运营，官网支持42种货币结算，覆盖国家超过180个。社媒矩阵年内容产出超1.2万条，TikTok话题#casetify播放量达48亿。通过"场景化开箱视频"（如手机壳搭配穿搭）实现产品生活化渗透。线下门店则设置创意工作坊，如上海新天地360度创作空间等，将购买行为转化为"自我表达仪式"。

2023年，CASETiFY的全球营收突破3亿美元，其中北美市场贡献超过50%。在北美高端手机壳市场份额已超越OtterBox，成为年轻人首选品牌之一。

2. 差异化定位：比低价更重要的是"独特价值"

技术创新差异化，加大研发投入，赋予产品独特的技术优势。例如，在智能家居领域，中国企业可推出具有更先进智能控制技术的产品，如能实现更精准语音识别、更便捷远程操控的智能音箱，与竞争对手形成差异化，吸引追求高科技体验的北美消费者。

功能特色差异化，根据北美消费者的特定需求，开发独特的产品功能。以汽车为例，针对北美地区广阔的地域和长途驾驶需求，可设计续航里程更长、具备更先进导航和安全辅助功能的车型，满足当地消费者对长途出行的需求。

服务体验差异化，提供优质且独特的售后服务，如建立快速响应的客服团队，提供上门维修、延长质保期等特色服务。在电商领域，可推出更便捷的退换货政策，提升消费者的购物体验，以服务优势在北美市场脱颖而出。

案例：优质体验+品牌溢价，大疆无人机靠技术统领北美

2023年，大疆占据全球76.8%的市场份额（Drone Industry Insights数据），远超第二名Autel Robotics（6.2%）和第三名Skydio（3.5%）。在影视、测绘、农业等领域，大疆市占率超60%，好莱坞85%的航拍镜头由其设备完成。尽管被美国政府多次制裁，大疆仍占据着高份额，美军特种部队甚至私下采购改装版Mavic 3用于侦察。

为什么大疆能够统领无人机市场？离不开的就是它的技术创新与产品优势。大疆在飞行控制、图像处理、传感器技术等方面处于行业领先地位。例如，其全向避障技术和高清图传功能，极大地提升了用户体验。此外，大疆还不断推出新技术，如高原飞行能力、4K高清影像以及即将上市的8K影像制作技术。

另外，大疆也有着丰富的产品线，覆盖了消费级、专业级和工业级无人机。消费级的Mavic系列以便携性和易用性著称；专业级的Inspire系列满足影视制作需求；工业级的Matrice系列则适用于农业、测绘和安防等领域。

大疆通过技术碾压、服务闭环和品牌文化输出，在北美市场成功塑造了"高端专业工具"的形象。其策略核心在于：以用户体验和信任感

替代价格战，同时依托中国供应链优势维持利润空间。这种模式不仅巩固了市场地位，也为应对地缘政治风险提供了缓冲。

三、北美市场的品牌塑造策略

在北美，品牌建设比价格战更重要。中国企业出海北美打造品牌是一个长期而复杂的过程，需要综合考虑品牌定位、传播、形象塑造等多个方面。

1.建立品牌认知：品牌故事与文化匹配

北美消费者喜欢"品牌故事＋价值观驱动"的消费模式。

比如设计具有吸引力的品牌视觉元素，包括品牌标志、包装、广告宣传材料等。品牌标志要简洁易记、富有创意，能够传达品牌的核心价值。例如，蔚来汽车的标志简洁大气，寓意着天空和道路，代表着品牌在智能电动汽车领域的探索和追求。包装设计要符合北美消费者的审美习惯，注重环保和实用性。

再比如，打造一致的品牌文化和价值观。品牌文化和价值观是品牌的灵魂，要与北美文化相契合，同时体现企业的特色。比如，倡导健康生活方式的运动品牌，可以通过宣传材料、品牌活动等方式，传递积极向上、勇于挑战的价值观，吸引追求健康生活的北美消费者。

案例："快乐小羊"，让世界爱上中国火锅

2016年，全新品牌"快乐小羊"首次成功亮相于美国波士顿。随后，趁热打铁，将版图扩展至全球10多个国家，包括英国、澳大利亚、美国、瑞典、新加坡等。"快乐小羊"已在90多个城市成功开设了上百家门店。每年接待600万名不同文化、不同信仰和饮食习惯的海内外顾客，其在海外的门店数已超过50家，且均为直营。经过多年海外市场的耕耘，被全世界的顾客所接受。

不同于中餐出海重点服务华人，"快乐小羊"是最早走出唐人街，真正融入各国的主流社会中去开店的火锅品牌。"快乐小羊"门店非华

人顾客占60%以上，就连门店当地员工占比也达到50%左右。尤其在美国市场，非华人顾客占比达70%。

"快乐小羊"成功的秘诀就是围绕"一锅汤"展开品牌核心故事。每天现熬6小时汤底，采用老鸡、牛骨及十余种中药材，坚持"好汤不蘸料"的蒙式火锅特色，形成差异化味觉记忆。在中国内蒙古、英国威尔士、澳大利亚建立羊肉加工基地，确保食材品质统一，并通过去筋剔膜技术实现羊肉"鲜嫩不膻"。这种对品质的极致追求，使"快乐小羊"成为"无需蘸料也能品出食材本味"的代名词，成功打破西方对火锅重口味的刻板印象。

"快乐小羊"原创团队认为餐饮很关键的一点是要"吃住顾客"，做回头客生意。很多海外火锅店还是主要做华人生意，但华人忠诚度比较低，一旦附近开了其他新店，华人顾客马上就流失掉了。相对而言，本地顾客忠诚度非常高，他们在饮食的选择面上习惯了相对单一，一旦认可就不太会更换。与此同时，本地顾客的消费力也更强。因此，就凭着"一锅汤"，"快乐小羊"的复购率高达40%，年均接待600万人次，排队1~2小时成为常态。品牌通过"产品力→口碑→自然流量"的良性循环，避免依赖广告投放，成功实现低成本获客。

2. 多渠道营销，提升品牌影响力

利用社交媒体和线上渠道。北美地区社交媒体普及度高，企业应充分利用 Facebook、Instagram、Twitter 等平台进行品牌推广。发布有吸引力的内容，如产品介绍、使用教程、用户案例等，吸引用户关注和互动。同时，通过搜索引擎优化（SEO）、付费广告等方式，提高品牌在网络上的曝光度。

参加行业展会和活动。积极参加北美地区相关行业的展会、研讨会、新品发布会等活动，展示品牌的产品和技术实力，与行业内的专业人士、潜在客户进行面对面交流，提升品牌在行业内的知名度和影响力。例如，消费电子企业可以参加美国拉斯维加斯的国际消费类电子产品展览会

(CES），展示最新的产品和技术。

进行口碑营销。通过提供优质的产品和服务，鼓励消费者进行口碑传播。可以通过建立用户评价和反馈机制、开展用户推荐活动等方式，提高用户满意度和忠诚度，借助用户的口碑扩大品牌影响力。

与当地意见领袖合作。北美市场有许多具有影响力的意见领袖，如网红、行业专家等。与他们合作，通过他们的推荐和宣传，可以快速提升品牌在目标受众中的知名度和可信度。例如，美妆品牌可以与美妆博主合作，进行产品试用和推荐。

案例：Cosori空气炸锅，全渠道营销抢占北美TOP1

Cosori成立于2016年，隶属于深圳Vesync公司。从创立初期，Cosori便精确瞄准用户群体及市场定位，专注于快捷烹饪，针对北美消费者对健康饮食与便捷清洁的双重需求，推出"无油空气炸锅"，主打"EASY COOKING, EASIER CLEANUP"概念。

而作为新兴小家电品牌，Cosori深知快速提升市场曝光与辨识度，离不开社媒布局与多渠道联合营销。首先，是电商平台渗透，入驻亚马逊、沃尔玛等主流平台，2018年即抢占亚马逊BS榜单前三；独立站月访问量达32.65万次，直接流量占比41.86%，自然搜索流量占43.41%，通过SEO优化提升品牌曝光。其次，是社媒种草矩阵。TikTok话题#Cosori浏览量超2.2亿次，与美食博主合作发布开箱测评、食谱视频，强化场景化营销；YouTube上以"air fryer recipes"为核心关键词布局内容，吸引垂直用户。最后，则是线下体验与口碑沉淀。进入Best Buy、Home Depot等家电连锁店，提供线下产品体验；在Trustpilot积累14.5万条评价，评分4.2分，通过用户UGC内容反哺线上信任度。

Cosori凭借多渠道协同，2024年在美国空气炸锅市场占有率第一，销售额稳居亚马逊前三，并成功打入Costco等高端渠道。其案例表明，技术差异化是突破竞争的核心，而"线上种草+线下体验+独立站私域沉淀"的全链路布局，则是抢占北美市场的关键路径。

3.建立本地品牌信任感,减少文化隔阂

在亚马逊平台,搜索"wireless earphones"会出现260万个结果,其中中国商品占比41%,但平均复购率不足8%。这揭示了一个残酷现实:消费者记得住AirPods,却记不住来自深圳的同品质产品。

在北美市场,消费者同样更信任本土品牌,因此中国企业急需建立本地化品牌形象。

确保产品质量过硬,严格把控产品质量,符合北美地区的相关标准和法规。建立完善的质量管理体系,从原材料采购、生产加工到产品包装,每一个环节都要确保质量稳定可靠,以质量赢得消费者的信任。

提供优质的售后服务,建立高效的售后服务团队,及时响应和解决消费者的问题。提供多种售后服务渠道,如电话、邮件、在线客服等,让消费者能够方便快捷地获得帮助。良好的售后服务可以提高消费者的满意度和忠诚度,为品牌树立良好的口碑。

从海尔用20年时间成为美国家电之王,到TikTok顶着政治压力仍保持用户增长,所有成功案例都在印证:真正的品牌认知,不是靠流量轰炸的短期记忆,而是通过持续创造"用户价值惊喜点"积累的信用资产。

北美市场并非单纯的价格竞争,而是"品牌+体验+价值观"的竞争。只有精准定位,打造独特品牌,才能在北美市场赢得长期增长。而突破认知壁垒的本质,更是一场关于"信任账户"的长期投资。

第二节 渠道选择:传统零售、电商、线下连锁,哪个更适合

进入北美市场,选择合适的销售渠道是企业成功的关键。传统零售、电商、线下连锁各有优势和挑战,不同的行业和产品适用于不同的渠道模式。企业需要结合自身的市场定位、目标消费者和运营能力,制定最佳渠道策略。

一、传统零售渠道：品牌溢价高，但门槛较高

传统零售商包括大型超市、连锁百货、专业电子产品商店，如沃尔玛、百思买和好市多。

优势：

品牌曝光度高：进入知名零售商的货架，能够快速提升品牌知名度，提高消费者信任度。

消费者体验增强：线下零售店提供直接的产品体验，提升购买转化率，特别适用于家电、消费电子、母婴用品等产品。

销售数据稳定：相较于电商，线下零售店的销量波动较小，适合长期布局。

挑战：

进入门槛高：大型零售商要求供应商具备成熟的品牌信誉、稳定的供应链和完善的售后支持，新品牌较难进入。

利润受挤压：零售商通常收取高额上架费，并抽取 20%~40% 的销售利润，企业利润空间受限。

库存和物流成本高：企业需提前备货，并承担仓储、配送成本，资金压力较大。

案例：海信进入Best Buy

海信（Hisense）进入北美市场时，成功与Best Buy建立合作，将高端电视产品直接铺设到线下零售店。借助大型商超的渠道资源，提高品牌信任度。2023年，海信在北美电视市场销量增长超过30%，成为美国市场前五的电视品牌。

适合企业：①已有一定品牌影响力，且能承担零售渠道高额成本的企业。②需要依靠线下体验增强消费者信任的产品，如家电、智能设备、高端母婴用品等。

二、电商渠道：成本较低，但竞争激烈

电商渠道主要包括亚马逊、eBay、沃尔玛线上商城等第三方平台，以及企业自建的独立电商网站。

优势：

初期投入较低：相比传统零售，电商渠道无需支付高昂的上架费，能更快速进入市场。

增长速度快：电商可短时间覆盖全美市场，适合快消品、小家电、电子产品等品类。

可直面消费者：通过独立站或亚马逊店铺，企业可直接与消费者互动，优化营销策略，获取用户数据。

挑战：

竞争激烈：北美电商市场高度成熟，新品牌需要投入大量资金进行广告投放和市场推广。

获客成本高：2023年，美国Facebook广告CPC（每次点击成本）已达1.72美元，比东南亚市场高出近4倍。

平台规则限制：例如亚马逊有严格的退货和评分机制，低评分可能导致销量下降。

案例：Tineco如何利用电商突围

Tineco（添可）是一家中国小家电品牌，专注于智能吸尘器。它避开传统零售商，直接通过Amazon和DTC独立站进入北美市场。借助YouTube测评推广和社交媒体KOL营销，短短两年内，销量增长超过500%，成为北美市场的领先品牌之一。

适合企业：①新品牌或资金有限的企业，适合从电商起步，建立品牌知名度和用户基础。②高复购率产品（如美妆、个护、健康食品），适合DTC品牌策略。

三、线下连锁渠道：区域渗透力强，但扩张速度较慢

线下连锁渠道主要指区域性连锁超市、便利店和专卖店，如 Whole Foods、Trader Joe's、CVS 等。

优势：

本地化市场占有率高：进入区域性连锁超市，能够迅速占领细分市场，特别适合食品、饮料、健康用品等类别。

消费者忠诚度高：连锁超市拥有固定的消费人群，提高品牌长期复购率。

品牌信任度高：连锁店通常对供应商有严格筛选，一旦进入，能迅速提升品牌可信度。

挑战：

铺货周期长：进入连锁超市需要较长的评估和谈判周期，通常至少 6~12 个月。

SKU 限制：连锁超市的货架空间有限，产品种类受限，企业不能提供完整产品线。

库存管理复杂：需要在不同区域的门店配送，供应链管理要求高。

案例：蜜雪冰城进入北美连锁商超

中国茶饮品牌蜜雪冰城（Mixue）进军北美市场时，经过认真的调研和咨询，选择进入区域性连锁商超（如T&T、H Mart），避开主流快餐连锁竞争。凭借低价策略和本地化菜单，蜜雪冰城在2023年北美市场销售额增长超过100%，随后逐步扩展至更多线下连锁渠道。

适合企业：①食品、健康产品、日用品，适合长期布局区域市场。②注重品牌体验的企业，如咖啡、奶茶、烘焙等线下零售品类。

四、如何选择合适的渠道

不同的行业和产品适合不同的渠道模式，企业应结合自身资源和市

场定位进行选择。

新品牌或资金有限的企业：建议从电商渠道起步，利用DTC模式建立品牌认知度和用户基础。

家电、奢侈品等高溢价产品：适合进入传统零售，虽然进入门槛较高，但能快速提升品牌可信度。

食品、健康用品等日常消费品：适合进入线下连锁渠道，依靠区域性连锁超市的固定消费者群体，提升长期销售稳定性。

多渠道整合是长期目标：例如Tineco最初依靠亚马逊起步，后扩展至百思买等传统零售商，实现全渠道覆盖，最终在北美市场站稳脚跟。

总体而言，北美市场的销售渠道选择需要结合行业特点、消费者习惯和企业资源进行综合考量，灵活调整渠道策略，以确保长期的可持续增长。

第三节　如何与北美本地商业生态融合

进入北美市场，企业不仅需要具备竞争力的产品，还必须深入融入本地商业生态，包括供应链整合、物流优化和支付体系对接。这些环节的顺畅运作，决定了企业能否高效运营并在北美市场长期发展。

一、供应链整合：如何在北美建立高效供应链

供应链管理是企业在北美落地的核心环节。由于北美市场地域广阔、制造成本较高、进口关税严格，企业需要优化供应链策略，以降低成本、提高交付效率。

1. 供应链本地化，提升市场适应性

依靠中国制造进行全球出口的传统模式，在北美市场可能面临高额关税和长周期的物流挑战。因此，许多成功的出海企业选择在北美设厂或与本地代工厂合作，以降低成本，提高供应链稳定性。

比如宁德时代在加拿大设立动力电池工厂，利用当地资源，符合北美供应链政策，同时降低关税。TCL在墨西哥设厂生产电视，避开美国对中国电子产品的高额关税，同时利用墨西哥的低人力成本供应美国市场。

2. 采用灵活库存管理，降低资金压力

由于北美市场对产品交付时间要求高，企业可以采用分布式仓储模式，提高库存管理效率。

跨境电商可利用FBA（亚马逊仓储与配送），借助亚马逊的仓储和配送体系优化库存管理。

传统零售企业可以使用第三方仓储服务（如ShipBob、Flexe），实现本地库存管理，提高供应链灵活性。

二、物流优化：如何提升北美市场的配送效率

北美市场的物流体系以联邦快递（FedEx）、联合包裹（UPS）、美国邮政（USPS）和本地第三方物流（3PL）为主。相较于中国高效的物流体系，北美物流成本较高，配送周期较长，因此企业需要选择最适合自己的物流方案。

1. 跨境物流与本地物流的选择

跨境物流适用于初期市场测试，适合小批量订单，可使用DHL、顺丰国际、菜鸟物流等提供跨境配送。

本地物流适用于长期市场拓展，企业可以在北美建立本地仓储，减少跨境运输成本，提高配送速度。

2. 如何选择物流合作伙伴

DTC品牌可以使用FBA、Shopify Fulfillment等方案，确保快速交付，提高客户体验。

传统零售供应链可以选择UPS、FedEx等商业物流，确保门店或仓库配送的稳定性。

大件商品（如家具、家电）适合使用 XPO Logistics、TForce Freight 等专业物流商，保证安全运输。

3. 降低物流成本的方法

使用智能仓储系统（WMS），通过预测库存需求，合理分配库存，提高周转率，减少仓储成本。

结合本地配送方案，例如 UPS Ground 或 FedEx SmartPost，降低快递成本，提高运输效率。

三、支付体系对接：如何适应北美支付习惯

北美市场的支付方式以信用卡、PayPal、Apple Pay 等为主，与中国消费者主要依赖微信支付、支付宝的习惯不同。企业必须适配北美支付体系，确保交易顺利完成。

1. 选择合适的支付渠道

信用卡支付（Visa、Mastercard、American Express）是北美市场最主流的支付方式，线上线下业务均可支持。没有信用卡，在北美市场上寸步难行。

线上支付可选择 PayPal（适用于电商）、Stripe（支持订阅支付）、Square（适用于线下零售）。

"先买后付"（BNPL）模式在北美市场逐渐普及，企业可考虑接入 Affirm、Klarna 等分期支付方案，提高消费者购买率。

2. 确保支付系统的合规性

所有处理信用卡支付的企业必须符合 PCI-DSS（支付卡行业数据安全标准），确保消费者信息安全。

在美国销售商品，需要遵循各州的税收法规，企业可以借助 Avalara、TaxJar 等税务自动化软件进行管理，避免税务合规风险。

3. 优化支付体验，提高转化率

简化支付流程，减少结账页面的步骤，提高转化率。

提供多币种支持，方便国际消费者进行交易。

在加拿大市场，可支持 Interac（本地借记支付），提升用户体验。

四、如何高效融入北美商业生态

成功融入北美商业生态，需要企业在供应链、物流、支付等方面进行全面优化。以下是具体策略。

1. 供应链优化

结合本地制造、代工厂和海外仓储，确保供应链稳定性。利用墨西哥、加拿大的制造优势，降低关税成本，提高市场竞争力。

2. 物流体系整合

初期可采用跨境物流测试市场，成熟后转向本地仓储和配送方案，提高交付效率。采用智能仓储系统，提高库存管理精度，减少运营成本。

3. 支付体系适配

采用北美主流支付方式，支持信用卡、PayPal、BNPL等，提高消费者支付体验。

北美的很多零售企业，特别是华人聚居区，比如纽约，洛杉矶，多伦多和温哥华等地，也支持中国的"微信"和"支付宝"等支付方式。

通过自动化税务工具，确保符合美国各州税收法规，避免税务合规风险。

北美市场的竞争不仅仅是产品和品牌的竞争，更是供应链管理、物流优化和支付体系整合的竞争。企业只有真正实现本地化运营，融入北美商业生态，才能在市场中获得长期稳定的发展。

第四节　投资咨询机构如何提供运营架构搭建、团队组建和财务管理支持

进入北美市场不仅需要合适的产品和市场策略，还需要一个稳固的运营架构，涵盖公司架构、团队搭建、财务管理等多个方面。对于初入北美市场的中国企业而言，投资咨询机构可以提供专业支持，帮助企业快速适应当地商业环境，减少试错成本。

一、运营架构搭建：建立符合北美法律法规的公司架构

1. 选择合适的公司注册类型

有限责任公司（LLC）：适合中小型企业，税务灵活，适用于DTC品牌和跨境电商。

股份公司（C-Corp）：适用于有融资需求的企业，可吸引北美投资者，但税务较重。

分公司或子公司：如果企业已有中国总部，可设立分公司或子公司，以便管理国际业务。

2. 法律与合规支持

投资咨询机构可以帮助企业进行公司注册、获取商业执照、确保合规运营，避免因法律问题遭遇处罚。

针对行业特殊要求，如医疗、金融、新能源等，企业需获得特定的政府许可，投资咨询机构能提供合规性审查。

3. 税务与财务架构设计

不同州的企业所得税、销售税政策不同，投资咨询机构可以提供税务规划，帮助企业合理避税。

通过设立离岸公司或使用转移定价策略，优化国际业务的税收成本。

二、团队组建：招聘本地人才，优化企业管理

1. 招聘合适的本地管理团队

投资咨询机构可以提供猎头服务，协助企业招聘北美市场经理、销售负责人、合规顾问等关键岗位。

针对不同业务需求，企业可以使用合适的人才招聘平台，如LinkedIn、Indeed、Glassdoor等。

2. 跨文化管理培训

中国企业的管理风格与北美不同，投资咨询机构可以提供跨文化管理培训，帮助企业避免因文化差异导致的管理问题。

例如，在北美企业文化中，员工自主性强，管理层需要更多赋能而非控制，投资咨询机构可以提供本地化的管理建议。

3. 薪酬与人力资源管理

投资咨询机构可以帮助企业设计符合北美市场的薪酬体系，避免因工资不具竞争力而难以吸引人才。

提供员工福利规划，如医疗保险、401(k)退休计划等，提升团队稳定性。

三、财务管理支持：确保企业资金高效运营

1. 建立符合北美标准的财务体系

投资咨询机构可以协助企业建立符合GAAP（一般公认会计准则）的财务体系，确保财务透明度和融资便利性。

选择合适的会计软件，如QuickBooks、Xero、NetSuite，简化财务管理流程。

2. 税务优化与财务合规

投资咨询机构可以帮助企业规划财务结构，优化税收支出，避免不必要的税务负担。针对跨境交易，投资咨询机构可以提供转移定价、跨境结算、外汇管理等策略支持。

3. 融资与投资建议

对于希望在北美融资的企业，投资咨询机构可以对接风投、私募基金，提供融资规划和投资路演支持。协助企业寻找政府补贴、行业扶持政策，如加拿大的科技创新补助（SR&ED）或美国小企业管理局（SBA）贷款。

四、合理借助投资咨询机构，可以确保企业稳健落地

国内某家公司为了拓展海外市场，在2018年决定进军墨西哥，并迅速在墨西哥成立了子公司和生产基地。拓展初期，笔者曾建议过对方，海外的很多东西和国内不同，比如环保法规、知识产权等，企业作为外来者，还涉及语言问题，会有诸多潜在的"坑"，需要借助咨询机构的力量来"填坑"。但该公司董事长还是本着在国内创业的心态，觉得"干就完了"，哪儿那么多弯弯绕绕。刚开始，公司的产品在墨西哥市场表现优异，销量持续增长，市场份额达到了8%，前景看似一片光明。

然而，自2020年下半年开始，这家企业就遭遇了一系列贸易问题。首先，产品质量成为企业的首要挑战。在墨西哥，该公司的洗衣机因漏水、脱水效果不佳等问题遭到了消费者的频繁投诉，而在北美的市场营销中，对品牌的信任是第一位的，一旦信任出现问题，很难弥补。其次，企业未能充分适应墨西哥的环保法规，导致后期新上的部分产品无法通过当地认证，影响了产品的销售。在知识产权方面，企业也遭遇了重大挑战，其在墨西哥注册的商标和专利遭到了侵权，尽管企业多次通过法律途径维权，但由于当地知识产权保护不力，效果不佳，严重影响了品牌形象和市场地位。更糟糕的是，2021年，企业因涉嫌逃税被当地税务部门调查，在一年的法律诉讼后，被迫支付了巨额罚款，企业的声誉也因此受损。

这一系列事件对企业来说是一次严峻的考验，也促使企业深刻反思其国际化战略。在海外市场的角逐中，企业必须更加谨慎，每一个决策都可能影响到企业的生存与发展。成功出海不仅仅是市场推广的竞争，更是企业运营体系的竞争，合理利用投资咨询机构的专业支持，才能让企业在北美市场站稳脚跟，实现持续增长。

第5章 法规与合规：不踩雷的北美市场运营指南

第一节 企业注册与合规要求

中国企业进入北美市场，必须完成公司注册、税务登记、财务管理和银行账户设置，以确保合规运营。北美市场监管严格，任何合规问题都可能导致罚款、银行账户冻结，甚至影响企业运营。因此，企业需要提前规划，确保从公司架构到资金流动的每个环节都符合当地法规。

一、企业注册：如何选择合适的公司架构

企业进入北美市场，首先要决定公司架构，不同架构影响企业的法律责任、税务成本和融资能力。由于北美各国具体政策差异较大，尤其是美国和加拿大各州的法律也不尽相同，因为在此仅作简略描述。

1.有限责任公司

法律责任：股东（成员）仅以出资额为限承担有限责任，适用于电商、咨询公司、小型科技企业等中小型企业。

税务成本：享有税务优势，默认"穿透征税"（Pass-through taxation），无需缴纳企业所得税，利润直接分配至股东个人报税，避免双重征税；但需缴纳州特许经营税（如加利福尼亚州最低 800 美元/年）。

融资能力：结构灵活但融资渠道有限，适合初期小规模运营。

2. 股份公司

法律责任：独立法人实体，股东承担有限责任，适合大型企业。

税务成本：需缴纳企业所得税，比如联邦企业所得税、州税、特许经营税，存在"双重征税"（公司利润税和股东分红税），但可享受较多税务减免和融资机会，比如通过留存收益再投资优化税负等。

融资能力：融资和上市的首选架构，可发行多类股票吸引风投。

3. S 型股份公司（S-Corp）

限制：股东需为美国税务居民（公民或绿卡持有者），不适合外资企业直接使用。

税务成本：享受税收优惠，可避免双重征税。

融资能力：股东需为美国税务居民，股东人数也有限制，这在一定程度上会影响企业融资能力和国际化发展。

4. 分公司

法律责任：不具备独立法人资格，分公司的所有债务和责任由母公司承担，母公司面临较大法律风险。

税务成本：需遵循当地税法，承担增值税、关税、企业所得税等税负，税务成本相对较高，且在注销时，需先完成税务清算并处理债务问题。

融资能力：分公司可以在一定范围内以母公司的名义开展融资活动，其融资能力依赖于母公司的信用和财务状况。但由于母公司需承担分公司的债务，金融机构在评估融资时会较为谨慎。

5. 子公司

法律责任：具备独立法人资格，子公司的债务和责任由子公司自己承担，母公司仅在其出资范围内承担有限责任，母公司的法律风险相对较小。不过，如果母公司过度操控子公司治理、决策及财务，导致其非独立运营，当子公司无力偿债时，母公司可能需承担连带责任风险。

税务成本：独立缴纳企业所得税等各种税费，具体税收优惠要看当地具体政策。

融资能力：子公司作为独立法人，可独立进行融资活动，能以自己的资产和信用为基础获得贷款、发行债券等。其融资能力取决于自身的经营状况、财务实力和信用评级等因素，相对独立于母公司，有更大的融资灵活性。

二、税务合规：如何避免税务风险

北美市场的税务体系复杂，不同州和省份的税率各不相同，企业需要规划税务策略，以确保合规并优化成本。

1. 三级税制结构

美国和加拿大基本通行的都是三级税制结构。

联邦税：主导个人所得税、企业所得税、商品与服务税（GST）、消费税、关税等。比如美国企业所得税统一税率21%（C型公司），个人所得税最高37%。

州税/省税：征收州/省所得税、州/省销售税（PST或HST）、资源税等。各州/省差异显著，如得克萨斯州、内华达州免征企业所得税，加利福尼亚州企业所得税率8.84%并征收特许经营税，加拿大部分省份将PST与联邦GST合并为统一销售税（HST）等等。

地方税：包括销售税（税率7%~10%）、财产税等，需按经营地申报。

2. 主要税种

个人所得税：2024年美国采用七级累进税率（10%~37%），无明确起征点，按收入层级征税。加拿大联邦实行15%~33%累进税率，各省另征省所得税（累进制）。2024年联邦免税额为15000加元。

企业所得税：美国征收税率21%（2017年税改后统一税率），州税率0%~9%不等，部分州（如加利福尼亚州）额外征收8.84%。得克萨斯州更低乃至全免。加拿大联邦基本税率28%（省税另计），制造业税率可降至15%；小型企业年利润≤50万加元部分税率9%。

销售税：美国联邦政府不参与。目前全美有45个州及华盛顿特区征收州级销售税，地方税率可能叠加，综合税率平均 8%~12%。

加拿大主要分联邦商品及服务税（GST）、省销售税（PST）和统一销售税（HST）。其中 GST 税率为 5%，部分省份合并为 HST（如安大略省 13%、大西洋四省 15%）。PST 各省单独征收（0%~10%），如 BC 省 7%。

其他税种：①房产税：按评估价值征收，税率因地而异（如多伦多需额外缴纳市级土地转让税）。②消费税：针对烟酒、燃油等高税率商品，美国州销售税率 4%~10% 不等，部分州免征基本生活品税。加拿大部分省份征收"罪孽税"（如烟酒税）。③碳排放税：联邦设定最低标准，各省可自定细则（如阿尔伯塔省 2007 年率先实施）。④资源税：针对石油、矿产等自然资源开采征收。

关税与反倾销税：部分中国产品面临高额关税（如太阳能板 50%）。

3. 税务筹划

注册地选择：低税州优先，如得克萨斯州（无州所得税）、内华达州（无所得税且隐私保护强）适合仓储及总部；特拉华州（低税率、法律完善）适合知识产权型企业。

业务适配性：加利福尼亚州（市场大但税负高）适合直面终端客户的企业。

公司类型优化：C-Corp，适合计划融资或上市的企业，但面临双重征税（联邦税 + 股东分红税）。LLC，利润穿透至股东个人报税，避免双重征税，适合中小型贸易企业。

税收优惠利用：研发支出、投资特定领域可获税收抵免。部分州也有专属优惠，如加利福尼亚州对创新企业提供加速折旧；经济特区（如蒙特雷）提供所得税豁免等等。

税收协定：比如中美协定避免双重征税，资本利得通常免税（不动产除外）。

架构设计与风险隔离：注册离岸中间控股公司，通过中国香港、新加坡等地公司持股美国子公司，利用税收协定降低预提税。在本地设立子公司或合资公司，规避常设机构风险（如办事处可能触发所得税义务）。

合规与风险管理：申请联邦雇主识别号（EIN），按州要求注册销售税许可证。按时申报联邦及州所得税，利用电子报税系统（如 IRS Free File）可减少延误。中美关联交易需符合公平交易原则，避免被美国国税局（IRS）认定为利润转移。雇用员工需缴纳工资税（1%~4%）、购买工伤保险，遵守最低工资（如加州 15.5 美元／小时）。关注《公司透明度法案》等新规，及时调整架构应对反避税审查等等，

三、财务管理：确保符合 GAAP/IFRS 标准

北美市场要求企业遵循 GAAP 或 IFRS（国际财务报告准则），以满足税务和融资要求。

1. 采用合规的财务软件

推荐使用 QuickBooks、Xero、NetSuite，确保符合北美财务管理标准。

定期提交损益表、资产负债表、现金流量表，以满足投资者和税务监管要求。

2. 融资合规与投资者透明度

若计划在北美融资或上市，需聘请注册会计师（CPA），确保财务报表符合 SEC（美国证券交易委员会）或 OSC（加拿大安省证券委员会）的规定。

中国企业在出海北美时，往往会忽视财务问题。但实际上，北美的财务要求非常严格，不少出海企业都在财务上"折戟"，轻则罚款，重则完全丢失市场。

比如，2023 年，美国得克萨斯州东区检察官办公室发布公告称，福建某外贸公司因为欠缴关税被罚 570 万元。这家公司创立于 2001 年 9 月，公司总部在福建，主要从事室内家具及办公家具的开发、生产和销售，在北美设有子公司，主要从中国进口家具至北美市场销售。这次被罚的就是它在北美的子公司。

而之所以欠缴关税，是因为该公司虚报了货物价值，并且没有按照规定支付从中国进口家具的关税，违反了《虚假申报法》(False Claims

Act)。美国海关法规定，在美国从事商品进口，都必须缴纳进口关税和其他税费。进口税费全部以货值，即离岸价格（FOB）计算。在美国根据所谓"301条款"对中国制造的某些商品加征额外关税之后，该公司为了减少关税方面的支出，向美国海关和边境保护局（CBP）提交伪造的发票，虚报了进口货物价值，避免支付合理的关税。

值得一提的是，美国司法部的公告提到了该案件的举报人，最终的判决结果显示，举报人将获得约151683美元的奖励。这是因为美国国税局设有检举人奖励机制，鼓励民众举报大额的不合规纳税行为。检举人可以通过"211表格"进行举报并申领检举奖金，最高可以获得被追回税款30%的奖励。

所以我们可以看到，财务不合规不仅导致直接经济损失，还可能引发品牌声誉受损、供应链中断（如海关扣押货物）等连锁反应。例如，福建这次的公司事件后，美国就加强了对中国进口家具的查验力度。

四、银行账户：如何管理北美市场资金流

企业需要在北美开设企业银行账户，以管理资金流、支付供应商和接受客户付款。

1. 如何选择银行

传统银行（摩根大通、美国银行、RBC银行）：适合大企业，提供全面的金融服务，但开户手续复杂。

线上银行（Mercury、Brex）：适合初创企业，开户简便，支持国际支付。

支付处理商（Stripe、PayPal、Square）：适用于DTC企业，支持信用卡和BNPL支付。

2. 企业银行账户开户流程

需要提供公司注册文件（如公司章程、EIN税号）。

可能需要法人或财务负责人到场（部分在线银行可远程开户）。

设立资金管理权限，确保账户安全性。

案例：某跨境电商企业银行账户的优化管理

该跨境电商主营智能家居产品，业务覆盖北美、欧洲及亚洲市场。公司采用DTC模式运营独立站，同时通过亚马逊等平台销售，需处理多国供应商付款及跨境资金流转。

资金流架构设计如下：

收款环节：Stripe实现DTC支付闭环

支付接入：在独立站集成Stripe Checkout，支持Visa/Mastercard等主流信用卡支付，通过智能路由优化银行授权率（成功率提升5%）。

资金沉淀：每日销售额自动结算至Stripe账户，2~3个工作日内转入Mercury银行主账户，避免资金滞留风险。

风控管理：利用Stripe的Adaptive Acceptance功能自动重试失败交易，结合3D安全验证降低欺诈率。

资金管理：Mercury银行全球账户中枢

多币种收付：通过Mercury的Checking账户接收美元、欧元等多币种收入，利用Saving账户获取最高5.39%年化收益。

虚拟卡管理：为营销团队签发虚拟借记卡，用于Google/Facebook广告投放，单卡设置预算限额。

平台无缝对接：通过API将Mercury账户与Shopify、QuickBooks同步，实现销售数据与账务自动化匹配。

供应链付款：加拿大皇家银行（RBC）区块链方案

跨境支付：使用RBC基于Hyperledger的区块链系统，向中国、越南供应商支付货款，实现美加跨境转账实时到账，成本降低40%。

账期管理：通过RBC供应链金融产品，对核心供应商提供90天账期支持，优化现金流。

税务合规：利用RBC的自动化税务报告功能，满足加拿大CRS税务信息申报要求。

技术整合亮点：

自动化对账：Stripe交易数据→Mercury账户→RBC付款记录，通过Zapier实现三系统数据同步，财务处理效率提升70%。

汇率对冲：Mercury的1%货币兑换费结合RBC远期外汇合约，锁定中欧贸易汇率波动风险。

安全隔离：Stripe单日50万美元收款限额与Mercury账户分层存储机制（运营资金在Checking，储备金在Saving）形成风控双保险。

运营成效：

成本优化：综合支付费率从PayPal的4.4%降至2.9%（Stripe与Mercury组合）。

资金周转：回款周期从14天缩短至5天，供应商付款效率提升3倍。

扩展能力：通过Mercury Treasury管理百万级现金流，支撑欧洲新仓建设。

以上事项并非北美独有，在中国，公司上市、财务规划、税收申报，同样也要借助专业机构，只不过是北美市场的法律和监管体系我们比较陌生，当然确实也相当复杂。合规经营是企业长期发展的基础，在这样一个法治相对健全的体系下，通过借助专业机构、优化财务结构和建立透明的资金管理体系，企业可以在北美市场立足，并实现持续增长。

第二节 知识产权保护：专利、商标、数据合规

知识产权（Intellectual Property，IP）保护是中国企业进入北美市场的关键环节。北美市场对专利、商标、数据隐私等方面的保护严格，任何侵权行为都可能导致法律诉讼、高额罚款，甚至企业被市场封锁。因此，中国企业必须提前做好知识产权布局，确保自身权益不受侵害，同时规避潜在的侵权风险。

一、专利保护：如何避免侵权与被侵权

1. 北美专利体系

在北美，专利分为三类。

发明专利（Utility Patent）：保护新技术、新方法，专利保护期20年。

外观设计专利（Design Patent）：保护产品外观设计，保护期15年。

植物专利（Plant Patent）：适用于新植物培育，保护期20年。

企业在进入北美市场前，需要进行专利申请，以确保自身的创新技术或产品设计不受侵犯。同时，也要进行专利检索，确保产品不会侵犯现有专利。

2. 如何避免专利侵权

进行专利检索，确保产品不侵犯现有专利，常用工具包括Google Patents、USPTO数据库、WIPO等。

在设计或研发阶段，咨询北美知识产权律师，降低侵权风险。

如果发现自己的产品可能涉及他人专利，可尝试专利交叉许可（Cross-Licensing），避免法律诉讼。

案例：大疆vs Autel Robotics

大疆是全球领先的无人机制造商，在美国市场占据主导地位。然而，在开拓美国市场的过程中，也照样被专利侵权案件困扰过。其与Autel Robotics（道通智能）之间的专利侵权纠纷是近年来中美知识产权领域的重要案例，涉及多轮诉讼与337调查，主要争议点围绕专利有效性及市场竞争策略展开。

2018年4月25日，Autel Robotics在美国纽约南区联邦地区法院对大疆三家公司提起诉讼，称大疆侵犯其"自动载具速度的自动规划和调节"以及"紧凑型无人旋转飞行器"两项美国发明专利权。同年8月30日，Autel Robotics依据《美国1930年关税法》第337节规定，向美国国际贸易委员会（ITC）提出申请，请求对大疆发起337调查并发布有限排除令和禁止令，指

控大疆对美出口、在美进口或在美销售的无人机及其组件侵犯其专利权。

2018年10月2日，ITC根据Autel Robotics主张的三项专利（美国专利号分别为US7979174、US9260184和US10044013）侵权开始调查。

2020年3月2日，虽然Autel Robotics在庭审中强调大疆的"中国背景"及被美政府列入"涉军企业清单"，但最终ITC首席行政法法官还是判定大疆没有侵犯US7979174，还判定US10044013专利权主张无效，但裁定大疆部分产品侵犯了US9260184专利，并建议禁止将包括DJI Mavic 2 Pro和Mavic 2 Zoom在内的多款侵权无人机进口到美国。

大疆于2018年底在美国专利局专利审判和上诉委员会提出双边复审，对ITC程序中涉及的所有三项专利的主张提出异议。2020年5月，PTAB先后宣布三项专利的所有权利要求均无效。由于专利被宣告无效，ITC不太可能根据这些专利来执行任何排除令或禁售令，大疆在美国的运营与销售未受此次337调查的影响。

从这个案例中我们可以看到，在国际市场竞争中，企业应重视知识产权的保护和运用，通过申请专利等方式来保护自己的技术创新成果，同时也要尊重他人的知识产权，避免侵权行为。大疆在面对Autel Robotics的指控时，积极采取法律措施进行应对，通过在美国专利局专利审判和上诉委员会提出双边复审，成功使被控侵权的三项专利全部被宣告无效，从而化解了潜在的法律风险。这体现了企业在面临知识产权纠纷时，应积极寻求法律途径解决问题，维护自己的合法权益。

案例：TP-Link vs NETGEAR

并不是每家企业都像大疆这么幸运能够胜诉。2024年，TP-Link（深圳普联技术有限公司）在与美国网络设备供应商NETGEAR的专利侵权纠纷中，最终选择支付高达1.35亿美元（约合人民币9.8亿）的和解金，结束了这场旷日持久的法律斗争。

TP-Link是全球领先的ICT设备供应商，主营路由器、网络设备等，年营收超200亿元，产品在亚马逊等平台月销量高达2万台以上。

NETGEAR 是美国网络设备供应商，成立于 1996 年，产品线与 TP-Link 高度重叠，包括路由器、交换机等。

2022 年，NETGEAR 向美国国际贸易委员会 ITC 提出了对 TP-Link 的 337 调查，指控其侵犯了六件美国专利。接着，NETGEAR 又在 2023 年 4 月以同样的理由向美国加利福尼亚州联邦法院提起诉讼。面对指控，TP-Link 选择了反击。在 2023 年 9 月，TP-Link 向美国专利商标局提出申请，要求审查并取消 NETGEAR 的两项专利。但反击并未取得预期的效果。在 2024 年 5 月份的 ITC337 初裁中，ITC 的行政法官认定 TP-Link 进口的 Wi-Fi 路由器、网状 Wi-Fi 网络设备和相关硬件侵犯了 NETGEAR 的两项专利。随后，ITC 初步裁定 TP-Link 违反了《关税法》第 337 条，认定其产品侵犯了 NETGEAR 的两项专利的所有权利要求，建议发布有限排除令，这可能导致其相关产品在美禁售。

TP-Link 最终支付 1.35 亿美元的和解金，双方撤回所有未决诉讼。尽管和解金额高昂，但避免了产品禁售风险。NETGEAR 因和解协议股价上涨 29%，TP-Link 则保住了美国市场准入资格。

这一案例也警示中国企业进入北美市场前，务必进行全面的专利检索和合规布局。

二、商标保护：防止品牌被抢注与侵权

1. 北美商标体系

北美商标保护遵循"先使用原则（First-to-Use）"而非"先注册原则（First-to-File）"。这意味着，即使企业在美国未注册商标，但在市场上长期使用并积累了品牌影响力，仍可在商标纠纷中占据优势。

2. 如何防止商标被抢注

在北美市场推出产品前，提前申请商标注册，确保品牌受到保护。

监测 USPTO 数据库，防止第三方抢注类似商标。

采用国际商标注册体系（如马德里商标体系），提高全球商标保护力度。

案例：商标注册代理公司虚假材料引发危机

2025年2月24日，USPTO向三家深圳代理公司发出531页《补充陈述理由令》，要求其就4.2万件商标申请中的伪造签名、虚假代理行为作出解释，包括代理公司通过中国IP地址批量提交商标申请，规避美国律师代理要求；冒用律师电子签名（同一律师签名出现在数千案件中），伪造授权文件；隐瞒律师实际参与情况，虚构法律服务关系等等。

美国专利商标局在此次补充陈述理由令中指出，如案涉三家代理公司有反对意见可提出申诉，如果超过答辩截止日期没有做出进一步的申诉，那么42000余份案涉商标将会全部撤销。由于案涉商标涉及大量在美国亚马逊等电商平台备案的中国商家，如不及时处理或将面临已注册成功的商标被追溯无效，产品被迫下架，背后损失难以估量。

这种情况在出海企业商标注册等环节中非常常见。很多国内企业对国外情况不够熟悉，也不了解国外的代理公司，因此就在国内寻找中介公司。但国内中介公司往往良莠不齐，比如深圳某代理公司就曾经通过"律师签名池"提交1.3万件商标申请，使用虚假邮箱接收通知，结果全部商标被撤销，代理机构永久禁业，但损失更大的是企业本身，亚马逊品牌备案失效，货物被扣押。而浙江某公司在发现商标有问题后，立即更换了合规律师，提交真实亚马逊销售数据及律师授权书，最终80%的商标获得保留，避免了平台处罚。

三、数据合规：确保数据安全与隐私合规

1. 美国：联邦与州法律并行的分散模式

联邦立法：

《联邦贸易委员会法》（FTC Act）：赋予美国联邦贸易委员会（FTC）监管权，打击欺骗性商业行为（如未履行隐私承诺或数据保护不足），覆盖全美企业。

《美国数据隐私和保护法案》（ADPPA 草案）：首个两党支持的联邦统一隐私法提案，引入数据最小化、隐私设计等原则，拟取代部分州法律（如 CCPA 部分条款），但保留生物识别等特殊领域州法优先权。

《健康保险便携性与责任法案》：规范医疗健康信息保护，要求加密电子健康数据并限制最小必要使用。

《金融服务现代化法案》（GLBA）：保护金融数据，要求机构制定信息安全计划。

《儿童在线隐私保护法》（COPPA）：严格限制 13 岁以下儿童数据的收集与使用。

州级立法：

加州《加州隐私权法案》（CPRA）：赋予消费者访问、删除、限制出售个人数据的权利，并设立独立监管机构加州隐私保护局。

伊利诺伊州《生物识别隐私法》（BIPA）：严格监管生物识别数据，允许个人诉讼索赔。

纽约州《数据安全法》：要求企业实施加密、访问控制等安全措施。

2. 加拿大：以 PIPEDA 为核心的综合立法

《个人信息保护与电子文件法》（PIPEDA）：包括责任制、目的明确、同意、数据最小化、安全保障等，要求企业任命隐私官并建立合规制度。覆盖商业活动中的个人信息处理，将员工数据纳入保护（2015 年修订后）。

配套修正与措施：

《数字隐私法案》（2015 年）：强化有效同意机制，要求企业确保用户理解数据用途。

《数据泄露强制报告条例》（2018 年）：强制企业评估数据泄漏风险并向隐私专员及受影响个人报告。

3. 墨西哥：本地化存储与严格监管

数据本地化要求：要求特定数据（如政府相关数据）存储在境内服务器，企业需与本地服务商签订合规合同。

新数据法趋势：加强对敏感数据（如生物识别、健康信息）的保护，要求企业实施加密与访问控制。

三、北美数据保护共性特征

分散立法与行业自律结合：美国依赖联邦与州法并行，加拿大通过PIPEDA统一商业领域，墨西哥强化本地化。

敏感数据分类管理：医疗、金融、儿童、生物识别等数据受额外保护。

跨境传输限制：美加均要求数据接收方提供等效保护，墨西哥则强调本地化存储。

执法强化趋势：美国FTC与州检察官加大处罚力度，加拿大隐私专员获协议签订权。

案例：Temu数据风波

前文我们讲述过TikTok在美国的数据安全事件，同样，拼多多旗下的电商平台Temu也遭遇数据安全阻击。美国前国防部幕僚长、前国家情报副总监卡什·帕特尔在《华盛顿时报》发文称，相比TikTok，拼多多才是更令人担忧的数据安全威胁，他要求国会立即对Temu展开深入调查。

原因和TikTok如出一辙，就是数据合规问题。美国对TikTok数据的指控包括视频内容影响舆论、掌握美国民众个人的基础信息等。卡什·帕特尔指出Temu隶属于拼多多，员工全部生活在中国。这意味着"中国政府不需要获得许可，便能获取Temu收集的美国用户数据"。数据合规问题现在已经成为美西方打压中企的常见做法。2022年1月美国方面对阿里云业务进行审查，以确定它是否会对美国国家安全构成威胁。2023年11月，美国要求百度、AutoX、滴滴出行等十家自动驾驶企业，针对如何收集和处理美国数据做出回应。

因此，如何建立业务数据的合规性成为中企出海必须持续解决的问题。如2018年中兴被美国制裁前，中兴项目风控主要是高层手动监管，合同金额达到一定数量，高层甚至是创始人，就会参与项目流程控制和风险控制，可这无法形成一个覆盖所有项目的常规机制。

综上，相对于一个市场化、法治化营商环境，通过完善的知识产权保护措施，中国企业可以在北美市场稳健发展，避免因法律纠纷而影响业务拓展。

第三节 合同、雇佣、商业法律上的"坑"

北美市场的法律体系强调契约精神，合同、雇佣关系和商业合作的法律条款极为严格。许多中国企业进入北美后，由于对合同规范、雇佣法规、商业法律的理解不足，陷入法律纠纷，甚至影响企业生存。因此，企业必须全面了解北美市场的合同、雇佣和商业法律体系，确保自身权益的同时，避免不必要的法律风险。

一、合同风险

中国企业在北美市场的雇佣和合同问题可以追溯到19世纪。当时，大批华工受雇于美国铁路、矿山、农业等行业，但由于缺乏正式的合同和法律保障，他们的劳动权益长期被剥夺。

1885年美国爱达荷州石泉镇（Rock Springs, Idaho）的排华事件就是典型案例。当地煤矿公司大量雇用华工，却未给予他们与白人工人同等的工资和劳动条件，导致白人工人不满并爆发暴力冲突，最终造成多名华工死亡，财产被毁。由于华工大多没有正式的合同，缺乏法律保护，美国政府虽然承认他们受到不公正待遇，但未能提供有效补偿。

这一历史案例表明，中国企业在北美市场务必确保合同合规，避免因缺乏正式协议或商业合同而陷入法律困境。

北美地区美国和加拿大法律体系较为复杂，不同州、省的法律规定存在差异。如果合同中没有明确约定适用的法律和管辖权，可能会导致在合同纠纷发生时，不确定应依据何种法律来解决问题，增加了法律风险和诉讼成本。

而且北美商业法律对合同条款的要求较为严格，合同中的条款需要明确、具体，避免模糊不清的表述。如果合同条款不严谨，可能会被对方利用，导致企业在合同履行过程中处于不利地位。例如，在涉及产品质量标准、交货时间、付款方式等关键条款上，若表述不精确，可能引发争议。

另外，尤其需要明确约定双方的违约责任和赔偿方式。北美法律对于违约行为的认定和赔偿标准可能与中国法律有所不同，企业如果对当地法律规定不了解，可能在合同中约定了不合理的违约责任条款，或者在遭受损失时无法获得充分的赔偿。

我们经常在合同中设置的一些风险防控条款，比如附条件履行条款，将获得东道国"无异议证明"作为合同生效的前提，降低履约风险；比如退出机制，在协议中约定若交易因安全审查失败，中国企业可无赔偿退出；比如预留风险费用，在交易对价中增加不可控监管风险准备金，应对政策变动，等等。

另外，也要尽量避免盲目选择英美法系管辖地（如伦敦法院），需评估判决在中国的可执行性，优先选择与中国有司法互助协议的地区。

二、雇佣风险

北美地区的劳动法体系相对成熟，在最低工资标准、工作时长、休假制度、员工的健康与安全保障等方面有严格规定。企业需要了解并遵守这些规定，比如《公平劳动标准法》（FLSA），并确保薪资、工时、福利符合当地法规。否则可能面临法律纠纷和罚款。例如，美国不同州的最低工资标准不同，企业必须按照当地标准支付工资。

如果企业需要雇佣中国或者外籍员工，那么也需要遵守严格的移民法规定。如美国的 H-1B 签证和加拿大的工作许可（Work Permit）申请过程复杂且有时间限制。企业如果未能确保中国员工或其他外籍员工的合法身份工作许可，可能会面临法律责任，包括罚款和员工被遣返等问题。

另外还有一点和国内不同，北美地区工会组织较为强大，在一些行业中，工会在员工雇佣、薪酬待遇、工作条件等方面具有较大的话语权。企业需要了解当地工会的情况，妥善处理与工会的关系，否则可能会面临员工罢工等问题，影响企业的正常运营。

三、商业法律风险

知识产权和数据安全等前文已经提到不少，在这里额外提一下，就是反托拉斯与竞争法。北美地区的反托拉斯和竞争法旨在防止企业垄断市场和不正当竞争行为。企业在进行市场竞争时，需要遵守相关法律规定，避免采取垄断、限制竞争、不正当竞争等行为，否则可能会被政府监管机构调查和处罚。

另外也要注意敏感行业禁令。比如美国对半导体、医疗、通信等行业实施投资限制，企业需规避相关领域，或通过第三方合作降低风险。

案例：福耀玻璃，雇佣与合同纠纷的典型案例

福耀玻璃（Fuyao Glass）是全球领先的汽车玻璃制造商，2014年投资近6亿美元在美国俄亥俄州建立工厂，成为中国企业在美最大制造业投资之一。然而，该工厂的运营很快因雇佣、合同和商业法律问题陷入困境，这一过程被奥斯卡获奖纪录片《美国工厂》（American Factory, 2019）完整记录。

雇佣合同问题：福耀在中国采用严格的管理模式，员工通常愿意接受加班和高强度工作，但在美国，这种管理方式导致了与《公平劳动标准法》的冲突。由于雇佣合同未明确工会组织权利，导致员工与管理层矛盾加剧，美国汽车工人联合会（UAW）介入，试图帮助工人建立工

会。2017年，福耀员工发起投票决定是否成立工会，最终以868票反对、444票支持未能通过，但此事引发美国劳工组织和政府监管机构的关注，导致福耀在员工管理方面受到严格审查。

安全培训问题：由于福耀玻璃的安全培训和职业健康标准未严格按照美国法规执行，美国职业安全与健康管理局（OSHA）对福耀展开调查，发现多起工伤事故，最终处以超过22万美元的罚款，并要求其改善工厂安全措施。例如，一名工人在工厂内被玻璃碎片严重割伤，调查发现工厂安全培训不足，防护装备未按照美国标准提供，导致福耀被强制整改。

商业合同纠纷：福耀在美设厂后，与当地供应商签订了一系列商业合同，但由于对美国法律的理解不足，导致多个合同条款被挑战。例如，福耀曾要求供应商在未履行完整付款的情况下交付产品，而美国法律要求合同双方必须履行约定条件，否则合同可能无法执行。此外，福耀在初期与第三方物流公司签订的配送协议中，未明确违约责任和赔偿条款，导致供应链延误后无法追责，最终支付了数百万美元的额外成本。

福耀玻璃的案例表明，中国企业进入北美市场后，必须充分理解雇佣合同、商业合同和劳动法律，否则可能面临工会冲突、监管罚款、供应链合同纠纷，甚至影响企业正常运营。

中国企业在北美市场的合同、雇佣和商业法律问题，不仅影响法律风险，也直接决定企业的市场口碑和长期发展。福耀玻璃的案例表明，即使是全球领先的制造企业，在进入北美市场后，也需要深度适应当地的合同体系、雇佣法律和商业规则，以实现企业的长期稳定运营。

第三篇

如何规避北美市场上的常见风险

第6章　文化差异带来的商业误判

第一节　中国和北美消费者行为的巨大差异

中国企业出海北美，不仅要面对法律、合规、资本等挑战，还要应对一个极为棘手的问题——消费者行为的巨大差异。文化不同，消费习惯也完全不同，许多中国企业在北美"水土不服"，往往不是因为产品不行，而是没有理解北美消费者到底想要什么。

1. "越大越好"vs"刚刚好就行"

在中国，大就意味着实惠，意味着有面子。比如，国内的奶茶品牌，随便一个大杯都是700ml起步，瑞幸、喜茶更是推出1升装。但在北美，消费者更关注的是"适量"和"健康"。

2022年，喜茶刚进入多伦多市场时，沿用国内策略，推出超大杯装奶茶，结果发现销量远不如预期。很多加拿大消费者觉得奶茶过甜、分量太大，甚至怀疑这么大杯是不是不健康。后来，喜茶调整策略，推出更小杯的茶饮，还标明卡路里含量，并增加了无糖、低糖选项，才慢慢赢得了本地消费者的认可。

北美消费者的理念是"适量即好"，过度的"性价比"反而会让他们怀疑品质。

2. "拼手速"vs"慢慢来"

在中国，"抢购"是一种消费乐趣。无论是新冠疫情期间抢菜、"双11"秒杀，还是限量联名款，消费者愿意设闹钟、蹲点、拼网速，因为"买到＝赚到"。但在北美，消费者更喜欢慢慢选、慢慢比，甚至更愿意等折扣，而不是"非买不可"。

潮牌 Supreme 在中国一上新就被黄牛抢空，年轻人拼命加价买限量款。但在美国，Supreme 的新品发售虽然排队，但消费者没有那么焦虑，甚至有人会等官网打折再入手。同样的品牌，中美两国的消费习惯完全不同。

很多中国品牌进入北美，想用"限量抢购"的模式制造热度，结果往往适得其反，消费者根本不买账。北美市场更注重"用户体验"和"长线运营"，而不是"短期爆单"。

3. "线上为王" vs "线下体验"

中国的电商环境极度发达，消费者习惯了在淘宝、京东、拼多多一键下单，有问题直接找客服，退换货超级方便。但在北美，线上购物虽然也很普遍，但线下零售依然占据很大市场份额，尤其是大件商品、电子产品、奢侈品，消费者更愿意去线下体验后再购买。

比如小米在国内主要靠线上销售，但在北美市场，这一模式遇到了瓶颈。很多消费者不愿意在没有体验过的情况下买电子产品，他们更倾向去 Best Buy 这样的线下店铺实际试用后再决定购买。小米最初没有铺设足够的线下体验店，导致产品销量一直上不去，最后不得不调整策略，加强与本地零售商的合作。

北美消费者更在意购买前的体验，所以许多品牌在北美都会投入大量预算去开体验店或实体展示，而不是完全依赖电商。

4. "服务导向" vs "产品导向"

在中国，消费者习惯于强大的客服支持，遇到问题先找客服，甚至很多品牌售前、售后客服比产品本身更重要。没有什么问题不能通过后台客服解决。但在北美，消费者更注重产品本身的质量和透明的购买流程，如果产品体验不好，他们会直接退货、写差评，而不会耐心找客服沟通。

Temu 在初期进入北美市场时，尝试用中国式的"低价＋高客服响应"模式吸引用户,但发现北美消费者更愿意自己查找信息,而不喜欢频繁与客服交流。最终,Temu 调整策略,优化了 FAQ、自助退货系统,减少对人工客服的依赖,反而提高了用户满意度。

截至 2024 年,Temu 的业务已经覆盖了至少 79 个国家和地区,显示了其在全球范围内快速扩展的决心和能力。随着 Temu 继续推进其国际化战略,这个数字可能会进一步增加。

北美消费者更倾向于"无客服体验",产品必须自己说话,否则就是差评"伺候"。

很多中国品牌进入北美市场,不是产品不好,而是没搞清楚北美消费者的行为习惯。总结几点核心差异(表 3-1):

表3-1　　　　　中国和北美消费者的行为习惯

中国消费者	北美消费者
喜欢大分量,觉得"多就是值"	喜欢适量,讲究健康和品质
追求抢购、秒杀,拼速度	慢慢比价,不着急下单
线上购物为主,习惯高效物流	线下体验很重要,愿意去实体店试用
依赖客服,售后服务重要	更关注产品本身,愿意自助解决问题
关注品牌知名度和流行趋势	关注个性化、实用性,愿意尝试小品牌

中国企业如果想在北美市场站稳脚跟,必须在产品设计、营销策略、销售渠道和客户服务等方面做出适应性调整,否则再好的产品,也可能因为"文化不对路"而折戟。

第二节 "低价战略"在北美市场行不通

很多中国企业在北美市场遇到的第一个坑就是:"低价一定有市场"。在国内,价格战几乎是标配,淘宝、拼多多、京东等平台卷得厉害,大家已经习惯了"卷价格、拼补贴、抢最低"。但在北美,低价不但不是万能钥匙,有时候还会把自己搞死。

北美市场不是不喜欢便宜的东西，但他们更在乎值不值。如果你的产品便宜得不像话，消费者反而会怀疑质量、担心售后，甚至觉得你是个骗局。

低价等于低质量？北美人不买账。

在中国，性价比是王道。拼多多能在国内崛起，就是靠"9 块 9 包邮"的低价策略，把下沉市场的需求全部拿下。但到了北美，消费者不是这么想的。他们更倾向于相信一分钱一分货，便宜得离谱的东西，他们反而不敢买。

比如小熊电器（Bear）是国内非常受欢迎的小家电品牌，主打高性价比和可爱设计，在国内卖得很好。但当他们进入北美市场时，最初定价太低，反而适得其反。

他们在亚马逊上推出了一款迷你电炖盅，国内售价大约是 199 元（约合 27 美元），他们试图用 29.99 美元的价格吸引亚马逊用户。结果北美消费者并不买账，很多人在评论区质疑质量，甚至觉得这个价格根本做不出安全可靠的电器。反观同类竞品，高端品牌 Instant Pot（瞬时锅）卖得更贵，反而销量更好，因为消费者相信贵的才靠谱。

小熊电器董事长、总经理李一峰在 2024 年 5 月份的业绩说明会上表示："公司要开拓更多高客单价产品，不要局限于客单价偏低的产品，打开更宽的价格带。近期公司也会推出高单价的产品，目前已经推出一款千元级的双筒洗衣机，未来会有越来越多定价千元以上的产品推向市场。公司总体均价上移，偏价格低的产品和入口产品还是会继续维护好，保住原有用户群体。"

低价不等于便宜，北美消费者更看重长期价值。

在国内，我们喜欢短期促销，"双 11"、"618"、秒杀、拼团，一波波低价活动让人觉得买了就赚。但在北美，消费者更愿意考虑产品的长期价值，他们会评估使用寿命、维护成本、售后服务，而不仅仅是价格。

比如我们前文提到过的名创优品，作为一家主打高性价比的中国零售品牌，曾尝试以低价策略打入北美市场。然而，尽管其产品价格相对低廉，名创优品在北美市场的表现却不尽如人意。北美消费者对其产品的质量和品牌认知度存有疑虑，认为过低的价格可能意味着质量欠佳。此外，名创优品在北美市场的品牌知名度较低，消费者对其长期价值和售后服务缺乏信心。这表明，北美消费者更注重产品的长期价值和品牌信誉，单纯的低价策略难以赢得他们的青睐。

后来，名创优品发现当地消费者对价格的敏感度较低，愿意为喜爱的产品支付高价格。因此，名创优品在美国市场的定价相对其他地区更高。据报道，美国约有 60% 的产品定价在 10 到 20 美元之间，只有不到 10% 的产品低于 10 美元。这一策略调整帮助名创优品更好地覆盖美国高昂的运营成本，并逐步赢得当地消费者的认可。

为什么国内用得好好的"低价战略"，在北美反而行不通呢？

首先，低价让人怀疑质量。北美消费者普遍认为价格反映价值，如果价格低得不合理，他们反而会怀疑质量、售后、品牌可靠性。其次，北美消费者买东西更关注长期使用价值，比如保修期、耐用性、维护成本，而不是一时的低价。这正体现了中国和北美消费者在消费理念上的差异：国内消费者更关注短期价格，倾向于节省额外开支，而北美消费者更注重长期保障，愿意为未来可能发生的维修成本买单。

低价等于无法提供优质服务。低价意味着利润低，利润低意味着没有足够的资源去提供好的客服、售后和维修支持。这在北美市场是很大的劣势。

比如，苹果产品的售后服务费用在国内一直被吐槽"天价"，许多消费者在购买时觉得没必要额外花钱延长保修或购买 AppleCare+。有调查显示，大部分中国消费者买苹果产品时不会额外购买售后服务，而是倾向于能省就省，等产品出问题后再考虑维修。

但在北美市场，情况却完全不同。AppleCare+ 等售后延保服务在北美非常受欢迎，不少消费者在购买新设备时，几乎默认会加购这项服务。对于他们来说，额外的保修、更低的维修成本，能带来更强的安全感，这远比省下一笔钱更重要。

如果低价行不通，那在北美应该采取什么样的销售策略呢？

第一，合理溢价。价格可以高一点，但要让消费者感觉物有所值。比如升级包装、提供更长保修、强调品质感。

第二，提供清晰的价值主张。让消费者知道，为什么这个产品比便宜的更值得买，比如更长的寿命、更好的售后、更环保的材料等。

第三，强调品牌信任。在北美市场，消费者更愿意为可靠的品牌买单，而不是只看价格。所以，要花时间去建立品牌可信度，而不是一味打价格战。

中国企业进入北美市场，千万别用"拼多多式"的低价思维，至少不全用。北美消费者更关心产品质量、长期价值、品牌可信度。如果价格定得太低，他们不会觉得占了便宜，反而会觉得你这玩意不靠谱。

第三节　品牌信任度的建立远比价格更重要

价格可以带来短期销量，但真正能让一个品牌在北美市场扎根的，是消费者的长期信任。在北美，人们更愿意为自己信任的品牌付费，而不是简单地被低价吸引。信任感不仅来自产品本身，还涉及品牌的稳定性、售后服务、市场口碑以及长期承诺。一个品牌如果无法建立信任，即使价格再低，也难以长期立足。相反，建立了品牌信任度的企业，即使价格高出竞争对手，依然能吸引忠实用户。

益普索《2024中国品牌全球信任指数》显示，在英美市场，消费者最关注的前五大信任驱动因素为：高品质产品/服务（72%受访者提及）、有吸引力的雇主形象（65%）、公平道德的商业行为（58%）、环境责任（53%）和隐私保护（49%）。相较价格敏感度，这些要素更直接影响复购率和品牌溢价能力。例如，Anker通过累计200余项国际认证建立品质信任，其北美客单价高出同类产品30%仍保持增长（图3-1）。

表现指数/%

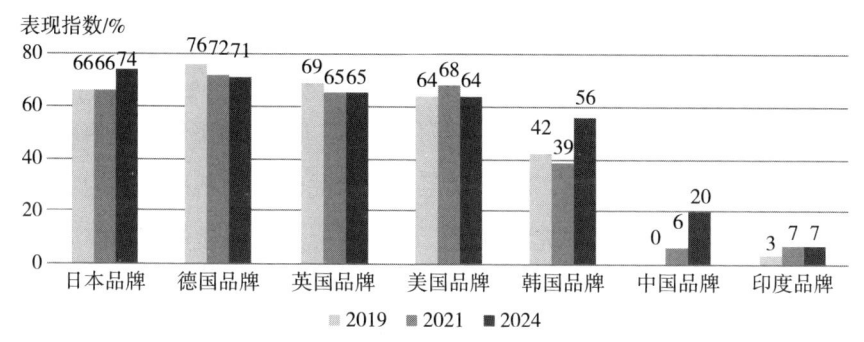

品牌	2019	2021	2024
日本品牌	66	66	74
德国品牌	76	72	71
英国品牌	69	65	65
美国品牌	64	68	64
韩国品牌	42	39	56
中国品牌	0	6	20
印度品牌	3	7	7

图3-1　益普索Ipsos 各国品牌全球信任表现指数

但是，很多企业在出海早期，都错误地认为，出海的重点是生存、获得业务和客户，品牌建设只是锦上添花，可以日后考虑。事实上，企业的生存固然重要，但品牌及受信任程度也非常重要，这是保障企业可以持续经营的必要条件之一。尤其在北美这种发达国家中，成熟的品牌管理体系，更能帮助企业快速获得消费者的信任。

也有一些企业管理者将品牌管理与舆情管理混淆，误以为品牌管理就是发现负面舆情并进行管控。舆情管理固然重要，但它只是品牌管理的一部分，绝不是可以相互替代的简单关系。在全球经济增长放缓、商业竞争激烈和国内经济面临挑战的背景下，出海企业在品牌管理上更需要战略性地思考，打出有效的品牌管理和传播"组合拳"。

很多企业会忽视品牌管理的战略思维，总觉得国外和国内差不多，同样一套逻辑，走遍天下都好使。但实际上，在海外的品牌管理，需要和国内的品牌管理截然不同的思维。比如2019年，某国产家电品牌在纽约时代广场投下重金，广告中"系着围裙穿高跟鞋做饭的精致主妇"形象引发群嘲。美国网友尖锐吐槽："这简直像从1960年的杂志里抠出来的！"事后复盘发现，策划团队依赖国内经验，误将"家庭场景"等同于"家庭主妇"，却忽略了美国单身家庭占比28%、半成品食材消费超60%的社会现实。就是这种战略思维上的缺失，让千万级预算打了水漂。

所以在海外传播方面，很多公司就是简单地把中文网站上的内容和采访文章翻译成当地语言，认为这就是海外传播，其效果能有多少，可想而知。

我们可以来看一下海信在北美市场成长的案例。

海信并非一开始就受到北美市场的认可。早在 2001 年，海信就进入了美国市场，但面对三星、LG、索尼等强势品牌，知名度几乎为零。许多北美消费者对这个品牌充满疑虑，低价的标签反而让他们担心质量问题。低价并未成为海信的优势，反而成为消费者犹豫的理由。

海信很快意识到，在北美市场，单纯依靠价格战是行不通的，品牌认知度、产品质量和售后承诺才是长期立足的关键。为此，海信开始了一场耐心的品牌信任构建之旅。

2001 年，海信在美国洛杉矶设立了总部，但真正让它在北美市场建立信任的，是 2015 年的一个关键决策。海信以 2370 万美元收购了夏普位于墨西哥蒂华纳的电视工厂，并获得了夏普品牌在北美市场的使用权。这一举措不仅让海信获得了本地化生产能力，也让消费者对其品牌产生了更大的信赖。

在北美市场，"本地制造"意味着更可靠的质量控制和更快的售后服务。对消费者而言，墨西哥工厂生产的电视比中国进口的电视更有保障。此外，海信逐步优化供应链，将生产、配送和售后体系整合到北美体系中，使其服务响应速度大幅提升。消费者开始将海信视为一个本地可信赖的品牌，而不是单纯的"便宜货"。

建立信任不仅仅依赖工厂，还需要品牌的持续曝光和正面形象塑造。海信深知，北美消费者更信任"耳熟能详"的品牌，因此，它并未急于打价格战，而是将重心放在品牌宣传上。

一个重要的策略是赞助全球顶级体育赛事。从欧洲杯到世界杯，海信的标志频繁出现在全球直播画面中，这不仅提升了品牌的国际影响力，也强化了北美消费者对品牌的认知。当消费者在超市或电商平台看到海信产品时，他们不会再把它当作一个陌生品牌，而是一个熟悉的、值得信赖的品牌。

体育营销的成功直接反映在销量上。2022 年，海信在北美的电视市场份额大幅提升，尤其在 1000 美元以上的高端市场，销量同比增长了 4.7 倍。北美消费者逐渐接受了海信，不再只是因为它便宜，而是认可它的质量和品牌形象。

低价产品在北美的市场份额往往有限，真正有竞争力的品牌必须进入中高端市场。海信在品牌信任建立后，开始推出高端产品线，例如 ULED 电视和激光电视，价格甚至比部分三星和 LG 产品更贵。

对于北美消费者而言，一个品牌如果敢定高价，反而说明它对产品有信心。海信的高端产品策略获得了成功，75 英寸以上的大屏电视销量增长 154%。消费者愿意支付溢价，因为他们已经不再把海信视为低价替代品，而是一个有竞争力的品牌。

海信的北美成长经历证明了一个关键道理：低价可以吸引消费者，但品牌信任才能让他们留下。消费者愿意为自己信任的品牌付费，而这种信任需要通过长期的市场耕耘、产品质量的积累和品牌形象的塑造来建立。

如果一个品牌只靠低价打市场，却无法赢得消费者的信赖，它的增长将是短暂的。而一旦品牌建立了信任，即使价格比竞争对手高，消费者依然愿意买单。海信的成功，正是这个原则的最佳例证。

第四节　咨询机构如何提供精准的市场调查与品牌本地化策略

如果说北美市场是一片陌生的森林，那咨询机构就是当地的向导，能帮你避开那些藏在暗处的"商业陷阱"，避免踩坑式出海。很多中国企业出海北美，初期往往自信满满，觉得自己在国内市场厮杀多年，北美不过是换个地方继续"卷"。但现实往往很快给他们上一课：文化不同、消费者不同、游戏规则也不同，一不小心就会栽个大跟头。

还记得乐视的崩盘吗？它如果在进军北美前，愿意花点时间做个市场调查，找个靠谱的咨询机构，听一听北美消费者对品牌信任的看法，可能就不会用"PPT造车"那一套去忽悠美国市场，结果掉进了品牌信任崩塌的深渊。而反观海信的成功，它不仅在收购夏普北美业务前做了深入的市场调研，还通过长期的市场营销，把品牌信任度一点点建立起来。

1998 年，华为与 IBM 达成合作协议，启动了一项为期五年的管理咨询项目。根据该协议，IBM 将派遣 70 位顾问，按照每小时 300 美元、500 美元和 680 美元的不同级别收费。整个项目预计耗资 20 亿元人民币。这笔巨额投资旨在引入 IBM 的先进管理经验，帮助华为实现从初创企业向国际化科技巨头的转型。

那么，咨询机构具体能帮忙做什么呢？

第一，了解北美消费者，别用中国市场的思维去揣摩北美市场。

很多中国企业的市场团队，习惯用"国内思维"去推测北美消费者的喜好。结果就是，他们自以为"完美"的市场定位，到了北美却水土不服。这时候，专业的市场调查机构就能派上用场。

比如，如果有咨询机构提前告诉小熊电器，"老美喜欢适量、健康，而不是'越大杯越划算'"，它或许就不会一上来就把奶茶机、电饭煲做得超大号，结果让消费者望而却步。再比如我们前文提到的 Anker，它的 CEO 每年在洛杉矶驻扎三个月，只为摸清 Best Buy 货架上充电头的摆放逻辑——正是这种"浸泡式观察"，让 Anker 成为亚马逊电子配件类目的常胜将军。而这些，正是你身处国内所不可能观察到的市场现实。

第二，找准品牌定位，你是谁，比你卖什么更重要。

北美市场的品牌定位，和中国市场有很大不同。国内，品牌常常靠低价和促销抢市场，但在北美，品牌必须有明确的身份，否则消费者压根记不住你。

比如，咨询机构帮海信制定的策略，就是从"便宜的电视品牌"向"高端智能家电品牌"转型。如果当年海信只是单纯打价格战，而不是通过市场研究确立品牌升级的方向，今天的北美电视市场可能还轮不到它。

再比如 TCL 当年的"破圈策略",他们发现美国中产家庭有父子共同观赛的传统,于是签约 NBA 球星"字母哥",在广告中讲述移民家庭通过篮球实现美国梦的故事。这就是品牌定位,将品牌价值植入文化母体,助力 TCL 电视市场份额三年增长 270%。

第三,文化适配,本地化不仅是翻译那么简单。

很多品牌以为进军北美市场,只要把产品说明书翻译成英文,就算是"本地化"了。但事实证明,这远远不够。咨询机构能帮企业调整营销语言、广告风格,甚至重新设计产品,让它们更符合北美消费者的认知。

比如,某国产运动品牌曾将 slogan "永不止步"直译为"Never Stop",却不知这个词组在美国俚语中暗含"被警方追捕"的负面含义。这种表层翻译暴露的,是更深层的价值观错位。我们喜欢用"家文化""集体主义"讲故事,但却忽略了美国人更推崇的是"个人成就""社区精神"。如果在设计产品广告时,没能重视这一点,又怎么能从价值观上打动消费者呢?

结论:别省市场调查的钱,它可能救你一命。

中国企业进军北美,最不该省的就是市场调研的钱。如果乐视当初愿意多花点钱找个咨询机构,听听北美消费者对品牌信任的重视程度,可能就不会在短短几年内从"千亿帝国"变成"商业笑柄"。而海信则是相反的例子,它花了 20 年打磨品牌、做市场调查、研究消费者心理,才最终在北美站稳脚跟。

所以,为市场调查和品牌策略付费并不是花冤枉钱——它们其实是你避免掉坑、少走弯路的保险。要知道,在北美市场,错误的品牌定位,可能比产品质量问题还要致命。

第7章 供应链与物流的现实挑战

第一节 北美的供应链为何如此复杂

如果把企业比作战舰，供应链就是这艘战舰的燃料系统。中国企业进军北美市场后，往往会发现供应链运作远比国内复杂，不是简单的"生产—运输—销售"三步走，而是一个涉及法规、税收、成本、地理环境等多重变量的超复杂体系。笔者于2025年2月份，专门考察了多伦多的几家仓储和物流企业，发现北美的供应链确实如此。所以，想在北美跑通供应链，远比想象中难。

为什么北美的供应链如此复杂？如果把北美供应链的难点总结起来，主要体现在以下五个方面：地域跨度大、监管严格、供应链碎片化、人力成本高，以及"最后一公里"配送难题。

一、地理跨度大，物流成本高

北美市场的最大难点之一就是——太大了！

美国的面积约986万平方公里，加拿大更是接近1000万平方公里，而且两国的人口密度远低于中国。这意味着从A点运货到B点，可能需要几天甚至一周，运费也高得吓人。

而中国虽然面积大，但94%的人口都居住在胡焕庸线的东南一侧，也就是我们常说的"江浙沪包邮区"。

美国就不一样了，东海岸和西海岸人口都很密集，产业也很发达。

如果从洛杉矶运货到纽约，公路运输可能需要 5~7 天，空运虽然快，但成本是公路运输的 3~5 倍。相比之下，在中国，哪怕是广州到北京，物流基本能做到 48 小时送达，而成本远低于北美。今晚下单，明早到货，在中国习以为常，北美却难以实现。

许多中国跨境电商企业进入北美后，最先面临的挑战就是高昂的快递费用。比如，一个从深圳发往美国的小件包裹，通过 DHL 快递可能要 30 美元以上，而同样的包裹在中国国内用顺丰可能不到 10 元人民币。

一些企业选择在美国建仓，提前备货到北美，但这又涉及仓储成本和库存管理的复杂性，必须提前布局和合理安排。

二、供应链监管严格，合规成本高

北美市场是全球最强调监管的地区之一，各个环节都有严格的法律规定，从进口关税、环保标准、劳工法规，到数据安全和消费者权益，没有一样可以忽略。

比如 2025 年，美加同步实施的新规要求，加拿大 EPR（生产者责任延伸）管控品类扩展至 30 类，新增玩具、装饰品等中国主力出口商品，需预付 0.8%~3% 的回收费；美国引入动态碳关税机制，纺织品税率可达 17%，依据材料可降解率、运输碳排放值等指标浮动，强制要求产品使用 85% 以上可回收材料，包装需获得 FSC 认证等。

另外，在数据追溯与透明化方面，北美也有很多要求，比如加拿大追溯企业 3 年内销售数据，需提交 SKU 级销售清单及回收证明；美国海关要求提供完整的供应链流转记录，包括原材料采购凭证、生产商资质文件等等。

而对于以出口为主的跨境电商而言，2025 年 1 月 11 日起，美国海关和边境保护局全面升级了 321 条款的执行标准。这项被业界称为"史上最严"的改革，不仅涉及数据合规要求的全面升级，更与 301、201、232 三大贸易管制法案形成政策叠加效应。再加上"对等关税"的影响，不少制造商为了不损失客户，也都开始琢磨将产业链外移北美的路径选择。

三、供应链碎片化，整合难度大

在中国，一家企业可以找到一个大型供应链服务商，负责从工厂到消费者的一站式服务。但在北美，供应链高度碎片化，企业往往需要协调多个供应商，包括原材料采购、仓储、物流、配送等，涉及海运码头、铁路公司、卡车运输商、货运代理等多个独立主体。例如，一个跨境包裹从中国工厂到美国消费者手中，可能需经过海运公司、港口运营商、铁路承运商、本地卡车公司及末端配送服务商，每个环节由不同企业负责。任何一个环节出问题，都会影响整个链条。

另外，美国港口、铁路等基础设施老化问题突出，据世界银行发布的相关报告，在集装箱港口效率排名中，洛杉矶港位于全球第328位，长滩港的排名更低，而这却是美国最繁忙的两大港。而且，不同运输方式间的衔接标准存在差异。例如，铁路与公路的集装箱装卸设备兼容性不足，增加了转运时间和成本。一家中国食品企业进入加拿大市场后，发现要把冷冻食品从温哥华运到多伦多，需要经过至少3家物流公司和两次中转，而且每个环节都可能出现延误，导致食品保质期缩短，损耗率大幅增加。所以企业需要找到第三方物流合作伙伴，帮助整合碎片化的供应链系统，否则管理难度巨大。

四、人力成本高，供应链运营压力大

北美的劳动力成本远高于中国，不仅物流行业，整个供应链管理中的各个环节都要支付高昂的人工成本。

北美地区最低时薪普遍较高，一个卡车司机的年薪可能高达7万美元，而中国同等岗位的收入可能不到三分之一；仓库员工的最低工资在每小时15美元以上，而在中国，仓储工人的工资可能只有其四分之一。企业还需承担医疗保险、带薪假期、养老金匹配等福利，叠加社保税、医保税等政府税费后，实际用人成本比工资高 20%~30%。另外，美国劳动法规严格，解雇员工可能面临歧视诉讼，加班需支付 1.5 倍工资，企业需额外投入律师、保险和 HR 部门成本。工会通过罢工施压，比如 2023 年汽车工人罢工迫使车企 4 年内涨薪 25%，进一步推高用工成本。

另外，蓝领工人稀缺问题也日益凸显。美国劳工部数据显示，仅仓储业、卡车运输业职位空缺数分别高达 4.9 万个和 8 万个，尤其是物流、港口等行业劳动力短缺严重，洛杉矶港、长滩港因工人不足和基础设施老旧，导致卸货时间是中国港口的两倍，这也导致物流成本进一步上涨。

亚马逊为了降低供应链中的人工成本，投入巨资发展自动化仓储，比如用机器人管理货物、自动分拣快递，以减少对昂贵的人工操作的依赖。

对于中国企业来说，如果没有足够的资金在北美搭建自动化仓储，就只能接受比国内高几倍的人工成本。

五、"最后一公里"配送难题

北美的"最后一公里"物流成本非常高，同城的货运费用与出租车费相差无几。而在中国，同城快递或者"跑腿"服务则便宜得多，甚至还能拼单、砍价、用优惠券。同样的"跑腿"，北美和中国的价格完全是两个世界。

目前，北美物流市场主要由三大巨头占据——UPS、FedEx 和 USPS。消费者从线上下单到收到商品，少则几天，多则一两周，与国内的当日达、次日达差距明显。消费者需要尽早收货，只能采用昂贵的快递服务。

针对这一难题，全球电商"一哥"亚马逊选择自建物流，如今已经成为美国规模最大的快递公司之一。但对于出海的大多数企业而言，在北美短期内搭建一整套物流体系并不现实，必须在三大巨头之外，找到更多的尾程物流服务商作为补充。

比如，毕业于上海交大的鲁俊伟就在2019年创办了尾程物流服务公司UniUni，瞄准了北美尾程配送市场的巨大增长空间，希望以类似美团的众包服务模式快速打开市场，在形成密集配送网络的同时，搭建数字化服务体系和标准化服务流程，向跨境电商平台及其他电商公司提供高性价比、高技术含量、高服务水准的产品。

经过几年发展，UniUni逐步跑通业务模式和单位经济模型，将业务拓展至加拿大主要城市和地区，目前已经覆盖加拿大70%人口。2022年，UniUni进军美国，目前已经完成美东、美西、美中大城市的拓展，覆盖美国近55%人口。2024年旺季期间，UniUni单日配送峰值达到100万单。

目前，UniUni拥有数百名员工，在北美注册司机超过5万人，多层级部署近百个仓库，为头部电商平台和北美本地企业提供高质量标准的尾程配送和配套服务。此外，UniUni为了更加贴近亚太区客户，同步吸收中国物流行业的前沿经验，已经在中国成立了全资子公司。

六、中国企业进入北美时应做好的准备

北美的供应链复杂性不仅仅在于物流成本高，更涉及供应链碎片化、法规监管、人工成本以及配送难度等问题。中国企业在进入北美市场时，必须做好以下几点准备：

提前规划供应链布局，是否要在北美建仓，是否要调整物流方式？

研究关税和法规，避免因政策变化导致成本飙升。

优化"最后一公里"配送，降低高昂的终端物流费用。

控制人力成本，考虑是否能用自动化仓储和智能物流系统降低成本。

总之，供应链问题不是企业进入北美后的"附加题"，而是"必考题"。不过，北美供应链看上去很复杂，实际上规则很透明。好比今天的交通规则，比起三十年前十字路口"红灯停、绿灯行"的简单规则要复杂得多，但你熟悉了，照样游刃有余。换句话说，谁能提前规划好供应

链,谁就能在北美市场更快站稳脚跟。

第二节 物流成本居高不下,如何优化

如果说北美市场是一个利润丰厚的大蛋糕,那么物流成本就是这块蛋糕上最难啃的坚果。高昂的运输费用、人工成本、仓储支出,再加上"最后一公里"配送的难题,让物流成为中国企业在北美市场最大的成本压力之一。许多企业进军北美后,才意识到物流不是简单的"从A点运到B点",而是一个需要精细优化的成本控制工程。

那么,在北美,企业应该如何降低物流成本?以下几种方法,是许多成功企业的经验总结。

一、本地建仓,减少长途运输成本

很多中国企业习惯了国内的快递模式:工厂直发消费者。但在北美,这一套行不通。

北美地域广阔,单次长途运输费用极高。如果所有订单都从中国直发,或者从洛杉矶运到纽约,从温哥华运送到多伦多,物流成本会非常惊人。因此,建立本地仓储,提前备货到北美,再进行区域配送,成为降低物流成本的第一步。

我们可以来看下大疆是如何解决本地物流问题的。大疆是全球最大的无人机制造商,但在进入北美市场后,面临了物流和配送的巨大挑战。最初,大疆的无人机主要从中国直发,但高昂的运费和较长的配送时间影响了消费者的购买体验。

于是,大疆着手在北美建立多个仓储中心,包括加利福尼亚州、得克萨斯州、多伦多等地,确保主要市场能够快速配送。另外,还利用亚马逊FBA,让亚马逊帮助存储、打包和发货,提高配送效率。同时设立本地维修和售后中心,减少用户因维修问题需要长时间等待返厂的情况。

大疆的本地化仓储和售后布局,使得北美用户的平均配送时间从

10~15 天缩短到 3~5 天，客户满意度大幅提升，同时降低了整体物流成本。

二、选择合适的运输方式，降低成本

北美的物流模式主要有公路、铁路、航空、海运四种，每一种方式的成本和速度都不同。企业必须根据货物类型、订单量和配送需求，选择最合适的运输方式，而不是一味依赖快递。

不同运输方式的特点：

1. 公路运输

成本：公路运输成本较高，主要受燃油价格、人工费用及公路收费影响。例如，美国卡车运输占据主导，但内陆地区多式联运协调性不足可能导致额外成本。墨西哥的公路运输成本更是国内的 3.5~4 倍，从曼萨尼约港到蒙特雷的运费约 10650~12070 元人民币（对比国内 3000 元）。

速度：灵活性强，适合短途和"最后一公里"配送。美国公路网络发达，区域间配送时效稳定，但城市拥堵可能影响效率。

适用场景：中小批量货物、时效要求中等的本地配送，如电商尾程派送。

2. 铁路运输

成本：成本低于公路，单位能耗仅为公路的 30%~50%，适合长距离大宗货物运输。例如，美国铁路网络与港口紧密衔接，通过多式联运进一步降低成本。

速度：时效中等，介于公路和海运之间。美国货运铁路通过自动化分拣和智能调度提升效率，例如中欧班列多式联运"一单制"优化了跨境运输流程。

适用场景：煤炭、农产品等大宗商品，以及跨区域干线运输。

3. 航空运输

成本：成本最高，空运费用通常是海运的 5~10 倍。例如，美国空派服务按体积或重量计费，附加超尺寸包裹费用后成本显著增加。

速度：最快，国际运输约 7~15 天，国内快递可缩短至 2~3 天。例如，菜鸟的"全球 5 日达"产品通过航空网络实现跨境包裹快速交付。

适用场景：高价值、紧急货物（如电子产品、医疗物资）或小件时效敏感型商品。

4. 海运

成本：成本最低，尤其适合大批量货物。例如，美国 FBA 海运单件成本仅为空运的 10%~20%，拼柜（LCL）和整柜（FCL）模式灵活适配不同货量需求。

速度：最慢，中美海运需 30~35 天，受港口清关和内陆转运影响。例如，墨西哥至美国的海运需结合公路运输，总耗时可能延长。

适用场景：非时效性大宗商品（如家具、建材）、长期库存补货计划（表 3-2）。

表3-2　　各种运输方式综合对比与优化策略

运输方式	成本	速度	适用场景
公路	高	中	短途配送、尾程派送
铁路	中低	中	大宗货物、跨区域干线
航空	极高	极快	紧急高价值货物
海运	最低	最慢	非时效性大宗商品、长期库存

具体操作过程中，也可以采取多式联运的方式，结合海运、铁路干线和公路尾程，比如一家中国企业在加拿大市场销售家居用品，最初依赖公路运输，导致成本高企。后来，他们改用铁路和卡车的模式，先将大批货物通过铁路运往温哥华或多伦多的枢纽仓库，再用卡车进行短途配送，物流成本下降了约 20%，从而实现了成本与时效平衡。

三、"最后一公里"配送，如何降低成本

北美的"最后一公里"配送成本是物流费用中的大头，快递员开几十公里送一个包裹的情况并不少见。企业如果不优化末端配送，整体物流成本将居高不下。

1. 多仓布局

在产品重量相同的前提下，降低尾程订单配送成本最直接有效的方式就是缩小配送区域。若是所有的货物都集中在一个位于美西的仓库，而在美国东部或者南部的客户订单占大多数，那么这些订单就会被计算到较高的运输区，导致尾程成本直线上升，并影响派送时效。

2. 控制尺寸

这部分是物流成本控制的关键环节，对于体积较大的货物，在不影响商品体验的情况下，尽可能考虑拆分成多个包裹运输，不仅能降低单个包裹的体积重量，还能提高运输灵活性，减少因体积带来的额外成本。同时，优化产品设计，剔除非功能性的尺寸，能大幅度减少空间占用，实现物流成本的持续优化。

3. 选择优质服务商

与本地快递公司合作：像 UPS、FedEx、USPS 等大公司有成熟的配送网络，可以批量谈价格。

使用众包配送：DoorDash、Uber Eats 等平台不仅做外卖，也提供快递服务，灵活性强，适合短途配送。

智能柜和自提点：北美的 Amazon Hub、UPS Access Point 等自提点模式，可以减少独立送货的成本。

四、充分利用数字化，提高物流效率

物流不是"发货就完了"，而是一个动态优化的过程。许多北美成功的企业，都在使用 AI 预测、数据分析、智能仓储来优化供应链，减少不必要的运输成本。

比如菜鸟持续用数智化"软实力"赋能跨境物流通道建设。近期，菜鸟完成了美洲四个大型分拨中心自动化升级，分别位于洛杉矶、纽约、迈阿密和芝加哥，以科技手段提高各大电商平台的包裹处理效率。这四个分拨中心全面采用自动化设备，结合菜鸟自研的数字化系统，优化了包裹分拣模式。跨境包裹到达分拨中心后，通过交叉带自动分拣机等设备快速分类，并被准确分配到对应运输车辆，进入末端配送环节，提升包裹分拣速度和准确性的同时，消费者的跨境购物体验也得到提升。

大型电商所依赖的就是高效快捷的物流。不仅仅是菜鸟，亚马逊也上线了自己的智能仓库。亚马逊的智能仓库使用机器人和AI预测，可以让订单从下单到发货在30分钟内完成。这种智能化物流体系让亚马逊的运营成本比传统零售商低20%以上，这也是它能提供低价和快速配送的原因之一。

目前来看，很多仓储企业的智能化仓储技术还有很大的改进空间。智能化仓储不仅能降低成本，还能降低分拣配送的差错率。

物流成本的优化不是一蹴而就的，需要不断调整、测试、改进。但只要企业能找到最适合自己的供应链模式，北美市场的高昂物流成本，也并非无法控制的难题。

第三节 本地化仓储与配送策略

在北美市场，供应链的核心挑战之一是如何优化仓储和配送，确保商品能快速、低成本、高效率地送到消费者手中。对于许多中国企业来说，习惯了国内成熟的一体化物流体系，到了北美才发现，这里没有顺丰、京东这样的全链路服务，想要提升配送效率，就必须自己动手搭建本地化仓储体系。

本地化仓储不仅仅是"租个仓库"那么简单，而是一个涉及库存管理、配送优化、物流成本控制的系统工程。如果企业能够做好本地仓储布局，不仅能提升配送效率，还能减少跨境物流成本、降低退货率、提升客户满意度。做好本地化仓储，关键是做好以下几步。

一、选址与布局优化

在中国，电商物流高度发达，一线城市当日达，二三线城市次日达，而在北美，消费者普遍要等3~5天，甚至更长。这种落差让许多习惯了中国速度的出海企业措手不及。

北美地域辽阔，单一仓储模式无法满足快速配送需求。如果仓库分布不合理，不仅无法降低物流成本，反而可能增加运营负担。一般来说，企业在选择仓储布局时，会考虑以下几个核心因素。

靠近主要消费市场：仓库选址应该覆盖人口密集的核心市场，比如纽约、洛杉矶、芝加哥、休斯敦、多伦多等。

靠近主要物流枢纽：选择靠近国际机场、海港、铁路货运中心的仓库，减少中转成本。

平衡仓储租金和配送成本：东部城市仓库租金贵，但配送成本低；中部仓库便宜，但配送可能更贵，需要权衡。

浙江宁波的一家海外仓储企业准备在美国布局家居产品，但在布仓问题上犯了难。他们准备在美国南部布货，但到底选择哪里的仓库最合适呢？经过投资咨询机构的综合数据分析后，发现萨瓦纳的仓库是一个合适的选择，离亚特兰大只有3.5小时的车程，市区覆盖面积更广。企业最终依照分析结果，选择了萨瓦纳作为海外仓的"大本营"。

二、技术与数智化应用

随着科技的发展，许多创新技术可以帮助仓储中心提升运营效率。例如，使用人工智能预测需求、利用大数据分析优化库存结构、采用自动化设备提高包装和分拣效率等。

比如现在常用的智能仓储系统，引入数智化管理系统（如菜鸟GIWS系统），实现全链路数据可视化，实时监控库存、订单及物流动态,提升仓内作业效率。结合 AGV 机器人、自动化分拣设备,可实现当日达。

再比如需求预测与库存优化,利用大数据模拟装箱算法,最高可提升 15% 的海运货柜装载率,并通过 AI 预测市场需求,动态调整库存结构,降低滞销风险。

前文提到的安克创新是全球知名的充电配件品牌,我们来谈谈它的物流效率和仓储管理。

最开始进入北美市场时,安克创新由于所有订单都从中国直发,美国消费者平均需要 7~12 天才能收到产品。高昂的跨境运费和清关成本,使得利润空间被大幅压缩。而且,退货流程复杂,消费者如果要退货,往往要等上两三周才能完成。

这些问题严重影响到了安克创新在北美的布局,为了更好地维护北美市场,安克创新开始着手建立北美本地仓储体系,在洛杉矶、芝加哥、达拉斯等主要城市设立了多个仓库,让商品可以直接从当地配送。同时,借助亚马逊的仓储和配送网络,确保订单能够在 48 小时内送达。

数智化的应用当然也不能少了。安克创新使用 AI 算法预测销量,把不同型号的产品分配到不同的仓库,减少调货成本。

通过这样的一系列操作,安克创新在北美的物流配送取得了积极的效果。配送时间从 7~12 天缩短到 2~3 天,部分地区甚至可做到当日达或次日达。物流成本降低了约 40%,使产品在北美市场的竞争力大幅提升。退货反馈及时,客户满意度提升,品牌忠诚度也随之增强。

安克创新的案例证明,本地化仓储是北美供应链优化的关键,不仅能降低物流成本,还能大幅提高用户体验。

三、增值服务与供应链整合

企业在搭建本地化仓储的同时,也可以尝试多功能仓储扩展,比如开发"前店后仓"模式,结合展厅展示与地推销售,增强品牌曝光。同时提供退换货本土化处理,降低售后成本。

另外，也可以选择提供"海外仓"服务的公司，在选择他们海外仓的同时，整合报关、海运、清关等头程服务，并延伸至供应链金融、合规咨询等领域。

供应链的本地化不是短期成本，而是长期竞争力。企业如果能做好仓储布局，就能在北美市场更快、更稳地立足，建立真正可持续的物流体系。

第8章 销售与渠道的风险

第一节 亚马逊并非万能解药，中国卖家越来越难做

如果说北美市场是一片黄金地，那亚马逊曾是许多中国卖家的"淘金铲子"。但随着竞争加剧、平台规则收紧、广告成本飙升，越来越多的中国企业发现，亚马逊并不是想象中的"摇钱树"，而是一片随时可能变天的战场。

曾经，做亚马逊意味着"躺赚"。许多中国卖家依靠低价、铺货、大量刷单的策略，在短时间内迅速积累销量，登上类目排行榜，实现销售暴涨。但随着亚马逊2021年大规模封号潮、平台收紧政策、物流成本上升，中国卖家在亚马逊的生存空间正在被挤压，很多人从"爆单"变成"爆雷"。

李平（化名）是深圳某消费电子品牌的创始人，2017年入驻亚马逊，主营无线充电器、蓝牙耳机、数据线等3C产品。凭借低价策略和FBA快速配送，短短三年，公司销售额突破2000万美元，利润率一度接近30%，成功在亚马逊上站稳脚跟。

但自2021年开始，他的公司在亚马逊的运营开始遭遇重创，三年狂奔的商业模式，一夜之间崩塌，原因就是亚马逊的"封号潮"。

2021年5月，亚马逊掀起了一场前所未有的"封号潮"，超5万个中国卖家账号被关闭，涉及金额超过1000亿元人民币。李平的公司虽然没有被封号，但由于平台打击"刷单""虚假评价""合并listing"等行

为，他的店铺流量暴跌，排名一落千丈，销量直接腰斩。原本"刷单+广告投放"的打法被彻底封死，李平不得不重新考虑如何让产品在亚马逊平台上站稳脚跟。

如果说封号潮是一次"行业大地震"，那广告成本上涨就是亚马逊卖家长期面临的"慢性病"。

2017年，李平投放亚马逊广告，每点击成本（CPC）仅0.5美元，每花费1000美元，能带来3000~5000美元的销售额。

但到2023年，CPC成本翻了两倍，某些热门关键词的点击成本甚至高达2~3美元。

李平发现，尽管产品销量维持在以前的水平，但广告成本已经把利润压缩到不足10%。许多竞争对手为了争夺流量，不惜砸钱投广告，甚至亏本抢市场。

最终，亚马逊变成了一个"资本游戏"，谁能烧更多的钱，谁才能抢到用户。对于李平这种中小品牌来说，利润空间被严重挤压，盈利越来越难。

除了广告费用，物流成本的上升也不容小觑。曾经FBA是中国卖家的黄金武器，能够让商品在2~3天内送达消费者手中，提高转化率。但近年来，FBA的成本不断上涨，物流费用成为压垮利润的又一根稻草。2020年，亚马逊FBA仓储费约为每立方米24.4美元。2023年，这个费用已经涨到了42.4美元以上，且库存积压超过45天还会被收取高额存储费。

李平曾经的"多铺货、多屯库存"策略，变成了一个高风险的游戏。他的某款蓝牙耳机销量下滑，滞销库存囤积在FBA仓库，一年之内，光仓储费和退货处理费就损失了近5万美元。

曾几何时，中国卖家依靠工厂直销和低价模式，在亚马逊上横扫欧美市场。但如今，这条路变得越来越难走，主要有两个原因：一个是中国卖家"内卷"严重，大批低价品牌涌入，价格战让利润压缩到极限。另一个是北美本土品牌崛起，美国和欧洲的DTC品牌不断增长，比如

Anker、Casper、Warby Parker 等，逐渐抢占市场。

李平的无线充电器，曾经在亚马逊卖 25 美元一套，如今，许多竞争对手直接卖 15 美元，甚至在黑五促销时跌破 10 美元，利润已经无法支撑品牌的长远发展。

经历了三年的亚马逊低潮期，李平意识到，单纯依赖亚马逊，已经无法保证企业的长期生存，他开始采取多渠道铺货和品牌化运营的策略：

建立独立站，发展 DTC 模式。通过 Shopify 搭建品牌官网，减少对亚马逊的依赖。再结合 Facebook、Instagram、TikTok 做社交媒体营销，直接触达消费者。

与北美本地零售商合作，进入线下市场。李平联系了 Best Buy、Target 等北美零售商，尝试进入实体店铺，提高品牌影响力。

优化供应链，减少 FBA 仓储依赖。采用第三方海外仓和自发货，降低 FBA 仓储和退货成本，提高库存周转率。

2023 年，李平的品牌在亚马逊的销售额占比下降到 50% 以下，但是独立站和线下渠道的销售额占比提升至 40% 以上，企业利润率回升至 15% 以上。

亚马逊是工具，不是终点。亚马逊仍然是北美最重要的电商平台之一，但它早已不是中国卖家的"万能解药"。如今，越来越多的中国企业发现，仅靠亚马逊很难长期生存，必须结合独立站、社交媒体营销、线下零售等多渠道模式，才能建立真正的品牌护城河。

对于想要长期发展的企业来说，未来的方向不是拼低价，而是拼品牌，拼产品体验，拼与消费者的直接连接。"亚马逊 + 多渠道布局"才是破局之道。

第二节　如何进入北美主流商超与零售体系

北美市场的主流零售体系对许多中国企业来说，是一块令人向往却难以攻克的堡垒。不同于电商平台，像沃尔玛、Target、Costco、Best Buy 这样的线下零售巨头，有着严格的供应商审核机制、漫长的准入流程，以及高昂的运营成本。很多中国品牌带着"性价比"思维闯进去，却发现并不奏效，甚至亏损离场。

但也有一些中国品牌成功突围，比如 TCL，它从最初的 OEM（代工生产），一步步走向北美主流商超体系，成为 Best Buy、沃尔玛、Costco 货架上的明星品牌。

一、进入主流商超：不仅是"供货"，更是供应链和品牌的全方位竞争

在中国，许多品牌进入线下商超靠的是低价竞争、促销策略，但北美的零售市场更注重供应链稳定性、品牌影响力和合作深度。

北美主流商超有严格的筛选标准，他们不仅关注产品是否有市场，还会评估供应商的履约能力，确保长期供货稳定、售后体系完善，以及能否配合商超的销售策略。

TCL 最早进入北美市场时，并没有自己的品牌，而是给三星、索尼、Vizio 等大牌做代工。后来，它通过几个关键策略，成功从幕后代工厂转型为北美商超的主流品牌。

1. 以 OEM 代工打入供应链

在 2000 年初期，TCL 的主要业务是为北美品牌提供 OEM 生产，主要供应低端和中端电视产品。当时，北美市场对中国品牌几乎没有信任感，但他们对低成本高质量的供应链需求很大。

TCL 通过为其他品牌代工，成功打入北美零售体系，熟悉了沃尔玛、Best Buy、Costco 这些零售巨头的供应链要求。这一步不仅让 TCL 在北美市场建立了基础，还帮助它积累了供应链管理经验。

2. 推出自有品牌，进入沃尔玛、Best Buy

在代工市场站稳后，TCL 开始布局自己的品牌，目标是直接进入北美商超的货架，让 TCL 出现在消费者面前，而不是隐藏在三星、Vizio 等

品牌的背后。为了做到这一点，TCL采取了三大策略：

第一步，与零售商合作，推出定制款产品。比如沃尔玛更注重低价高性价比产品，TCL就推出了低价大屏电视系列，比同类产品便宜20%，成功吸引了沃尔玛买手的注意。而Best Buy偏向中高端消费者，TCL就推出4K智能电视，强调技术和画质，而不是简单的价格竞争。

第二步，保证长期稳定供货。许多北美零售商拒绝新供应商的原因之一，就是担心供货不稳定。TCL通过在北美建立海外仓和维修中心，确保供货链不断档，增强了零售商对品牌的信任。

第三步，承担市场营销成本，配合商超推广。比如在沃尔玛的门店做促销展示，设置现场演示电视画质的区域，让消费者直观了解TCL的产品优势。配合Best Buy做线上营销，在社交媒体上投放广告，强调TCL电视的高性价比，吸引年轻消费者。

这三步策略非常成功，TCL在2018年成为北美市场销量排名前三的电视品牌，与三星、LG竞争。

3.扩大产品线，进入高端市场

当TCL在北美商超站稳后，它没有停留在低价竞争，而是开始推出更高端的Mini LED电视系列，逐步提升品牌形象。通过Costco渠道，TCL销售更高端的8K电视和Mini LED电视，吸引愿意支付更高价格的消费者。同时，在NBA、超级碗等北美高关注度赛事上投放广告，让TCL成为一个"本地化品牌"，而不只是中国品牌。

如今，TCL已经成为北美市场的主流品牌，2022年，TCL在北美电视市场的出货量超过LG，成为仅次于三星的第二大品牌。2024年，TCL北美电视出货规模达到了4.9亿台，同比增长3.5%。预计2025年北美市场规模在2024年高位基础之上，依然能够保持稳定增长，对全球电视市场的规模形成了比较强的支撑。

二、进入北美主流零售体系的关键策略

从 TCL 的案例可以看出,进入北美商超不是简单的提供货品,而是供应链、品牌、市场策略的全方位竞争。

先从 OEM 进入供应链,建立长期合作关系。如果是新品牌,可以先从提供零部件、代工、联名款等方式进入,积累零售商信任。

针对不同零售商,制定不同的产品和价格策略。比如沃尔玛强调性价比,产品定价需低于同类品牌 10%~20%;Best Buy 更关注中高端市场,需要强调技术和品质;Costco 则适合高端大屏电视和智能家居产品。

供应链稳定性是关键,必须具备长期供货能力。许多零售商不愿意与中国品牌合作,最大的担忧是"你能否长期稳定供货",可以通过海外仓、当地维修站、即时库存补充等方案,来获得长期合作机会。

品牌营销配合商超推广,提高货架竞争力。在商超做现场演示、促销展示,提高转化率;通过社交媒体做线上广告,引导消费者进店购买,提高商超对品牌的信心。

渐进式进入市场,不要一开始就大规模铺货。先从部分门店小范围试水,积累销量数据和消费者反馈,再逐步扩大铺货范围。

第三节 线下渠道与本地代理的风险

当中国企业踏入北美市场,发现电商竞争激烈、入驻主流商超门槛高时,本地代理模式往往成为一个"看似轻松"的选择。只要找到一个北美代理商,把产品交给他们,代理商就能负责渠道拓展、销售运营,企业坐享其成,听上去很美好。但现实是,代理模式往往充满陷阱,轻则业绩惨淡,重则品牌崩盘,甚至血本无归。

一、代理商并不是"品牌救世主"

许多中国企业误以为找到本地代理商,就等于解决了销售问题。但事实是,代理商的核心目标不是帮你做品牌,而是帮自己赚钱。他们更倾向于短期利润最大化,而非长期市场深耕。

很多中国企业的代理合作模式,最后变成了一个死循环:初期代理商看好产品,愿意铺货,而品牌方缺乏对代理商的监管,信任全权交付。代理商短期压货销售,但不愿投入市场推广,导致产品销量停滞,品牌方以为是产品问题,降价促销,利润被进一步压缩。代理商看到利润降低,减少推广甚至转向竞争对手产品。最终,产品销量下降,品牌退出市场,代理商另寻他家。

王明(化名)是深圳一家智能家电公司的创始人,他们的核心产品是一款智能扫地机器人,国内销量不错,产品质量也有竞争力。2020年,他决定进军北美市场,但因为不熟悉当地销售模式,他选择和一个加拿大本地代理商合作,希望通过代理商快速打开市场。

代理商承诺,在加拿大主要家电连锁店(如 Best Buy、The Source、Canadian Tire)铺货;提供市场推广支持,包括广告投放、促销策划;负责所有销售和售后,让品牌方"省心"。

听上去是个完美方案,但合作一年后,王明的品牌在北美市场的销量几乎没有增长,最终以惨败收场。

二、代理商模式的三大风险

1. 代理商的核心目标是利润,不是品牌建设

代理商并不关心代理品牌在市场上的长期定位,他们关注的是短期利润。

在王明的案例中,代理商确实把产品铺到了部分零售店,但并没有做足够的市场推广。零售店的货架上,摆满了 iRobot、Ecovacs、Shark 等知名品牌的扫地机器人,而王明的品牌没有知名度,消费者根

本不会购买。

代理商没有主动推动市场营销,最终王明的产品销量惨淡,而代理商可以继续经营其他品牌,不会受到实质性损失。

教训:如果代理商不愿投入市场推广,而品牌方自己也不做品牌营销,产品即使进入商超,也可能无人问津。

2. 代理商控制渠道,品牌方失去主动权

当品牌方把销售全权交给代理商,就意味着丧失了对市场的掌控,变成由代理商决定产品定价、销售渠道、市场推广方式。

王明的公司本想以中高端价格定位产品,但代理商为了快速出货,直接把价格打低,甚至比国内价格还便宜,结果,国内消费者发现北美价格更低,转而开始在北美代购,影响品牌全球价格体系。低价策略导致品牌定位下滑,消费者把产品当作"低端货"。利润率下降,代理商对产品兴趣降低,销售动力不足。

最终,王明的品牌不仅在北美没成功,还影响了国内市场的价格体系,得不偿失。

教训:品牌方如果完全依赖代理商,而没有自己掌控市场,就可能丧失定价权、品牌影响力,甚至影响全球市场策略。

3. 代理商可能成为"隐形对手"

在北美市场,一些代理商甚至会利用中国品牌的产品和市场反馈,打造自己的品牌,成为竞争对手。

王明的品牌在代理商渠道卖了一年,销售业绩一直低迷,但令人惊讶的是,代理商突然推出了一款"外观类似、价格更低"的扫地机器人,并在渠道内推广,最终销量超过了王明的品牌。

原来,代理商发现王明的产品有市场潜力,但觉得利润空间不够高,于是找了一个更便宜的中国制造商生产类似款,用自己的品牌销售。

最终,王明的品牌彻底退出北美市场,而代理商则用王明品牌的市场数据,扶持了自己的品牌。

教训：代理商并不一定是可靠的合作伙伴，他们可能更关注短期利益，甚至会在时机成熟时扶持竞争对手品牌。

三、如何避免代理模式的风险

虽然代理模式充满风险，但并不意味着中国品牌不能通过代理商进入北美市场。关键在于如何管理代理商，并保持对市场的掌控权。

与代理商签订严格的 KPI 绩效协议。设定销售目标，如果未达标，品牌方有权更换代理商。要求代理商投入市场推广预算，明确广告支出比例，防止代理商只铺货不推广。

品牌方必须直接参与市场营销。不能完全依赖代理商，品牌方必须自己进行社交媒体营销、广告投放，确保品牌在消费者中的认知度。例如，许多成功的中国品牌在北美市场，即便通过代理商销售，也会自己运营社交媒体、开展线下推广活动，确保品牌不会被代理商埋没。

避免给予代理商"独家代理权"。独家代理可能导致品牌受制于单一代理商，无法自主拓展市场。最好的策略是区域代理与线上自营结合，既能利用代理商渠道，也能通过官网、社交媒体直接触达消费者。

代理商只是工具，品牌必须掌握主动权。中国企业进入北美市场，不能把代理商当成救世主，而应该把他们当成渠道工具。代理模式可以加速进入市场，但如果品牌方完全依赖代理商，最终很可能失去市场控制权，甚至被代理商抛弃或利用。

成功的品牌一定是既能利用代理商拓展渠道，又能自己掌控品牌营销，确保在北美市场的长期发展。代理只是手段，品牌才是根本。

第四节　投资咨询机构如何帮助企业搭建多元销售渠道并提供商业合作资源

中国企业进入北美市场，最常遇到的销售难题是：渠道选择困难、代理商不靠谱、商超门槛高、线上流量竞争激烈。如果没有足够的市场经验和本地资源，企业很容易走弯路，甚至出海失败。

在这个过程中，投资咨询机构可以发挥至关重要的作用。他们不仅能帮助企业搭建适合北美市场的销售渠道，还可以提供商业合作资源，让企业少走弯路，更快打开市场。

本章前面的案例中，我们看到深圳智能家电品牌因代理商策略失败，以及 TCL 如何成功进入北美商超。而在这些案例的背后，如果企业能充分利用投资咨询机构的资源，很多问题是可以避免的。

下面，我们以一个真实的中国家居品牌为例，看看投资咨询机构如何帮助它在北美市场搭建多元化销售渠道，并顺利落地商业合作。

一、企业背景：产品有市场，但渠道选择不清晰

2021 年，深圳某智能家居品牌推出了一款智能窗帘电机，主打远程遥控、语音助手控制、节能智能管理。在国内，该产品已经成功进入天猫、京东，并与多个地产商合作，销量稳步增长。但当他们尝试进军北美市场时，却遇到了几个关键难题：

产品适合北美消费者吗？北美消费者习惯了手动窗帘，智能窗帘的市场接受度如何？

销售渠道应该选择什么模式？是走亚马逊电商？还是进入 Home Depot、Lowe's 这些家居建材零售商？

如何找到本地合作伙伴？是选择独立代理商，还是直接与零售商合作？

如何制定合理的定价策略？国内产品利润率较高，但北美市场如果要打价格战，如何确保盈利？

面对这些问题，企业决定引入北美的投资咨询机构，希望能找到更科学的渠道规划方案。

二、投资咨询机构如何介入

该企业最终选择了一家专门服务品牌出海北美市场的投资咨询机构，该机构提供了完整的市场研究、渠道策略规划和合作对接。

1. 市场调研，确保产品符合北美需求

通过北美的消费者调查，咨询机构发现：智能窗帘的市场需求主要集中在"中高端住宅、办公室、老年人群"，还有一些愿意尝试智能家居的年轻消费者。调研还显示，北美家庭对"DIY 安装"产品的接受度较高，但对全自动窗帘的需求并没有国内那么大。

结论：该品牌需要调整产品策略，主推"模块化、可自由安装、价格适中"的智能窗帘电机，而不是高端全自动产品。

2. 销售渠道选择，避免陷入单一模式

咨询机构基于市场调研，制定了一个"三步走"的渠道策略：

短期目标（电商突破）：先进入亚马逊北美站，获取消费者数据和反馈。通过咨询机构的资源，品牌获得了亚马逊"Best Sellers Launch Program"的支持，减少了前期推广成本，并通过精准广告投放提升了转化率。上线 6 个月后，该品牌的智能窗帘电机成功进入亚马逊智能家居品类 TOP50。

中期目标（本地化仓储）：利用海外仓提高配送效率，进入线上建材市场。由于智能家居产品的退货率较高，咨询机构建议企业在美国西海岸和加拿大多伦多设立海外仓，提高物流时效，减少 FBA 成本。同时，该品牌与咨询机构合作，在 Wayfair（美国最大在线家居平台）和 HomeDepot.com 上架产品。

长期目标（商超拓展）：通过线下合作，进入实体零售渠道。通过咨询机构的推荐，该品牌得到了 Lowe's 和 Home Depot 的招商机会，并最终在 2023 年成功进入部分 Lowe's 门店。

三、投资咨询机构提供的商业合作资源

除了渠道规划，投资咨询机构还会提供以下关键资源，帮助品牌更快落地：

1. 帮助对接北美本地商业合作伙伴

通过咨询机构的资源，该品牌找到了北美专业的智能家居安装服务商，帮助线下用户安装智能窗帘，提高了消费者满意度。还通过咨询机构对接了一家房地产开发商，在部分新建公寓中推广智能窗帘电机。

2. 制定合理的定价策略，避免价格战

由于北美市场价格体系与国内不同，咨询机构帮助品牌制定"高端版＋标准版"双产品策略，在亚马逊主打标准版，在商超主打高端版，避免内部竞争。他们还帮助品牌申请了北美政府的节能补贴，使产品价格更具吸引力。

3. 优化售后服务，提高消费者信任度

投资咨询机构建议品牌与第三方物流公司合作，建立本地售后中心，减少退货处理时间，提高客户满意度。他们还帮品牌制定了"免费试用 30 天"的促销活动，提高消费者的购买意愿。

四、投资咨询机构如何真正帮助中国企业

通过这个案例，我们可以看到，投资咨询机构的价值不仅仅是介绍渠道，而是提供全方位的市场落地支持，包括：

制定科学的渠道策略，避免盲目入驻商超或依赖单一渠道。

提供本地商业合作资源，对接合适的零售商、合作伙伴、政府资源。

优化定价和营销策略，确保品牌在北美市场的长期竞争力。

提升供应链和售后能力，解决跨境企业面临的本地化难题。

对于中国企业来说，进入北美市场最大的风险不是产品不好，而是缺乏对市场和渠道的认知。真正优秀的投资咨询机构，可以帮助企业精准定位市场，搭建多元销售渠道，实现长期发展，而不是盲目砸钱铺货。

第 9 章　用工与管理的法律风险

第一节　北美招聘与用工合规指南

2019 年，某家总部位于深圳的跨境电商公司 SunTecy，为了拓展北美市场，在加拿大多伦多设立了一个本地运营中心，计划招聘 30 名员工，涵盖市场营销、客户服务、仓储物流等岗位。然而，公司在招聘过程中遇到了诸多意想不到的合规问题，最终因违反加拿大《人权法》(Human Right Code)和《就业标准法》(ESA)，被加拿大人权委员会调查，并支付了超过 15 万加元的罚款。

那么，SunTecy 在北美的用工管理究竟踩到了哪些雷？中国企业在招聘北美员工时，又该如何避免类似的风险？

一、招聘阶段的法律合规问题

在北美招聘时，企业的招聘广告、面试流程、录用决定都受到严格监管。SunTecy 因为缺乏对加拿大劳动法的了解，在招聘过程中出现了违反《人权法》和《就业标准法》的行为。

1. 招聘广告中的歧视性语言

SunTecy 在招聘信息中写明："优先考虑华人或能说普通话的候选人"，意在寻找能够与国内团队顺畅沟通的员工。

但在加拿大，《人权法》禁止雇主在招聘时基于种族、语言、性别、年龄等因素进行歧视。即使语言能力是工作要求，企业也必须明确说明该能力是必要的职业要求（Bona Fide Occupational Requirement, BFOR），否则可能被认定为就业歧视。

结果 SunTecy 的招聘广告遭到举报，被加拿大人权委员会（CHRC）调查，并被责令修改招聘信息，同时需支付 5 万加元的罚款。

2. 面试中的敏感问题

在面试过程中，招聘人员询问了候选人"你有没有结婚？""你有小孩吗？"等问题，这些问题在中国司空见惯，但在北美却被视为违反反歧视法的行为。

一名女性求职者因被问及家庭状况感到不适，向安大略人权委员会投诉。SunTecy 最终与该求职者和解，并支付 2 万加元的赔偿。

二、雇佣关系的管理问题

成功招聘员工后，企业还需确保劳动合同、薪资待遇、解雇流程都符合北美法律，否则可能遭遇劳工诉讼或高昂的合规成本。SunTecy 也在这一环节出现了重大漏洞。

1. 试用期与劳动合同的合规性

SunTecy 在员工入职时，未提供正式劳动合同，而是通过微信口头沟通工作职责，并口头告知员工有 3 个月试用期。

在北美，劳动合同（Employment Agreement）是保护雇主和雇员权利的关键文件。如果没有书面合同，雇员可能被视为"永久雇员"，享受完整的劳动保护，即使是试用期内，也必须给予合理的终止通知（Notice Period）。

后来，一名试用期被解雇的员工将 SunTecy 告上劳动仲裁法庭，最终法院裁定 SunTecy 需支付 4 周工资作为解雇补偿，以及 1.5 万加元的律师费。

2. 最低工资与加班费支付问题

加拿大各省对最低工资标准有明确规定，例如，2024 年安大略省最低工资为每小时 16.55 加元，不列颠哥伦比亚省最低工资为每小时 17.40 加元。

SunTecy 在多伦多招聘了一名仓库管理员，约定工资为每小时 15 加元，低于法定最低工资标准，员工在工作一段时间后发现工资过低，向劳动局投诉。

劳动局介入调查后，SunTecy 被勒令补发工资差额，并支付罚款 2.5 万加元。

三、解雇员工的法律风险

如果企业需要解雇员工，必须按照北美的劳动法规定进行，否则可能面临诉讼风险。SunTecy 在裁员时因缺乏合规意识，再次遭遇法律困境。

1. 解雇通知与补偿

由于疫情的原因，SunTecy 需要业务调整，于 2022 年年底裁员 5 人，并在当天通知员工立即停止工作，没有提供任何解雇补偿。

在加拿大，《就业标准法》规定，工作满 3 个月的员工，如果被无故解雇，必须收到合理的终止通知或支付解雇补偿（Severance Pay）。

一名工作满 2 年的被裁员工向安大略省劳动局投诉，最终 SunTecy 被判定需支付相当于 2 个月工资的解雇补偿，总额约 4 万加元。

2. 解雇合理性与"无故解雇"风险

在北美，"无故解雇"（Wrongful Termination）是企业面临的常见法律风险之一。

SunTecy 解雇一名员工时，并未提供任何正式的解雇理由，导致员工以"不公平解雇"（Unjust Dismissal）起诉公司，并要求额外赔偿。法庭裁定 SunTecy 需支付该员工 6 个月工资作为赔偿，并承担所有法律费用，损失约 6 万加元。

四、中国企业如何避免北美招聘合规风险

通过 SunTecy 的案例可以看出，企业在北美招聘和用工时，必须严格遵守当地法规，否则不仅会影响企业运营，还可能造成严重的财务损失。那么，中国企业应该如何避免这些风险？

1. 规范招聘流程

避免在招聘广告和面试中涉及歧视性语言，所有职位要求必须基于合理的职业要求（BFOR）。在面试过程中，不要询问候选人的婚姻、年龄、种族、宗教信仰等敏感问题。

2. 签署正式劳动合同

书面合同必须清楚规定雇佣关系、工资、工时、解雇条款，以避免后续纠纷。试用期条款要明确，并说明解雇流程和补偿规则。

3. 遵守最低工资和工时要求

北美不同州/省的最低工资不同，企业必须确保支付符合当地规定的薪资。加班费应按法律标准支付，如美国联邦法律规定加班工资为正常工资的 1.5 倍。

4. 依法解雇员工

需要提前通知或支付解雇补偿，不能无故裁员。若涉及工会，应遵守集体协议的规定，避免劳动纠纷。

SunTecy 的案例表明，中国企业在北美招聘和用工时，不能简单套用国内的管理模式，而必须完全遵守北美的劳动法规。否则，即便企业本身经营良好，也可能因为劳动合规问题而面临巨额罚款甚至法律诉讼。

对于中国企业来说，雇佣律师或人力资源专家提供法律咨询，并在招聘、合同管理、薪资支付、解雇等环节做到合规，才是确保企业在北美长期发展的关键。

第二节 "中国式管理"在北美的失败案例

2021 年，一家来自上海的科技公司 BrightTech 在加拿大温哥华设立了研发中心，计划通过北美本地化运营吸引国际技术人才。然而，仅仅两年后，该公司的员工流失率高达 65%，远高于行业平均水平（20%~30%）。据离职员工反馈，公司在管理模式上完全照搬国内的职场文化，缺乏对北美职场文化和劳动法律的理解，导致大量优秀员工离职，面临法律诉讼。

BrightTech 的失败并非个例，许多中国企业在北美试图推行熟悉的管理模式，忽视了东西方职场文化和劳动法规的差异，最终导致人才流失、合规风险，甚至让企业品牌受损。本节将围绕 BrightTech 的案例展开，探讨"中国式管理"为何难以在北美生存，以及中国企业应如何调整管理策略，以适应北美市场。

一、加班文化 vs 北美职场的工作与生活平衡

1. 强制加班的法律风险

BrightTech 进入加拿大市场后，依旧延续了国内科技行业常见的"996"文化（即每天早9点上班，晚9点下班，每周工作6天），并希望借此提高员工工作效率。然而，在加拿大和美国，雇主强制要求员工加班，不仅会引发员工不满，还可能违反当地劳动法规。

在加拿大，大部分省份规定每周标准工作时间为40小时，超出的部分需支付1.5倍加班工资。在安大略省，如果员工每周工作超过44小时，雇主必须支付加班工资（即1.5倍时薪），否则将面临政府处罚。

在美国，根据各省《就业标准法》，任何非豁免员工（Non-Exempt Employees）每周工作超过40小时，必须支付至少1.5倍的加班工资。各州可能有更严格的规定，例如加利福尼亚州要求每日超过8小时工作也必须支付加班费。

BrightTech 并未按照加拿大劳动法支付加班工资，导致员工向不列颠哥伦比亚省劳动厅投诉，公司最终被勒令补发工资，并支付高额罚款。此外，因长期过度加班，BrightTech 员工的不满情绪高涨，最终导致核心团队员工大量离职。

2."责任制"与北美职场文化冲突

在中国，企业普遍采用"责任制"来管理员工，即不明确工时，而是按"任务完成度"衡量绩效。然而，在北美，员工更注重工作与生活平衡（Work-Life Balance），不愿接受长期无偿加班。

BrightTech 在管理过程中，对员工提出"项目没有完成，不准下班"的要求，但未支付额外薪资或提供休假补偿。这种做法不仅影响了员工的士气，还让公司在 Glassdoor（一个可评价雇主的网站）上获得了大量负面评论，严重影响了其招聘能力。

最终，BrightTech 发现，即使提高薪资，仍难以吸引北美本地人才加入，公司逐渐陷入人才流失的恶性循环。

二、职场层级文化的矛盾

1. "上级决定一切" vs 北美的扁平化管理

中国企业往往采用强等级、强指令的管理方式，而北美企业更倾向于扁平化管理，强调团队协作与个人决策权。

BrightTech 的管理层大多由国内派遣，决策流程高度集中，员工的建议和反馈难以被采纳。例如，在一个软件开发项目中，本地团队提出调整产品设计，以更符合北美市场需求，但中国总部的管理层直接否决，要求员工按照中国市场的需求开发产品。这种管理方式导致员工的积极性下降，并最终导致团队解散。

2. "老板文化" vs 北美的职业公平性

在中国，许多企业的管理模式强调对上级的忠诚，甚至要求员工在下班后继续响应管理层的需求。而在北美，职场文化更强调职业公平性和透明性，员工更倾向于拒绝不合理的管理要求。

BrightTech 在绩效考核中，管理层更偏向国内派遣的员工，这让本地雇员产生了不公平的感觉。一些本地员工在遭遇不合理的工作要求后，选择辞职或向劳动仲裁机构投诉，导致 BrightTech 面临内部管理危机。

三、如何调整管理策略来适应北美市场

1. 合规管理，避免劳工诉讼

了解并遵守当地劳动法，合理安排加班，并支付法定加班工资。采

用灵活的工作时间制度（如混合办公或远程办公），提高员工满意度。

2. 适应北美的职场文化

弱化层级观念，尊重员工意见，鼓励开放的沟通环境。建立更透明、公正的绩效考核体系，以吸引和留住本地人才。

3. 采用本地化管理团队

BrightTech 在经历了初期的管理失败后，最终决定调整管理策略：

任命一位加拿大籍高管负责本地管理，减少中国总部对日常运营的干涉。

重新评估企业文化，明确尊重员工权益的承诺，并提供更有竞争力的福利（如带薪休假、远程办公）。

设立内部沟通渠道，定期收集员工意见，并制定相应的改进措施。

在调整管理方式后，BrightTech 在 2023 年的人才流失率降低至 22%，并逐步建立了更稳定的北美团队。

四、北美不是简单的"复制粘贴"市场

BrightTech 的案例表明，如果不调整"中国式管理"，中国企业难以在北美的职场文化和劳动法规环境下生存。中国企业在北美招聘人才时，不能一味沿用国内的管理模式，而必须严格关注以下方面：

尊重当地劳动法，确保合规性。

适应北美职场文化，提供公平和透明的晋升机制。

赋予本地团队更多自主权，减少总部的过度干预。

在北美市场，企业的成功不仅仅取决于产品竞争力，还取决于能否吸引和留住优秀的本地人才。管理模式的调整，不仅关乎企业的合规性，也关乎企业的长期发展与竞争力。BrightTech 的教训值得所有中国企业在海外扩张时深思。

第三节　如何打造符合北美文化的管理模式

在前两节中，我们探讨了中国企业在北美推行"中国式管理"的失败案例，例如 BrightTech 在温哥华因加班文化和管理层级问题导致的人才流失。这些案例表明，中国企业如果不调整管理方式，而是直接照搬国内模式，很可能会面临高员工流失率、法律合规风险，甚至品牌声誉受损的情况。

本节将围绕如何调整管理模式，使其既符合北美职场文化，又能保持企业效率展开讨论，并结合前面案例中的教训，提出可行的优化策略。

一、尊重北美职场文化，弱化层级观念

1. 以扁平化管理取代强等级文化

BrightTech 在进入加拿大市场时，延续了"上级决定一切"的管理风格，员工的意见和建议难以传递。这种管理方式在北美职场极不受欢迎，因为北美职场强调团队协作和个人决策权。员工希望在企业中获得发言权，而不是单纯执行指令。而高度集中的决策模式会降低团队积极性，优秀人才可能因此流失。

优化方案如下：

引入扁平化管理，减少不必要的层级结构，赋予团队更多自主权。

鼓励开放沟通，例如定期组织团队会议，让员工参与决策过程。

设立匿名反馈机制，让员工能够自由表达对管理层的建议。

2. 调整绩效考核，减少内部不公平感

BrightTech 在绩效管理中，更偏向国内派遣的员工，导致本地员工的不满。这种"圈子文化"会降低跨文化团队的信任度，从而加剧离职率。

优化方案如下：

建立透明的考核机制，将绩效标准量化，并适用于所有员工。

采用公平的晋升体系，不以"关系"作为晋升标准，而是以业绩表现、创新能力和团队贡献为核心标准。

设立 360 度评估体系，让团队成员也能对管理者进行评价，确保考核公平性。

二、优化工作模式，平衡效率与员工权益

1. 合理安排工时，避免"变相加班"

BrightTech 的"996"模式在北美引发严重反弹，违反了当地劳动法规。企业需要调整对工作时间的管理方式，以符合北美法律和文化。

优化方案如下：

遵循当地法律规定，严格控制每日工时，并支付加班工资。

提供灵活的工作时间（Flexible Hours），如允许部分员工远程办公，以提升工作效率和员工满意度。

设定结果导向型考核，而不是单纯以工时长短衡量员工绩效。

2. 增强员工福利，提高雇主吸引力

在北美，企业不仅要提供具有竞争力的薪资，还需要提供合理的福利制度，否则难以吸引和留住人才。

优化方案如下：

提供有竞争力的薪资，至少与行业标准持平。

设立带薪休假（Paid Time Off，PTO），让员工能够平衡工作与生活。

提供医疗保险、职业培训、育儿支持等额外福利，增强企业吸引力。

三、融入北美职场文化，提升团队信任度

1. 注重员工关系，提升团队凝聚力

BrightTech 因缺乏对北美职场文化的理解，导致职场文化不满甚至辞职。北美企业注重工作之外的团队建设，企业应当加强员工之间的互动和归属感。

优化方案如下：

定期组织团建活动（如节日派对、户外拓展），增进团队感情。

倾听员工需求，建立员工支持计划（Employee Assistance Program，EAP），帮助员工解决工作和生活中的问题。

2. 尊重多元文化，促进包容性管理

在北美职场，文化多样性（Diversity & Inclusion）是重要的职场价值观。如果企业缺乏对不同文化背景的尊重，很容易引起团队冲突，甚至遭遇法律风险。

优化方案如下：

在招聘时，确保公平多元的招聘政策，避免歧视性倾向。

推动跨文化培训，帮助管理层了解北美文化，提高团队包容性。

确保所有管理决策符合《公平就业法》（Equal Employment Opportunity Commission，EEOC）的规定。

四、找到中国管理文化与北美市场的平衡点

BrightTech 的案例说明，中国企业在进入北美市场时，如果不调整管理方式，极易陷入高员工流失、合规风险和招聘困难的困境。要在北美建立成功的管理模式，企业需要做到如下几点：

减少层级化管理，提升团队自主权。

遵守北美劳动法规，避免加班文化引发法律风险。

提供具有竞争力的薪资和福利，增强员工归属感。

尊重多元文化，打造公平的晋升和考核体系。

中国企业在出海过程中，并不需要完全放弃自己的管理优势，而是要在本土管理经验与北美职场文化之间找到平衡点，以实现企业的长期发展。通过灵活调整，中国企业可以更好地适应北美市场，并在全球化进程中走得更远。

第四节 投资机构如何提供劳工合规与HR管理优化建议

企业在北美的用工环境下能否生存下去,往往取决于管理方式是否合规且高效。北美的劳动法复杂,涉及联邦、州/省、市各级规定,稍有不慎,就可能陷入诉讼泥潭。合规管理并非简单的"照章办事",而是涉及企业经营的方方面面,既要规避法律风险,又要提升管理效率。很多中国企业初入北美市场时,往往觉得自己"已经很小心了",但依旧难以避免踩坑。

那么,如何既保证合规,又能让企业的人力资源管理具备竞争力?投资咨询机构的角色,恰恰在于提供专业化、系统性的支持,帮助企业在合法合规的前提下,优化管理流程,提高人才吸引力,甚至降低运营成本。本节我们围绕一个核心问题展开:企业如何利用投资咨询机构的支持,在北美市场打造真正高效的 HR 管理体系?

一、投资咨询机构如何帮助企业降低劳工诉讼风险

很多中国企业出海北美后,都会经历类似的尴尬:本以为自己严格按照法规来操作,结果还是被投诉,甚至被诉讼缠身。根源在哪?是因为合规只是"守法",但没有融入管理体系,导致员工不满意,甚至主动寻求法律途径来争取权益。

投资咨询机构往往会建议企业采取"前置合规"策略,即在招聘、合同签订、薪资管理、解雇流程等环节提前规避风险,而不是等到出现劳工纠纷后才亡羊补牢,坚持"预防为主,治疗为辅"的基本逻辑。

2022 年,一家中国新能源企业在北美收购了一家本地公司,初期谈判时,投资方的关注点几乎都放在财务报表、供应链资源等方面,却忽视了劳工合规的尽职调查(Labor Compliance Due Diligence)。

投资方并购后才发现,该公司过去两年拖欠员工加班费,且多名员

工因不满薪酬待遇计划联合起诉。

由于北美的劳动法有追溯期，新东家虽然并未直接参与违规操作，但仍需承担历史责任，最终支付了120万美元的补偿金。

投资咨询机构的建议是：尽职调查时，必须把劳工合规作为重要评估项，如果发现风险，企业可以在谈判时要求原东家承担相应责任，或者调整交易结构，以规避潜在成本。

二、如何优化 HR 管理，提高运营效率

HR 管理不只是招人和发工资，它直接影响企业的运营成本、员工留存率和市场竞争力。在北美市场，好的 HR 体系不仅能让企业少掉进法律陷阱，还能让团队更稳定，人才更愿意留下来。投资咨询机构的另一个关键作用，就是帮助企业建立更符合北美文化和法规的管理模式。

1. 合同制度：灵活性 vs 保障性

北美市场的用工关系主要分为正式员工（Full-time）、合同工（Contractor）、自由职业者（Freelancer），企业需要根据业务需求选择合适的雇佣模式。

正式员工适用于核心岗位，但成本较高，需提供法定福利和解雇补偿。

合同工具有短期灵活性，但不能随意安排加班，否则可能被法院认定为"伪合同工"（Misclassification）。

自由职业者适用于短期项目，但需确保合同中明确规定工作范围，避免潜在劳动法风险。

一家中国科技公司在硅谷设立研发中心，初期为了降低成本，大量聘用合同工，并要求他们执行与正式员工相同的考勤和工作安排。结果，多名合同工联合起诉，法院裁定这些合同工属于"被误分类的全职雇员"，公司需补缴社会保障和加班工资，总额高达400万美元。

投资咨询机构介入后，建议该公司调整用工模式：

核心岗位：提供正式雇佣合同，确保薪资福利合规，降低法律风险。

短期需求：聘用真正的独立合同工，并确保他们的工作安排具有独

立性，避免被归类为全职雇员。

2. 如何在北美市场提高人才吸引力

北美市场的劳动力竞争激烈，薪资并不是唯一的吸引力，企业的管理方式、企业文化、福利体系、职业发展通道，都会影响人才的去留。投资咨询机构的建议往往包括以下几点：

优化员工福利，增强雇主品牌：除了基本薪资，还需提供医疗保险、带薪休假、育儿支持等，这些在北美市场至关重要。股权激励方案（Stock Option），在科技和创新领域尤为重要，能提升员工长期忠诚度。

透明的晋升体系，降低内部消耗：设立清晰的绩效考核机制，让员工能看到自己的职业发展路径，而不是靠老板赏识。采用360度考核体系，让员工的成长不依赖单一领导的意见，而是基于团队贡献。

合理调整工作方式，适应北美市场：提供远程办公选项，提高员工满意度。采用灵活工作时间（Flextime），避免固化工时带来的不满情绪。

三、投资咨询机构如何帮助企业打造真正合规、高效的HR体系

投资咨询机构提供的HR管理建议，通常包含以下几大核心要素：

建立系统化的合规管理框架，确保雇佣、薪酬、加班、解雇等流程符合北美法律。

优化人才管理机制，降低员工流失率，提高招聘效率，让企业在人才竞争中保持优势。

结合商业战略，灵活选择用工模式，提高成本效益，同时规避法律风险。

推动企业文化调整，尊重北美职场文化，让管理方式更符合当地员工的期望。

最终目标是让企业在"合规"的同时，真正具备全球竞争力，在北美市场长期发展，而不是昙花一现。

投资咨询机构在北美劳工合规与 HR 优化方面的作用,并不仅仅是提供法律支持,而是帮助企业构建一个更高效、更具吸引力、更符合市场需求的管理体系。

对于中国企业来说,仅仅守法远远不够,真正的竞争力在于如何在合规的前提下,优化管理,提升运营效率,吸引并留住最优秀的人才。而这一切,离不开专业的投资咨询机构结合 HR 顾问的帮助。

第四篇

成功者的经验与失败者的教训

第10章　中国企业在北美的成功案例

第一节　中海油北美中心：中国央企成功收购加拿大尼克森公司

一、并购背景与战略动因

1. 中国能源安全与海外布局

自21世纪初以来，中国的能源需求持续增长，对外能源依存度不断提高。为保障国家能源安全，中国政府鼓励央企在全球范围内寻求优质资源，推动海外投资。中海油（中国海洋石油集团有限公司）作为中国三大石油公司之一，始终在全球范围内寻找优质油气资产，以优化资源配置，提升国际竞争力。

中海油北美中心隶属于中海油集团的中海油国际公司，是该集团海外业务的重要组成部分。中海油国际公司负责集团的全球油气勘探与生产，涵盖北美、欧洲、非洲和亚太地区。北美中心作为其关键业务枢纽，承担着加拿大油砂、墨西哥湾深水油田和英国北海项目的运营与管理。

2. 尼克森公司概况

尼克森公司（Nexen Inc.）是一家在加拿大占据领先地位的能源企业，成立于1971年，总部位于加拿大卡尔加里。其核心业务包括加拿大阿尔伯塔省油砂资源的开发、墨西哥湾和英国北海的深水油气开采，以及全球多个国家的能源投资。尼克森不仅拥有丰富的油气储量，还掌握着油砂开采和深海钻探等先进技术。

3.并购动机与战略考量

中海油收购尼克森这一交易,不仅是当年全球最大的能源并购案,也是中国企业在海外最重要的投资之一。中海油之所以决定并购尼克森,主要基于以下几方面的考量:

资源获取:尼克森拥有大量优质油气资产,能够帮助中海油大幅增加全球油气储量。

技术升级:通过并购,中海油能够学习和引进先进的油砂开采、深海钻探技术。

全球化布局:收购尼克森后,中海油的业务范围进一步扩展至北美、欧洲和西非,提高全球竞争力。

市场拓展:尼克森的国际市场网络能够为中海油提供更广泛的销售渠道,增强国际化运营能力。

二、并购过程与挑战

1.艰难谈判:收购之路开启

2012年,中海油正式向尼克森公司伸出橄榄枝,开启了这场备受瞩目的收购谈判。这场谈判犹如一场没有硝烟的战争,双方在价格、资产估值、交易条款等关键问题上展开了激烈的交锋。

中海油深知此次收购的重要性,组建了一支由资深专家、财务顾问和法律顾问组成的谈判团队。他们深入研究尼克森公司的财务报表、资产状况和业务前景,为谈判制定了详细的策略。在价格方面,尼克森公司希望对其资产进行较高的估值,以获得更好的交易价格;中海油既要考虑尼克森公司的实际价值,又要兼顾自身的收购成本和经济效益,避免过高的收购成本。经过多轮艰苦的谈判,中海油最终以每股27.50美元的价格现金收购尼克森所有流通中的普通股,总价格高达151亿美元。这一价格虽然较高,但充分体现了中海油对尼克森公司价值的认可和收购的决心。

交易条款的谈判同样充满挑战。中海油需要确保交易条款符合自身的利益和战略目标，同时也要满足尼克森公司股东和管理层的合理诉求。在谈判过程中，双方就股权结构、管理层安排、员工安置、债务承担等问题进行了反复的讨论和协商。中海油承诺在交易完成后，保留尼克森现有的管理层和员工，继续推进尼克森现有的社区和慈善项目，以实现平稳过渡和可持续发展。

尽管谈判过程充满艰难险阻，但中海油始终保持着坚定的决心和积极的态度。中海油的管理层深知，此次收购对于公司的长远发展具有重要战略意义，不仅能够提升公司的资源储备和全球竞争力，还能为国家能源安全做出更大贡献。因此，他们在谈判中始终坚守底线，同时灵活应对各种问题，积极寻求双方都能接受的解决方案。经过数月的艰苦努力，中海油与尼克森公司最终就收购协议的主要条款达成一致，为后续的审批和交易奠定了坚实基础。

2. 审批之路：跨越重重关卡

收购尼克森公司，中海油不仅要面对谈判桌上的挑战，还需跨越多个国家和地区的审批关卡。这一过程充满了不确定性和复杂性，每一个审批环节都可能影响到收购的最终结果。

加拿大作为尼克森公司的注册地和主要资产所在地，其政府的审批至关重要。依据《加拿大投资法》，资产价值超过一定标准的收购交易须经联邦政府审批，以确保交易能让加拿大"净受益"。中海油于2012年8月29日向加拿大政府提交收购申请后，加拿大政府立即启动了严格的审查程序。在审查过程中，加拿大政府不仅关注交易对本国能源产业的影响，还对中海油的背景、实力和收购后的运营计划进行了全面评估。由于此次收购涉及金额巨大，且中海油作为中国央企的身份备受关注，在加拿大国内引发了广泛的讨论和争议。一些人担心外国国有企业收购加拿大能源企业会影响本国的能源安全和产业发展。

当时，加拿大政府进行了公众意见调查，结果显示超过70%的加拿大民众反对该交易。部分政界人士认为，此次收购可能影响加拿大的国家能源安全。为获得加拿大政府的批准，中海油做出了以下承诺：

保留尼克森设在加拿大卡尔加里的总部，并维持核心管理团队。

增加在加拿大的投资，推动本地经济发展。

严格遵守加拿大的环境法规和商业规则。

确保雇员的稳定就业。

2012年12月8日，中海油终于收到加拿大工业部通知，收购申请获得批准。

除了加拿大，中国政府的审批也是收购过程中的重要环节。国家发展改革委等相关部门对中海油收购尼克森公司的项目进行了严格审查，确保收购符合国家的能源战略和产业政策。中海油向中国政府详细汇报了收购的目的、计划和预期效果，展示了公司对收购后整合和运营的信心和能力。2013年1月18日，中国国家发展改革委宣布，批准中海油整体收购加拿大尼克森公司，为收购进程提供了有力支持。

由于尼克森公司在美国墨西哥湾拥有油气资产，这笔交易还需获得美国外国投资委员会的批准。美国外国投资委员会负责审查相关涉外经济活动，以确保国家安全和经济利益不受损害。中海油在美国积极开展公关活动，与美国政府部门进行沟通，解释收购的商业目的和对美国能源市场的积极影响。经过多轮审查和评估，2013年2月12日，美国外国投资委员会正式批准中海油对尼克森公司位于美国墨西哥湾资产的收购建议，消除了收购面临的最后一个重大障碍。

3. 整合困境：文化融合与管理挑战

文化融合是跨国并购中最具挑战性的任务之一，中海油与尼克森公司之间也存在着明显的文化差异。中海油作为中国央企，具有浓厚的中国文化背景和国有企业管理风格；而尼克森公司则是一家西方企业，强调个人主义和市场导向。在整合过程中，如何融合两种文化，形成一种新的、能够被双方员工接受的企业文化，是中海油面临的重要课题。

文化差异还体现在企业价值观、决策方式和沟通风格等方面，这些差异可能导致误解和冲突，影响企业的正常运营。比如尼克森的管理体系较为扁平化，强调灵活性和创新，而中海油的管理模式更加集中化、层级分明。这种管理风格的差异导致了初期的整合困难。

例如，中海油在接手尼克森后，进行了组织架构调整，并裁减了一部分员工，以提升管理效率。然而，这一举措在本地员工中引发了不满，导致部分核心人才流失。此外，中海油的决策流程相对复杂，与尼克森原有的高效运营模式存在冲突。

面对这些挑战，中海油逐步调整策略，加强与本地员工的沟通，提升管理透明度，并引入更具灵活性的管理机制。

三、并购后的成果与应对措施

1. 应对人员整合挑战

由于中海油承诺保留尼克森现有的管理层和员工，这使得人员整合变得更加复杂。两家公司的企业文化、管理理念和工作方式存在较大差异，员工之间需要时间来相互了解和适应。在整合初期，由于沟通不畅和文化冲突，导致部分员工工作积极性不高，团队协作出现问题。尼克森公司的一些员工对中海油的发展战略和管理方式存在疑虑，担心自己的职业发展受到影响，这也给人员整合带来了一定的阻力。

为了实现资源的优化配置和协同效应，中海油对尼克森公司进行了深度重组。中海油将尼克森公司的业务与自身的海外业务进行整合，成立了新的管理团队，负责统筹协调全球业务。中海油还采取了多项措施进行人员整合：

提供经济补偿：为被裁员工提供合理的补偿方案，以减少负面影响。

加强本地员工管理：优化组织架构，提升本地员工的决策参与度。

文化融合培训：开展跨文化培训，加强中国管理层与本地员工的沟通和理解。

通过整合，中海油实现了资源的共享和互补，提高了运营效率。

2. 应对油价下跌与长期亏损

并购完成后，国际油价大幅下跌，从每桶100多美元暴跌至50美元以下，这给全球能源行业带来了巨大冲击。尼克森公司的业绩也受到了严重影响，其油砂项目由于成本较高，在低油价环境下面临亏损的困境。油价下跌还导致市场对能源企业的信心下降，中海油的股价也受到了一定程度的影响。

针对该问题，中海油积极响应，制定并实施了一系列解决方案。

在勘探开发方面，中海油整合了双方的技术和人才资源，加强了对重点项目的支持，提高了勘探成功率和开发效率。

在战略上，中海油提出了"价值勘探"的理念，更加注重勘探项目的经济效益和投资回报率，不再盲目追求产量增长，而是更加注重资源的质量和可持续性。在选择勘探项目时，中海油会对项目的地质条件、市场前景、开发成本等因素进行全面评估，确保项目具有较高的价值和潜力。这一理念的转变，使得中海油的勘探开发业务更加稳健和可持续。

在运营过程中，中海油强调效益优先，加强了成本控制和风险管理。通过优化生产流程、降低运营成本、提高资产利用率等措施，提高了企业的盈利能力。在成本控制方面，中海油对各项费用进行了严格的预算管理和审核，削减了不必要的开支。在风险管理方面，中海油建立了完善的风险预警和应对机制，对市场风险、政治风险、技术风险等进行实时监测和评估，及时采取措施降低风险损失。

这些战略调整和管理措施的实施，逐渐显现出积极效果。2023年，中海油的桶油成本降至每桶28.8美元，远低于2013年的每桶45.0美元，显示出降本增效策略的成效。

3. 应对管理冲突挑战

在收购前，尼克森公司的管理层已存在混乱和分歧，这导致公司的战略决策和运营管理出现问题。中海油收购尼克森后，需要对其管理层进行调整和优化，建立有效的决策机制和管理体系。然而，这一过程并不顺利，管理层的调整引发了一些内部矛盾和争议，影响了公司的稳定发展。

针对并购初期运营效率低的问题，中海油北美中心采取了多项管理改革措施，包括：

引入精益管理：采用更加扁平化的管理模式，减少冗长的审批流程，提高决策速度。

实施绩效激励机制：借鉴华为的海外管理经验，为本地员工提供更具竞争力的薪酬和激励方案。

加强技术创新：与卡尔加里大学等科研机构合作，推动智能化油气开采技术，降低运营成本。

四、中海油北美中心的未来发展

1. 夯实资源地位

中海油收购尼克森公司，为自身发展带来了质的飞跃。尼克森公司在加拿大西部、英国北海、墨西哥湾和尼日利亚海上等全球主要石油产区拥有丰富的资产，涵盖常规油气、油砂以及页岩气等资源。中海油完成收购后，能源储量大幅增加30%，产量也实现了20%以上的增长。这使得中海油在全球能源市场中的资源地位得到极大提升，拥有了更坚实的发展基础。

2. 深化本地化运营

尼克森公司在石油勘探、开发等领域拥有先进的技术和丰富的管理经验，特别是在油砂开发技术方面闻名遐迩。中海油通过收购，不仅获得了尼克森的资产，还吸纳了其专业技术和管理团队，为自身技术创新和管理水平提升提供了有力支持。这有助于中海油在全球能源市场竞争中，凭借技术和管理优势占据更有利的地位，实现可持续发展。为了更好地融入北美市场，中海油北美中心正在推进本地化管理，提高本地员工的占比，并加强与加拿大政府、社区的合作。通过投资当地教育、环保和公益项目，中海油希望进一步提升企业形象。

3. 落实"走出去"战略

从能源战略布局角度来看，此次收购进一步推动了中国能源企业"走出去"的战略进程，提升了中国在全球能源领域的话语权和影响力，使中国在国际能源市场中拥有更多的资源配置权和决策权。中海油在全球主要产区的资源布局，为中国能源战略的多元化发展提供了有力支撑，有助于中国在全球能源竞争中占据更有利的地位，实现能源战略的长期稳定发展。

五、总结

中海油并购尼克森的成功案例，充分展现了中国企业在国际化进程中的机遇与挑战。尽管收购初期面临管理整合、文化冲突和油价波动等问题，但通过持续优化管理、技术升级和市场适应，中海油最终实现了北美业务的稳步发展。

这一案例不仅为中国能源企业提供了宝贵经验，也展示了中国企业在全球化浪潮中的韧性和适应能力。未来，随着绿色能源转型和科技创新的推进，中海油北美中心将继续在全球能源行业中发挥重要作用，推动中国企业在国际舞台上迈向更高水平。

第二节　双汇国际收购史密斯菲尔德，技术引进＋市场共享的双赢

一、交易背景与动因

1. 双汇的国际化战略需求

双汇国际，作为中国肉类加工行业的龙头企业，在国内市场可谓是风生水起。其前身漯河肉联厂在万隆的带领下，通过一系列大胆改革，如 1984 年将生猪收购价格每斤上调 2 分，改善了连年亏损的境况，当年便扭亏为盈。此后，双汇不断发展壮大，1992 年推出火腿肠产品，迅速打开市场，成为全国知名品牌。1998 年，双汇实业 A 股股票在深交所挂牌上市，借助资本的力量进一步扩张。到 2012 年，双汇集团把 65.5 亿元净资产的肉类及相关业务注入双汇发展，实现整体上市，在国内市场构建起了庞大的销售网络，产品涵盖了火腿肠、冷鲜肉等多种肉制品品类，深受消费者喜爱。

然而，随着国内市场竞争日益激烈，双汇国际也面临着诸多挑战。一方面，国内肉业市场逐渐饱和，竞争对手不断涌现，市场份额的争夺愈发激烈；另一方面，消费者对于肉类产品的品质、安全和多样化需求不断提升，这对双汇的生产技术、供应链管理和产品创新能力提出了更高要求。此外，原材料价格波动、环保压力等因素也时刻影响着双汇的经营成本和利润空间。

2. 史密斯菲尔德的经营困境

再看大洋彼岸的美国史密斯菲尔德（Smithfield）食品公司，这家成立于1936年的企业，凭借近百年的发展历程，成为美国乃至全球最大的猪肉生产和加工企业。它拥有纵向一体化的全产业链，从生猪养殖到猪肉制品加工，再到分销与销售，业务覆盖美国本土以及全球多个国家和地区。在美国29个州拥有近500个自营农场和超过2100个合同农场，每年出栏近1600万头猪，拥有先进的生产设备和成熟的技术研发体系，旗下众多品牌在全球范围内享有盛誉。

尽管史密斯菲尔德是美国最大的猪肉生产商（2012年销售额131亿美元），但其负债高达16.4亿美元。2008年次贷危机之后，猪肉产品销量下滑，同时养殖场所需的玉米等谷物成本大幅上涨，全行业生猪过剩，猪肉价格走低。虽然通过盈利改善计划走出难关，但史密斯菲尔德的经营利润率走低，发展空间受限。而且史密斯菲尔德过度专注产业链上游，使得其在产业链后端的肉制品处理和深加工业务发展相对滞后，难以满足市场对于高附加值产品的需求。

3. 中美市场的互补性

随着中国经济的持续增长和消费者对优质肉类产品需求的增加，中国成为全球最大的猪肉生产和消费市场。双汇作为猪肉产品的龙头企业，通过提升生产能力和扩展产品组合，持续占领中国市场的重要份额。为了响应国内居民的高端消费需求，双汇推出了一系列满足消费者多样化需求的创新产品，如冷鲜肉和中高端肉制品，通过品牌优势和产品创新巩固了市场地位（图4-1）。

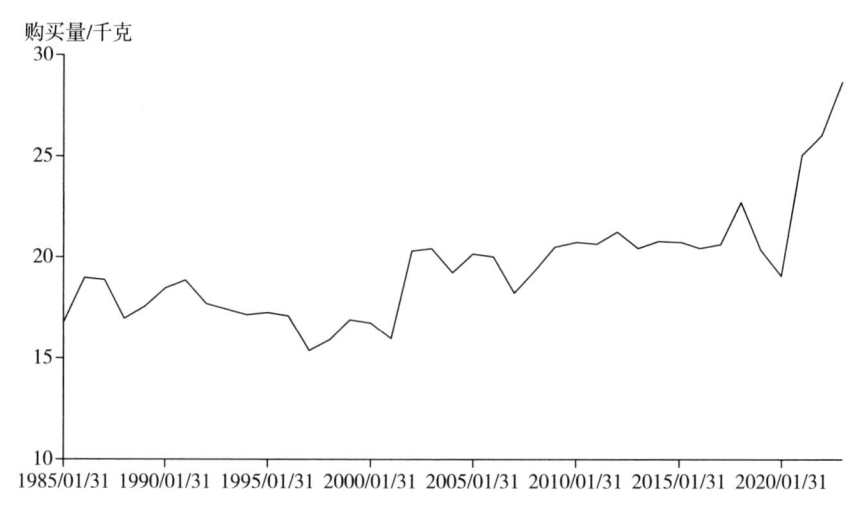

图4-1 中国城镇居民人均全年购买猪肉数量

在美国，猪肉行业较为成熟，市场对高效和集约化生产有着严格要求，史密斯菲尔德凭借其先进的养殖和屠宰技术，在当地占据了重要市场份额。此外，墨西哥市场的扩展也为史密斯菲尔德在北美市场的收入增长提供了新的动能。

二、交易结构与过程

1. 交易结构

2009年，双汇集团向史密斯菲尔德首次表达了收购意向，但收购本身却没有想象中那么顺利。历经各种监管措施，各种谈判，一直拖到2013年5月，双方才联合发布了收购公告，宣布双汇国际将以总价71亿美元收购史密斯菲尔德，每股34美元，较史密斯菲尔德5月28日收盘价25.97美元溢价31%。根据协议条款，双汇国际将支付史密斯菲尔德47亿美元现金，并承担后者债务约24亿美元。双汇通过国际银团贷款融资40亿美元，并在美国发行票据融资9亿美元，结合自有资金完成交易。

双汇国际还承诺，收购完成后将保持史密斯菲尔德的运营不变、管理层不变、品牌不变、总部不变，同时不裁减员工，不关闭工厂，并将与美国生产商、供应商、农场继续合作。双汇国际、双汇集团董事长万隆表示，此次收购是中美两个世界最大经济体内最大猪肉企业的结合，集中了最先进的科技、资源、技术和人才，优势互补，将形成世界最大的猪肉企业。

2. 审批挑战

收购协议达成后，2013年6月，并购协议呈报美国外国投资委员会进行审查，开始了第一阶段30天的审查期。这一机构负责评估外国企业在美国的收购行为是否会损害国家安全，其审查结果对收购案的走向至关重要。

2013年6月17日，史密斯菲尔德最大股东基金公司Starboard Value LP发布公告，反对这次交易，认为史密斯菲尔德的价值在交易中被低估，若将公司拆分后出售，股东们能获得更多利益。这一反对声音犹如一颗石子投入平静的湖面，激起千层浪。

2013年7月初，美国密苏里州州长尼克松否决了两项包含允许把密苏里州农田出售给外国人条款的议案，使这宗中国公司对美国公司的最大并购案遭遇挫折。因为史密斯菲尔德在多个州拥有生猪养殖场、农田等，美国至少有八个州的法律禁止外资拥有农业用地，这可能使双汇的并购面临法律问题。

7月10日，美国参议院农业、营养和林业委员会举行听证会，以食品安全和外国所有权问题向史密斯菲尔德CEO发出质疑。议员们质疑双汇在食品安全上的不良记录，担心双汇收购案会影响史密斯菲尔德的品牌价值，以及会与美国农业企业争夺出口市场。双汇在2011年曾陷入"瘦肉精"事件，导致消费者对其信任度大跌，这一历史问题在此时被旧事重提，成为收购案的又一阻碍。

7月23日，17个美国民间团体联名写信给美国外国投资委员会，要求其否决双汇并购案，他们从不同角度表达了对这起收购案的担忧，使得收购案面临的舆论压力陡然增大。月底，史密斯菲尔德称，美国外国投资委员会对这一并购交易将展开第二阶段审查，审查期被延长至45

天，收购案的审批进程再次受阻。

面对重重阻碍，双汇国际并未放弃。为了推进收购，双汇竭力促成交易，承诺一旦收购史密斯菲尔德，公司高管和核心职员将可获得总计近4800万美元的留任奖金，其中首席执行官拉里·波普将会分四期获得830万美元奖励。双汇还表示，未计划关闭史密斯菲尔德在美国的任何业务。这些举措在一定程度上缓解了史密斯菲尔德内部的担忧，也展现了双汇国际的诚意和决心。

9月7日，双汇国际终于取得美国外国投资委员会对此次交易的审批许可，意味着该并购案已经扫清了政策障碍。9月24日，交易获得美国政府批准，史密斯菲尔德股东大会通过了双汇国际的收购案。9月26日，双方完成交易，史密斯菲尔德成为双汇国际的全资子公司，继续以原名称和品牌运营。

这场历时数月的收购案，历经了意向表达、协议达成、股东反对、政府审查、民间质疑等重重环节，双汇国际凭借坚定的决心、合理的策略以及积极的沟通，突破了一个又一个困境，最终完成了这一堪称中国企业海外并购经典案例的"蛇吞象"收购。

三、协同效应：市场 + 技术的双赢

收购史密斯菲尔德对双汇国际而言，无疑是一次具有里程碑意义的重大变革，在多个关键层面产生了极为深远的影响。

1. 企业规模跨越式增长

收购前，双汇国际虽在中国肉业市场占据领先地位，但与史密斯菲尔德相比，在资产规模、产能以及销售网络的全球覆盖程度上仍有差距。收购后，双汇国际一举成为全球最大的猪肉加工企业，资产规模大幅扩张，生猪养殖、屠宰和加工能力得到极大提升，形成了横跨中美、辐射全球的庞大产业布局。

2. 市场地位显著提升

双汇国际成功借助史密斯菲尔德的品牌影响力和全球销售网络，迅

速打开了国际市场的大门。在欧美等发达国家，史密斯菲尔德早已是家喻户晓的肉类品牌，拥有广泛的客户群体和成熟的销售渠道。双汇国际通过整合双方资源，将中国市场的产品推向国际，同时将史密斯菲尔德的产品引入中国，实现了市场的双向拓展。这不仅增强了双汇国际在国际市场上的话语权，也巩固了其在中国市场的领先地位，使其成为全球肉业市场中不可或缺的重要力量。

3. 产品结构优化升级

史密斯菲尔德在高端猪肉产品和特色肉制品领域拥有丰富的产品线经验和先进的生产技术。双汇国际收购后，引入了这些优质产品和技术，丰富了自身的产品种类，满足了消费者日益多样化的需求。例如，史密斯菲尔德的无抗生素猪肉、有机猪肉等高端产品，以及各种西式火腿、香肠等特色肉制品，填补了双汇国际在这些领域的空白，提升了产品的整体档次和附加值，大幅增强了双汇国际在高端肉类市场的竞争力。

4. 技术管理水平大幅提升

史密斯菲尔德在生猪养殖、屠宰加工、食品安全管理等方面拥有先进的技术和成熟的管理经验。双汇国际积极学习和借鉴这些先进技术和管理模式，引入科学的养殖技术，优化了屠宰加工流程，完善了食品安全管理体系，从源头到终端，全方位提升了企业的运营效率和产品质量。例如，在生猪养殖环节，学习史密斯菲尔德的精准营养配方和智能化养殖设备，提高了生猪的生长速度和肉质品质；在食品安全管理方面，引入史密斯菲尔德严格的质量监控和检测标准，确保了产品的安全可靠，重塑了消费者对双汇品牌的信任。

四、从并购整合走向资本运作

2025年，史密斯菲尔德计划通过纽交所 IPO 重新上市，旨在为万洲国际（2014年，双汇国际更名为万州国际）缓解美国业务亏损压力，同时增强品牌独立融资能力。

这一举措标志着双汇从"并购整合"向"资本运作"的进阶，进一步巩固其全球肉类巨头的地位。此次收购不仅是中国企业海外并购的里程碑，更通过资源整合实现了"中国需求 + 美国技术 + 全球市场"的商业模式创新，为传统制造业国际化提供了经典案例。

第三节　万达收购美国 AMC 院线：成功还是失败

一、短期成功：战略扩张与财务扭亏

1. 国际化布局里程碑

大连万达集团创立于 1988 年，形成了商业地产、高级酒店、旅游投资、文化产业、连锁百货五大产业板块。2011 年底，万达集团资产达到 2200 亿元，年收入 1051 亿元，是中国民营企业的龙头企业。旗下的万达电影股份有限公司成立于 2005 年，2011 年时，拥有五星级影城 86 家，726 块银幕，其中 IMAX 银幕 47 块，占有全国 15% 的票房份额，票房收入超过 17.8 亿元，居中国市场份额首位（表 4-1）。

彼时的万达，已在中国商业地产领域稳坐头把交椅，万达广场如雨后春笋般遍布大江南北，成为城市商业的新地标。但王健林的目光并未局限于此，他瞄准了更广阔的全球市场，将文化产业视为万达未来发展的重要方向。而 AMC 院线，作为美国第二大院线，拥有悠久的历史、庞大的影院网络和成熟的运营体系，无疑是万达进军国际文化市场的绝佳跳板。

2012 年，万达集团以 26 亿美元的价格收购了美国 AMC 院线，一跃成为全球最大的影院运营商。这一收购曾被誉为中国企业"走出去"的标志性案例。万达收购 AMC，背后有着多重战略意图，从全球化布局来看，这是万达迈出的关键一步。通过收购 AMC，万达一举跻身全球最大的电影院线运营商之列，迅速打开了国际市场的大门，提升了品牌的全球知名度和影响力。就像腾讯通过投资海外游戏公司，逐步在全球游戏市场占据一席之地一样，万达也希望借助 AMC 在北美乃至全球的影院网络，将业务触角延伸到世界各地。

表4-1　　　　　　万达院线和AMC经营情况对比（2011年）

	万达院线	AMC
成立时间	2004年	1920年
当地排名	亚洲第一	美国第二
拥有影院数量	86家	346家
拥有屏幕数量	726块	5028块
票房收入	17.8亿元人民币	约25亿美元

多年过去，回望这场轰轰烈烈的交易，结论却并不简单。

2. 财务与运营的改善

收购完成后，万达与AMC迅速展开整合，开启了一段互利共赢的发展篇章，一时之间成为商业合作的典范。

万达的资金注入，如同一场及时雨，润泽了AMC干涸的财务状况。在万达的支持下，AMC得以对旗下影院进行大规模的升级改造。老旧的设施被崭新的IMAX银幕、舒适的座椅以及先进的音响系统取代，观影体验得到了质的飞跃，吸引了更多观众走进影院。曾经破败的小镇影院，经过重新装修后，摇身一变成为当地居民休闲娱乐的热门场所，AMC的影院凭借升级后的硬件设施，在市场竞争中脱颖而出。

2013年，在万达的精心运作下，AMC成功在纽交所上市，这一里程碑式的事件，不仅为AMC筹集到了大量发展资金，更提升了其品牌影响力和市场认可度。上市首日，AMC股票受到投资者热烈追捧，股价一路飙升，万达手中所持股份的市值也随之水涨船高，这无疑是对万达前期投资的有力肯定。

3. 通过并购迅速扩张

此后，AMC在万达的鼓励下，开启了激进的扩张之路。2015年，AMC以约1.75亿美元将Starplex影院纳入麾下；2016年3月，又宣布以11亿美元收购Carmike影院，交易完成后，AMC取代Regal成为美国最大的放映商；同年7月，AMC再以12.1亿美元的价格收购了UCI和Odeon影院集团。通过这一系列的并购，AMC的影院网络遍布欧美市场，旗下银幕总数超过1万块，一举成为全球规模最大的电影院线。

万达也借助 AMC 的成功，收获了丰厚的回报。一方面，万达实现了全球化布局，成为全球规模最大的院线运营商，品牌知名度和影响力在全球范围内大幅提升，在国际商业舞台上占据了一席之地；另一方面，AMC 的盈利为万达带来了可观的经济收益，进一步巩固了万达在文化产业领域的地位。双方在合作初期的成功，堪称商业并购的经典案例，让业界看到了跨国合作的无限潜力。

二、长期挑战：行业下行与战略收缩

1. 北美院线市场萎缩

2017 年，AMC 的营业收入达到了 50.79 亿美元，较之前有了近 60% 的显著提高。尽管看似成绩斐然，但仔细剖析其财务报表，危机四伏。运营成本大幅飙升至 49.77 亿美元，这一数字几乎吞噬了 AMC 所有的收入增长，导致其年度净亏损额高达 4.87 亿美元。这一亏损数字，犹如一记沉重的警钟，敲醒了沉浸在扩张美梦中的 AMC 和万达。

AMC 业绩下滑的背后，有着复杂而深刻的行业变革因素。流媒体平台的强势崛起，彻底颠覆了传统的影视行业格局。这些流媒体平台凭借便捷的观看方式、丰富多元的内容以及个性化的推荐算法，吸引了大量观众。观众只需轻轻点击鼠标或滑动屏幕，就能在家中舒适的沙发上观看心仪的影视作品，无需再前往电影院，这对传统院线的票房造成了严重分流。

与此同时，美国电影市场的增长逐渐趋缓，本土市场日益饱和，难以再容纳更多的增长空间。票房增长缓慢，甚至出现下滑趋势，这使得 AMC 的生存环境愈发艰难。曾经热门的电影系列，如《变形金刚》，票房表现也不如以往，难以再像过去那样为 AMC 带来巨额收入。

如果说流媒体的冲击和市场增长的停滞是慢性疾病，那么 2020 年突如其来的新冠疫情，则是一场致命的风暴，让 AMC 的经营状况陷入了绝境。为了防控疫情，各地纷纷实施封锁措施，影院被迫关闭，这就像给 AMC 按下了暂停键，所有的经营活动戛然而止。没有了观众，票房收入归零，而影院的租金、员工工资等固定成本却依旧如流水般不断支出，

AMC 的财务状况急剧恶化。2020 年，AMC 公司仅营收 12.42 亿美元，却亏损约 46 亿美元，这一巨额亏损数字，让 AMC 和万达都感受到了前所未有的压力。

2. 资本与政策的压力

2017 年 8 月，国家下发《关于进一步引导和规范境外投资方向的指导意见》，境外投资限制领域包括房地产、酒店、影城、娱乐业、体育俱乐部等，而这些刚好是万达集团的海外重点布局领域。以此为转折点，万达从"买买买"走向战略收缩的"卖卖卖"。

同时，面对 AMC 日益严峻的经营困境，2018 年，万达将部分 AMC 股份转让给银湖资本。此后，万达便开始了逐步减持的步伐。到 2020 年底，万达对 AMC 的持股权降至 23.1%，投票权也削至 47.4%，在 AMC 的话语权逐渐减弱。

2021 年 5 月 23 日，万达集团发布公告，正式宣布全部退出 AMC 公司董事会，仅保留 AMC 公司少数股权，累计收回 14.76 亿美元。这一消息，如同一块投入商业江湖的巨石，再次引发了业界的广泛关注和热议。万达为何会在此时选择彻底退出 AMC？是出于应对 AMC 困境的止损行为，还是基于自身战略调整的主动选择？这成了人们关注的焦点。

从表面上看，AMC 的持续亏损和疫情的冲击，无疑是万达退出的重要导火索。疫情期间，AMC 的影院大面积关闭，营收大幅下滑，亏损额不断攀升，就像一艘在狂风暴雨中摇摇欲坠的破船，随时都有沉没的危险。万达作为 AMC 的大股东，自然也承受着巨大的压力。为了避免进一步的损失，及时止损成为万达的无奈之举。

然而，万达的退出，更深层次的原因或许是基于自身战略的调整。2017 年，万达遭遇了"股债双杀"的危机，资金链紧张，海外投资又受到了严格的监管限制。在这种情况下，万达开始重新审视自身的业务布局，提出了"聚焦国内"的发展战略，将资源和精力集中投入到国内市场。退出 AMC，不仅可以回笼资金，缓解资金压力，还能使万达更加专注于国内业务的发展，提升自身的核心竞争力。

三、失败，还是成功？

如何评判这次收购，答案并不绝对。仁者见仁，智者见智。

成功的部分：

万达借AMC的品牌打响了自己的国际知名度，成为全球影院行业的顶级玩家。

AMC成功上市，让万达短期内获得了一定财务回报。

通过这次并购，万达积累了海外管理经验，也培养了一批国际化人才。

失败的部分：

全球化扩张过快，导致集团财务压力巨大，最终不得不放弃控制权。

影院行业本身受到市场环境冲击，利润空间不断缩小。

文化行业的全球化远比想象中复杂，简单的资本投入无法改变行业趋势。

万达收购美国AMC，既是一次大胆的尝试，也是一场时代变迁中的沉浮。这也在提醒我们，跨国并购需平衡短期收益与长期风险，尤其需预判行业趋势与政策环境变化。万达的案例既展现了中国企业全球化野心的可行性，也暴露了过度依赖资本扩张的脆弱性。

收购AMC让万达站上了世界舞台，却也让万达尝到了跨国经营的苦涩。或许，AMC的故事并不只是万达的故事，而是整个中国企业海外投资进程中的一面镜子——成功与失败之间，往往只隔着一层看不透的市场迷雾。

第11章　失败案例分析：掉进坑里的企业

第一节　OFO进军北美：在美国水土不服的共享单车

一、引言

2017年，OFO小黄车在中国市场的成功让它信心满满地进军海外，试图复制这一模式，在全球掀起一场共享单车风暴。美国，作为全球最大的市场之一，自然成为OFO出海战略中的关键一环。然而，短短一年多时间，这场雄心勃勃的扩张便遭遇重大挫折。OFO不仅未能站稳脚跟，还在2018年迅速撤出大部分美国市场。这场失败背后，既有商业模式的局限，也有市场环境的错位。回顾OFO在北美的遭遇，不仅是对其自身战略失误的剖析，也为后来者提供了一面镜子。

二、OFO如何进入北美市场

OFO的海外扩张始于2017年。彼时，中国共享单车市场已趋于饱和，各大品牌纷纷寻求海外市场突破。OFO选择了美国作为重要战场，西雅图成为其首个落脚点。之后，OFO迅速扩张，在旧金山、洛杉矶、波士顿等30多个城市铺设运营网络，巅峰时期，OFO在全美投放了超过4万辆单车。

在初期，OFO的扩张策略与在中国如出一辙——以低成本、大规模投放单车，占领市场，并依赖"无桩"模式提高运营效率。然而，这一模式在北美市场却遇到了诸多挑战，最终导致其无法持续运营。

三、水土不服：OFO 在美国遇到的困境

1. 竞争环境与政府监管

美国市场并非 OFO 想象中的"蓝海"。在 OFO 进入之前，美国本土共享单车品牌已经在多个主要城市建立了稳固的运营体系，例如 Motivate（后来被 Lyft 收购）便是纽约 Citi Bike、旧金山 Bay Wheels 等共享单车项目的运营方。此外，Jump（后被 Uber 收购）以及 Lime 等电动滑板车公司也在迅速占领市场。相比之下，这些企业与当地政府保持了长期稳定的合作关系，使得 OFO 的进入门槛大大提高。

政府监管成为 OFO 在美国市场遇到的最大障碍之一。许多城市要求共享单车公司必须申请许可证，并遵守严格的投放和运营规则。例如，西雅图规定共享单车公司最多只能投放 5000 辆单车，而旧金山则直接限制了 OFO 的运营许可，要求共享单车必须具备固定停车点，避免无序停放带来的城市管理问题。这些政策对习惯"野蛮生长"的 OFO 而言，无疑是当头一棒。

2. 用户习惯与市场需求

OFO 的成功建立在中国市场的特殊出行环境之上——高人口密度、短途出行需求旺盛、公共交通不完善。然而，美国市场的情况完全不同。美国城市交通以汽车为主导，许多居民依赖私家车通勤，共享单车的需求远不及中国。此外，美国许多城市公共交通较为完善，共享单车的补充作用较小。

更重要的是，美国用户对于无桩共享单车的接受度远低于中国。在中国，用户已经习惯随时随地骑行并随意停放，而在美国，这种模式很快引发了争议。大量单车被随意丢弃在人行道、草坪，甚至水沟里，影响了城市美观和正常通行。这种乱象不仅让 OFO 陷入舆论风波，也让地方政府对其运营模式产生了更大的警惕。

3. 运营成本高企

在中国，OFO 可以依赖低廉的制造和运营成本，通过规模化投放降

低单车单位成本。然而，在美国，情况完全不同。高昂的人工成本和维护费用，使得OFO的"低成本+规模扩张"模式难以持续。OFO需要聘用大量员工来管理和维修单车，而这些成本远远超出最初的预算。

此外，OFO的盈利模式在美国难以奏效。与中国市场依赖巨额押金池不同，美国市场对于用户押金的管理相对严格，且消费者对于预付费模式接受度较低。OFO试图通过单次收费和会员订阅制盈利，但面对高额运营成本，这些收入根本无法支撑企业的持续运营。

4. 资本市场的退潮

OFO在全球扩张的背后，是对资本的高度依赖。2017年，OFO获得了阿里巴巴等机构的巨额投资，使得它有底气在海外市场大举扩张。然而，随着2018年资本市场对共享单车模式的信心下降，OFO的资金链开始紧张，投资人也不再愿意继续为它的海外扩张买单。在这种情况下，OFO不得不大幅收缩业务，将有限的资金投入到更有可能实现盈利的市场。

四、OFO的应对与最终退出

面对困境，OFO曾尝试做出调整。例如，它尝试与部分城市合作，设立固定停车区域，以减少单车乱停乱放的问题。此外，OFO也调整了运营策略，减少单车投放量，提高管理效率。

然而，这些努力未能扭转OFO在美国市场的颓势。到2018年7月，OFO宣布大规模撤出美国市场，仅在个别城市继续运营。同年年底，OFO完全退出美国市场，曾经的雄心壮志化为泡影。

五、OFO北美失败的启示

OFO在美国市场的失败，并非偶然，而是多重因素共同作用的结果。对于中国企业出海而言，这一案例提供了诸多值得借鉴的教训。

1. 商业模式不能简单复制

OFO在中国的成功建立在本土市场的特殊条件之上，而这些条件在美国并不存在。企业出海前，必须深入研究当地市场的需求和用户习惯，不能简单照搬国内经验。

2. 合规运营至关重要

在美国市场，政府监管是商业运营的重要一环。OFO 未能在进入市场前与当地政府建立良好关系，导致其运营模式受到严格限制。出海企业必须重视合规性，避免在政策层面遭遇重大阻力。

3. 本地化管理不可忽视

OFO 未能迅速建立一支熟悉当地市场的管理团队，导致其在市场拓展、用户沟通以及政府关系处理上都存在短板。对于出海企业而言，构建一支本地化的管理团队，是确保成功的关键。

4. 资本不是万能的

OFO 的扩张过于依赖资本，一旦资金链紧张，整个业务体系便将面临崩溃。企业在国际市场竞争时，不能仅依靠烧钱策略，而必须建立可持续的盈利模式。

OFO 的美国之旅，最终以惨淡收场。然而，这不仅仅是一个共享单车公司的失败，更是中国企业在海外市场水土不服的典型案例。如何在全球市场找到适合自己的模式，如何在不同文化和政策环境下生存，仍然是所有中国企业在出海过程中需要深思的问题。

第二节　加拿大王府井购物中心破产案例

一、引言

王府井，这个在中国耳熟能详的名字，曾被寄予厚望，在加拿大开创一片属于华人商业的新天地。然而，仅仅几年时间，这个北美最大的华人购物中心便因债务问题被债权人接管，成为商业地产海外投资的一个失败案例。它的故事，不仅是一个购物中心的起落，更是一场跨文化投资的现实考验。

二、项目背景

王府井购物中心（King Square Shopping Centre）位于加拿大安大略省万锦市（Markham），这是一座华人聚居率极高的城市，距离多伦多市区仅30分钟车程。项目最早由 King Square Ltd. 与 Fortress Real Developments 合作开发，计划打造北美最大的亚裔购物中心，建筑面积超过3万平方米，包含数百个零售商铺、美食广场、医疗服务中心及未来的酒店和住宅开发用地。

从一开始，王府井购物中心就承载着开发商极高的市场期待。设想里的它不仅是一个购物场所，更是一个集华人文化、商业、社交于一体的城市商业综合体。然而，现实却远比预期复杂。

三、王府井购物中心的兴衰

1. 早期的市场热潮

王府井购物中心开发之初，正值加拿大华人移民数量增长，特别是以大多伦多地区为代表的华人社区，商业需求旺盛。开发商利用这一契机，吸引了大量投资者和商户。许多华人商家看中了其潜在的华人客流，纷纷购置商铺，部分甚至未建成便已预售出去了。

2019年，购物中心正式开业，华人社区对其寄予厚望。然而，短短几年后，它却陷入债务危机，最终被债权人接管。究竟是什么导致了这一场华人商业地产的失败？

2. 运营困境逐渐显现

尽管开业时声势浩大，但王府井购物中心的人流量始终未能达到预期。首先，其地理位置虽然靠近华人社区，但并不处于传统的商业中心区域，缺乏天然的消费吸引力。此外，与中国国内的王府井不同，这里没有成熟的品牌和吸引力，入驻的商家主要来自本地华人小型企业，缺乏多元化的商业支撑。

更重要的是，购物中心内部运营管理不善，商铺出租率长期低迷。许多商户反映，其物业管理费用高昂，而客流却远远达不到支撑生意的水平。一些商铺开业不久，便因经营困难而被迫关闭。

3. 债务危机爆发

2020年底，王府井购物中心因未能按期偿还贷款，被债权人MarshallZehr集团申请接管，涉及债务总额高达5200万美元。债务问题并非突然爆发，而是长期经营不善、现金流枯竭的必然结果。

接管之后，购物中心的大部分商业单位被挂牌出售，而原计划用于酒店和住宅开发的2.3万平方米土地也被转售。由Homelife Landmark Realty Inc.和AimHome Realty Inc.负责商业单位的出售，原本的开发蓝图被迫中止。

四、失败原因分析

1. 选址与市场定位失误

尽管王府井购物中心位于华人聚居区，但它的选址并不在传统的商业核心地带，而是相对偏远，依赖驾车前往的客流。这种模式在北美的购物中心并不罕见，但由于缺乏知名品牌入驻，以及周边商业配套的不完善，导致它难以形成稳定的消费圈。

2. 过度依赖华人市场

开发商的市场定位主要针对华人消费者，这在短期内可以吸引部分商家和消费者，但长期来看，过于单一的客群限制了购物中心的发展潜力。相比之下，成功的商业地产往往需要依靠多元化消费群体，而非单一族裔。

3. 资金链断裂

王府井购物中心的开发主要依赖债务融资，而不是稳健的资金规划。一旦租金收入无法覆盖高昂的融资成本，现金流便会迅速枯竭。加之新冠疫情的冲击，实体零售本已遭受重创，购物中心的经营雪上加霜。

4. 运营管理不足

商业地产的成功不仅仅依赖硬件设施，更需要良好的运营策略。王府井购物中心在管理上存在诸多问题，包括商铺租赁策略缺乏灵活性，商户支持不足，未能有效引导人流进入核心区域。这些问题加剧了购物中心的经营困境。

五、王府井购物中心的启示

1. 海外商业地产投资需谨慎选址

选址对于商业地产至关重要，特别是在海外市场，盲目跟风华人聚居地并不一定是成功的保证。核心商圈、交通便利性、品牌集聚效应，都是决定购物中心成败的重要因素。

2. 市场定位需要多元化

依赖单一族群的市场定位风险极大，成功的购物中心往往服务于广泛的消费群体，而非仅面向某一个特定社区。

3. 稳健的财务规划至关重要

过度依赖债务融资的商业模式往往难以持续，特别是在经济环境不稳定的情况下。一旦经营未达预期，融资成本便会成为压垮项目的致命因素。

4. 运营管理比硬件建设更关键

一个成功的购物中心不仅需要优质的硬件设施，更需要专业的运营团队。合理的租赁策略、品牌引入、营销推广，都是提升商业地产竞争力的关键。

加拿大王府井购物中心的破产，不仅仅是一个项目的失败，更是对海外商业地产投资的一次警示。面对不同的市场环境，单靠简单复制国内的成功经验无法立足。在海外投资商业地产，需要更精准的市场分析、更稳健的财务规划，以及更成熟的运营管理体系。只有真正理解市场规律，才能避免重蹈覆辙。

第三节 中国制造企业在墨西哥的投资失败案例

一、引言

随着全球制造业格局的变化，墨西哥凭借其地理优势、贸易政策，以及成本竞争力，逐渐成为全球制造业的新兴中心。特别是在"近岸外包"（Nearshoring）趋势的推动下，许多中国企业选择在墨西哥设厂，以更便利地进入美国市场。然而，墨西哥复杂的营商环境让不少企业在拓展业务时遭遇挫折。

在众多投资案例中，某中资铜管制造企业在墨西哥坦皮科市的经历便是一个典型的失败案例。尽管企业初期投资顺利，但在运营过程中频繁遭遇安全问题，导致运营成本激增，市场拓展受阻。这一案例不仅揭示了中国企业在墨西哥投资所面临的挑战，也为未来的投资者提供了深刻的教训。

二、案例背景

1. 企业概况

该中资企业是一家专注于铜管制造的企业，长期服务于北美市场。受全球供应链调整的影响，企业决定在墨西哥设厂，以缩短物流时间、降低出口关税，并更贴近客户。

2. 选址与投资逻辑

墨西哥东部的坦皮科市是一个重要的港口城市，靠近石油产业区，具备较强的工业基础。同时，该地区拥有相对成熟的运输网络，能够支持大型制造企业的物流需求。该企业认为，墨西哥可以成为"中美贸易战"背景下进入北美市场的最佳跳板，于是在当地投入上千万美元建设生产线，并招聘了数百名当地员工。

三、挑战与困境

1. 安全威胁与犯罪活动

坦皮科市所在的塔毛利帕斯州长期受到贩毒集团的影响，社会治安较为混乱。企业在运营过程中，多次遭遇安全问题，包括但不限于：

枪战冲突频发：企业所在的工业区附近曾多次发生贩毒集团之间的火拼，以及犯罪团伙与当地警方的交火，严重威胁员工人身安全。

施工现场受到干扰：在厂区建设阶段，工地曾遭遇犯罪团伙的勒索，要求支付"保护费"。

员工遭遇绑架与抢劫：部分员工在上下班途中遭遇暴力犯罪，甚至发生过被绑架索要赎金的情况。

货物运输受阻：企业的成品在运输过程中屡次遭遇抢劫，部分货物损失惨重，影响了供应链稳定。

面对这些安全威胁，企业不得不投入大量资金提升安保措施，包括增派保安、加强监控设备、与当地警方建立联络机制等。然而，这些举措带来了额外的运营成本，使企业在竞争中处于劣势。

2. 法律法规与政策不确定性

墨西哥的法律体系与中国存在较大差异，许多法律条款较为复杂且执行弹性较大。该企业在墨西哥的经营过程中，遇到了多个法律合规难题：

劳动法规严苛：墨西哥的劳工法对员工权益保护严格，企业在裁员、工资调整、工时管理等方面受到诸多限制，增加了人力成本。

税务与合规问题：企业在税务申报过程中，遭遇复杂的税收监管，稍有不慎便可能面临罚款。

行政审批烦琐：部分生产许可证的审批流程冗长，导致工厂的扩建计划一再推迟。

这些问题使得企业的经营灵活性受限，难以迅速调整策略以适应市场变化。

3. 供应链与市场挑战

墨西哥虽然拥有较为完善的制造业基础，但与中国相比，供应链的完备度仍然不足。该企业在生产过程中，发现当地的原材料供应能力有限，部分关键部件仍需从中国进口，导致成本上升。此外，企业在北美市场的销售渠道也未能快速建立，订单增长未能达到预期，进一步拖累了工厂的盈利能力。

四、应对措施与最终结果

面对多重挑战，该企业采取了一系列补救措施，如加强安保、优化供应链、加大市场推广力度等。然而，持续上升的运营成本、迟滞的市场增长以及日益严峻的安全风险最终令企业难以维持正常运营。

2023年，该企业宣布缩减在墨西哥的生产规模，将部分生产线迁回中国，并暂停进一步投资计划。尽管企业仍然在墨西哥保留了一定的市场业务，但原本希望以墨西哥为跳板进入北美市场的战略已被迫调整。

五、投资墨西哥的风险分析与应对建议

1. 主要投资风险

综合该案例及《中资企业在墨西哥发展报告（2022—2023）》和其他相关报道，当前中国企业在墨西哥投资需警惕以下风险：

安全风险：部分地区犯罪率高，企业及员工的安全难以保障。

法律与合规挑战：墨西哥法律体系复杂，税收、劳工政策严格。

供应链不完善：部分关键生产材料依赖进口，物流成本较高。

市场准入壁垒：本地企业与政府关系紧密，外资企业面临较高的市场进入门槛。

2. 应对策略与建议

选择投资地点时充分评估环境安全，避免进入犯罪率较高的地区，优先选择治安较好的工业园区。同时，与当地警方、安保公司建立合作关系，确保企业和员工安全。

建立完善的法律合规体系，在投资前咨询专业的法律顾问，确保符合当地法规；在税务、劳动关系等方面建立合规机制，避免潜在风险。

优化供应链管理，评估当地原材料供应能力，确保关键零部件供应稳定；考虑建立多个供应链来源，以应对突发风险。

加强本地化运营，通过聘用本地管理人才，增强企业对墨西哥市场的理解；与政府机构建立良好关系，以获得更多政策支持。

综上，墨西哥作为中国制造企业拓展北美市场的重要跳板，的确具备许多优势。然而，任何投资决策都不能仅仅基于成本或贸易便利性，而应综合考虑安全、法律、供应链、市场环境等多方面因素。该中资铜管制造企业在坦皮科市的经历，提醒中国企业在投资前必须做好充分的风险评估，并在运营过程中灵活调整策略，以应对复杂多变的市场环境。

成功的海外投资不仅依赖于企业的商业模式和产品竞争力，更依赖于对当地环境的深刻理解和稳健的风险管理。

第五篇

北美市场的未来趋势与机遇

第12章　北美市场的未来增长点

第一节　新能源产业链的机会

近年来，全球新能源产业蓬勃发展，北美地区更是成为这一趋势的前沿阵地。2024年7月，一家从事基础建设的中国企业在加拿大成立了一家新能源公司（Chicas New Energy Inc.），该公司成立不久，迅速在北美和南非成功拓展业务，成为新能源领域的新兴力量。本节将结合中美、中加关系的最新政策，分析北美新能源产业链的机遇，并探讨 Chicas New Energy Inc. 的成功经验。

一、电动汽车及锂电池产业链

美国新能源汽车市场需求呈现爆发式增长。2022年8月16日，美国总统拜登在白宫签署《通胀削减法案》。法案包括未来十年投入约4300亿美元用于气候和清洁能源以及医疗保健领域等内容。根据该法案，联邦政府将在气候和清洁能源领域投资约3700亿美元；在医疗保健领域投入约640亿美元，以降低处方药价格、强化医疗保障。法案还将提供高达3690亿美元补贴，以支持电动汽车、关键矿物、清洁能源及发电设施的生产和投资，其中多达9项税收优惠是以在美国本土或北美地区生产和销售作为前提条件。

《通胀缩减法案》影响最深远的是高达3690亿美元的清洁能源投资，例如购买电动车、光伏设备的税收抵免，设立电动车电池工厂等清洁能源制造业的投资税收抵免和补贴、清洁能源产业链（包含原材料）的投资补贴、电网等能源基础设施的升级与改造，投资者非常熟悉的每辆电动车享受 7500 美元税收抵免正是从 IRA 里出的。自 IRA 生效以来，已经为美国的电动汽车和电池制造带来了近千亿美元的投资。

根据最新统计数据，2024 年北美新能源汽车总销量达 283 万辆，同比增长 42.3%，市场规模突破 1500 亿美元，其中美国市场贡献了 85% 的销量。预计 2025 年北美新能源汽车销量将达到 358 万辆，同比增长 26.5%，市场规模突破 1900 亿美元。从细分市场看，电动皮卡将成为重要增长点，预计 2025 年销量达 42 万辆，占整体市场的 12%；SUV 车型仍将主导市场，占比维持在 54%；轿车占比小幅下降至 34%。区域发展将更加均衡，除加利福尼亚州等传统领先地区外，得克萨斯州、佛罗里达州等新兴市场增速将超过 30%。

市场需求的增长也带动了锂电池需求的飙升。随着新能源汽车续航里程要求的不断提高，对锂电池的能量密度、安全性和成本等方面提出了更高的要求。中国在锂电池领域拥有完整的产业链布局和先进的技术水平，具备较强的竞争力。例如，宁德时代（CATL）作为全球领先的动力电池企业，其在电池能量密度、循环寿命等关键指标上处于行业前列。2024 年，宁德时代宣布计划在美国投资建设电池工厂，以满足北美市场对锂电池日益增长的需求。这一举措不仅有助于宁德时代进一步拓展海外市场份额，还将带动国内相关锂电池材料供应商如恩捷股份（提供隔膜）、赣锋锂业（锂原料供应商）等企业进入北美供应链体系。

然而，中国企业进入美国电动汽车与锂电池产业链也面临着一些挑战，其中贸易壁垒是不容忽视的因素。美国政府为了保护本土产业，可能会出台一系列贸易限制政策，如提高关税、设置技术壁垒等。例如，美国对进口自中国的锂电池及相关零部件征收一定比例的关税，这在一定程度上增加了中国企业的产品成本，削弱了价格竞争力。

二、光伏与储能市场

除了电动汽车与锂电池产业链，北美光伏与储能市场同样为中国企业提供了广阔的发展空间。

在政策的大力推动下，美国可再生能源发电占比不断提升。根据联邦能源管理委员会（FERC）和美国能源信息署（EIA）发布的年终报告，2024年前10个月，美国可再生能源在公共事业规模发电中占比已飙升至24%。这一增长趋势主要得益于太阳能和风能的显著提升，成为推动美国转向可再生能源的重要动力。在2024年10月，美国可再生能源的发电量几乎占到全国总发电量的四分之一。报告显示，此期间太阳能发电新增容量占据当月新增容量的92%，而综合太阳能与风能的发电量则达到了17.2%。随着太阳能项目的快速投产，预计在2024至2027年间，太阳能的装机容量将达到93003兆瓦，成为美国发电系统中的重要组成部分，仅次于天然气（图5-1）。

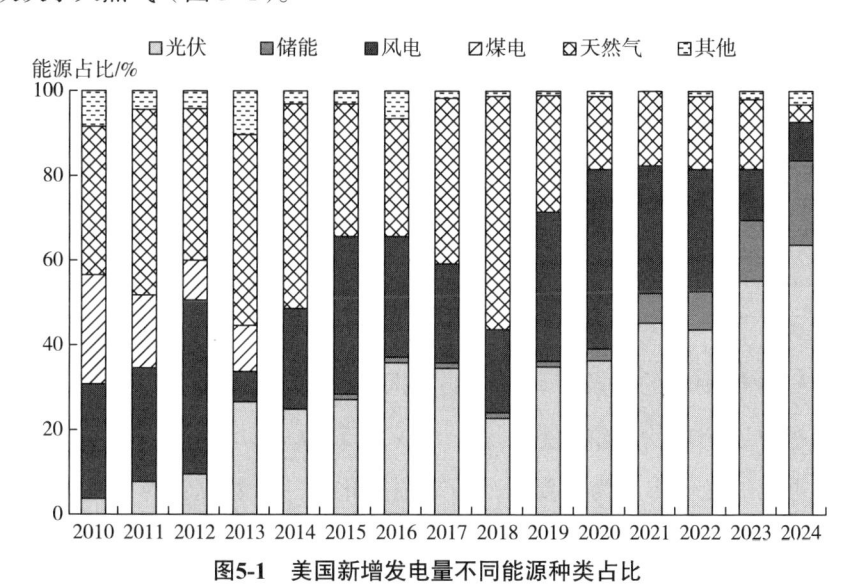

图5-1 美国新增发电量不同能源种类占比

除了美国，加拿大的新能源产业也在稳步发展。加拿大拥有丰富的水能、风能、太阳能等自然资源，为新能源产业的发展提供了得天独厚的条件。在水能方面，加拿大是世界上最大的水电生产国之一，水电在其电力供应中占据重要地位。同时，加拿大也在积极发展风能和太阳能等其他可再生能源，加大对新能源项目的投资力度，推动新能源技术的研发和应用。

在储能方面，随着光伏发电的大规模应用，储能技术成为解决光伏发电间歇性和不稳定性问题的关键。美国储能市场也呈现出快速增长的态势，2024年上半年电池安装量达到4.2千兆瓦，占新增发电总量的20%以上。中国在光伏和储能技术方面处于世界领先水平，拥有众多具备国际竞争力的企业。例如，隆基绿能作为全球最大的太阳能光伏产品制造商之一，其高效太阳能电池和组件在全球市场广泛应用。2024年，隆基绿能与美国的一些能源公司达成合作，为其提供高效光伏组件，助力美国光伏项目的建设。

三、人工智能催生的市场需求

2023年以来人工智能算力市场的高增趋势给电力市场带来了新的刚需。据国际数据公司（IDC）研究，预计2024—2030年全球人工智能产业规模复合年均增长率（CAGR）高达37%。同时，大面积的布局AI数据中心也带来大量用电需求。从发电能力角度来看，根据CNBC报道，美国数据中心带来的能耗需求2024年达45GW，并将在2030年达到104GW~130GW，约占美国总发电功率的16%，而2022年该占比仅2.5%。

AI数据中心的普及带动了主要数据中心州电费上涨，比如近十年来加利福尼亚州电价上涨超过一倍。未来随着数据中心对成本更加敏感，成本更低的光伏将成为必要的电力来源。此外，AI数据计算对电力供应的稳定性要求很高，在电网升级完成之前，自建光伏加储能系统有望缓解断电问题（图5-2）。

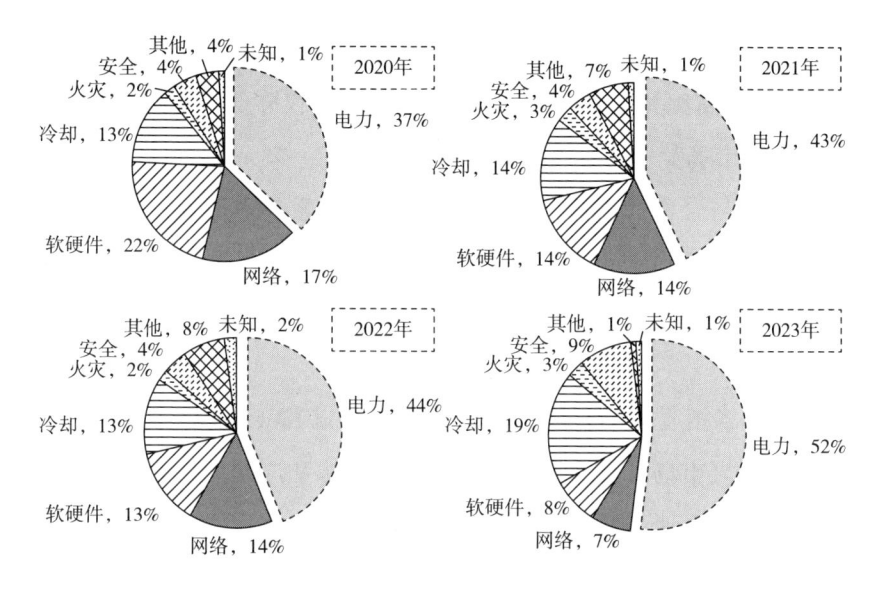

图5-2　2020—2023年美国数据中心停机原因占比

四、北美新能源产业链的机遇

在当前国际关系和政策环境下，中国企业在北美新能源产业链呈现出多重机遇：

本地化生产的需求增加：由于对外来产品的贸易限制，北美市场对本地化生产的需求日益增长。企业可以通过在当地设立生产基地，满足市场需求，降低贸易壁垒带来的风险。

技术合作与创新机会：北美地区拥有丰富的科研资源和创新氛围，企业可以通过与当地高校、研究机构合作，开展技术研发，提升产品竞争力。

新兴市场的拓展潜力：除了北美市场，南非等新兴市场对新能源产品的需求也在增长。企业可以通过多元化市场布局，分散风险，实现业务的全球化拓展。

在上述市场环境下，Chicas New Energy Inc. 通过以下策略，实现了在北美和南非市场的快速拓展：

本地化生产与供应链布局：面对北美地区对中国新能源产品的贸易

限制，Chicas New Energy Inc. 选择在加拿大设立生产基地（部分部件来自中国），避开了高额关税和进口限制。这一举措不仅降低了运营成本，还增强了产品的市场竞争力。

技术创新与合作：Chicas New Energy Inc. 注重技术研发，与多伦多高校和研究机构合作，开发适应北美市场需求的新能源产品。通过技术创新，公司提升了产品附加值，满足了消费者对高效、环保能源的需求。

多元化市场拓展：除了深耕北美市场，Chicas New Energy Inc. 还积极拓展南非等新兴市场。南非拥有丰富的自然资源和广阔的新能源市场潜力，公司通过与当地企业合作，成功进入该市场，实现了业务的多元化发展。

五、国轩高科：产能外溢的精准投资

2023年9月8日，美国伊利诺伊州政府官网发布消息，宣布国轩高科将斥资20亿美元（约合147亿元人民币）在该州坎卡基县曼特诺新建电动汽车电池超级工厂。

据报道，伊利诺伊州州长表示，国轩高科的超级工厂将创造2600个高薪就业岗位，是该州"数十年来最重要的新制造业投资"。该工厂将专注于锂离子电池芯、电池组生产和储能系统，并获得该州提供的5.36亿美元（约合40亿元人民币）激励措施。

1. 投资布局与核心项目

伊利诺伊州电池工厂

规模与定位：总投资20亿美元，分两期改造现有工厂，规划年产40GWh电池芯及10GWh电池组，专注于锂离子电池生产及储能系统集成。

进展：一期计划2024年投产，预计创造2600个就业岗位。

政策支持：获得伊利诺伊州REV激励计划及税收优惠，总补贴约5.36亿美元。

密歇根州电池材料工厂

投资与规划：总投资 23.64 亿美元（约 173 亿元人民币），建设年产 15 万吨正极材料和 5 万吨负极材料项目，覆盖电池上游供应链。

挑战与突破：项目因当地社区反对一度受阻，2024 年通过法律诉讼赢得法院支持，获准继续推进。

2. 战略动因分析

第一，是政策驱动。美国《通胀削减法案》提供单车最高 7500 美元补贴，要求电池材料本土化比例达标，倒逼企业赴美建厂以获取市场准入。

第二，是市场需求。美国电动车渗透率较低（2023 年约 7%），且日韩企业主导的三元电池成本高企，国轩高科的磷酸铁锂技术具备成本优势。

第三，则是全球化布局。国内动力电池产能过剩（2025 年规划产能超 3000GWh），海外市场成为增长关键。国轩高科计划 2025 年海外产能占比达 1/3。

3. 关键成功要素

一是技术适配性，国轩高科的磷酸铁锂电池成本较三元电池低 20%~30%，更适合美国车企降本需求（如福特电动车业务曾因三元电池亏损）。

二是本土化合作。通过改造旧工厂而非新建，降低初期投资风险，同时获得地方政府就业与产业升级支持。

三是股东协同。大众集团作为第一大股东（持股 24.77%），提供技术背书及潜在客户资源（如大众北美电动车工厂）。

从这个案例我们可以看到，进入美国市场后，国轩高科通过一系列积极有效的市场策略，成功开拓了美国市场，提高了品牌知名度和影响力。在市场推广方面，国轩高科积极参加各类行业展会和研讨会，展示其最新的产品和技术成果。在 2024 美国国际太阳能及储能展 RE+ 上，国轩高科携多款美标储能产品与全场景储能产品解决方案亮相，吸引了众多客户和行业专家的关注，进一步提升了品牌在储能领域的知名度。

国轩高科在美投资既是应对国内产能过剩的"外溢"，也是抢占全球新能源产业链话语权的关键举措。其案例表明，中国企业在海外需综合政策研判、技术适配与本土化策略，同时需警惕地缘风险，构建弹性供应链体系。未来，随着IRA法案深化实施，类似布局或成中国电池企业出海常态。

第二节　数字经济与人工智能的商业化

在写这本书之前，我有幸读了两本有关该话题的书，一本是《未来简史》，一本是《芯片战争》。在《未来简史》中，尤瓦尔·赫拉利提出了一个关键观点：未来的社会将由数据和算法驱动，人类的认知、经济结构乃至社会形态都将被人工智能所重塑。与此同时，克里斯·米勒在《芯片战争》中揭示了人工智能的商业化不仅依赖于算法和数据，更受到全球供应链、芯片制造、算力分布以及地缘政治的深刻影响。这两本书的核心观点交汇于一个现实问题：在AI时代，中国企业如何在全球，尤其是北美市场，找到自身的商业化机会？本节将基于这两个视角，分析数字经济与AI商业化的趋势，并探讨中国企业的北美发展路径。

一、数字经济与人工智能商业化的全球格局

1. 全球格局现状：中美引领，多极竞争

当前全球人工智能创新呈现"美国全面领先、中国快速追赶"的格局。美国在基础算法、算力芯片、人才储备等方面占据优势，2023年其AI创新指数以74.71分位居第一，数字经济规模超2万亿美元，占GDP比重超10%。中国则以53.9万亿元数字经济规模成为全球第二大市场，AI核心产业规模达5784亿元，并通过DeepSeek等开源模型在垂直场景中缩小技术差距。

2. 核心驱动力：技术突破与政策协同

2025年年初，中国团队研发的DeepSeek模型爆火了一把，DeepSeek主要通过混合专家架构（MoE）等技术，将训练成本降至传统模型的七十分之一，显著降低商业化门槛。多模态融合、轻量化模型（如GPT-4o、DeepSeek V3）推动AI向通用化、场景化发展。

各国都开始将AI视为国家战略，美国启动"星际之门"计划（初期投资1000亿美元），中国发布《推动未来产业创新发展的实施意见》，欧盟推进AI伦理框架。2025年全球AI市场规模预计达2.3万亿美元，中国将突破7000亿元。

3. 产业变革：从技术渗透到新质生产力

AI在工业质检、金融风控、医疗诊断等领域渗透率提升，中国经AI改造的工厂研发周期缩短20%、效率提升35%。美国AI应用推动微电子、软件等核心产业增长，预计2025年市场规模达数千亿美元。

而生成式AI催生数字内容生产、智能客服等千亿级市场，具身智能、脑机接口等前沿技术推动"AI制造""AI教育"等全新产业诞生。开源模型（如Meta的Llama、中国的DeepSeek）加速技术民主化，形成闭源与开源双轨竞争

4. 从《未来简史》看AI的颠覆性

在《未来简史》中，赫拉利认为数据将成为人类社会的终极资源，AI的发展会进一步推动数据与计算能力的融合，最终形成"数据主义"（Dataism）的社会结构。在这个框架下，AI并不是单一的科技，而是一个全面渗透到社会、经济、医疗、教育、军事等领域的系统。

数据驱动的经济模式：传统企业依赖于产品和服务，而未来企业依赖的是数据积累和AI算法，数据的流动性比石油更重要。

人类的决策权让位于AI：在金融、医疗、自动驾驶等领域，AI的判断可能比人类更精准，商业竞争的核心将是算法的智能程度。

5. 从《芯片战争》看AI商业化的基础

AI商业化并不仅仅是算法的比拼，核心在于算力，而算力的本质依

赖于高端芯片和半导体供应链。米勒在《芯片战争》中指出：AI产业链的竞争是芯片制造的竞争，掌握先进半导体制造能力的国家和企业将在AI竞争中占据上风。

北美，尤其是美国，掌握了全球最先进的AI芯片生产能力，比如英伟达（NVIDIA）的GPU、英特尔（Intel）和超威（AMD）的高端计算芯片。

中国AI企业受制于芯片封锁，但可以通过创新和供应链调整寻找突破口。

二、人工智能在北美的商业化趋势

1. AI的商业化核心——从"智能化"到"生产力工具"

北美市场的AI商业化正在从单纯的技术研究，走向深度产业应用，呈现以下趋势：

从消费级应用到产业级落地：最早的AI商业化是以ChatGPT为代表的通用人工智能（AGI），但现在正在向垂直行业深入，例如医疗AI、自动驾驶AI、智能制造AI等。

从"智能"到"生产力"：企业不再追求AI的智能程度，而是关注它的商业价值。例如，OpenAI推出的企业级ChatGPT API，已成为众多企业的生产力工具。

生成式AI成为新的产业增长点：包括文本、图像、视频等AI创作技术的商业化应用，在媒体、影视、市场营销等领域增长迅速。

2. AI芯片与算力的供应链竞争

北美在高端算力芯片上占据垄断地位，英伟达几乎掌控了全球AI芯片市场，其H100、A100 GPU在AI训练领域无可替代。

亚马逊AWS、微软Azure、谷歌Cloud等云计算企业已经形成完整的AI算力生态。

对中国企业来说，由于美国对华科技出口管制，中国AI企业在高端芯片获取上面临巨大障碍，例如华为、百度等公司难以采购最新的英伟达芯片。而芯片制造的先进工艺依赖台积电、三星，美国通过控制芯片制造技术（EUV 光刻机等），限制中国企业的 AI 计算能力。

三、中国企业在北美的 AI 商业化机会

尽管北美在 AI 算力和算法研究上领先，但中国 AI 企业仍然有机会在商业化应用层面突破，主要表现在以下几个方面：

1. 数据和应用场景的优势

中国 AI 公司在智能制造、自动驾驶、智慧城市、金融风控等领域，拥有更丰富的应用场景数据。

例如，商汤科技（SenseTime）在计算机视觉方面拥有大量数据积累，其技术已经在安防、零售、自动驾驶等多个领域实现落地。

2. 低成本 AI 模型的竞争力

DeepSeek 的崛起表明，中国 AI 企业可以通过优化算法和工程架构，在有限的算力条件下开发出高性能 AI 模型。

例如，DeepSeek 的训练成本仅为 550 万美元，远低于 ChatGPT 的上亿美元成本，表明中国 AI 企业有能力在低算力环境下优化模型，提高商业可行性。

3. AI 在制造和工业自动化中的应用

中国企业可以在北美市场提供 AI 工业自动化解决方案。例如，海尔集团在北美市场推出 AI 智能家电，通过算法优化提升能源效率，抢占市场份额。

大疆通过 AI+ 无人机技术，在农业植保、测绘、安防等领域开拓北美市场。

4. 通过开源与合作进入北美市场

由于美国的技术封锁，中国企业难以直接进入核心 AI 领域，但可以通过开源社区和企业合作参与北美市场。

例如，华为的昇腾 AI 芯片采取开源生态模式，与全球开发者合作，绕开美国封锁，扩大市场影响力。

四、应对北美市场挑战的策略

1. 本地化运营

在北美设立研发中心,吸引本地人才,增强市场适应性。例如,字节跳动通过在美国建立 AI 研究团队,适应当地监管和市场需求。

2. 避免数据和安全合规风险

由于北美数据保护法规严格,中国 AI 企业需要严格遵守欧盟《通用数据保护条例》(GDPR)和《加州消费者隐私法》(CCPA)等隐私法规,避免数据安全问题。

3. 通过第三方合作模式进入市场

与北美本地企业合作,提供 AI 解决方案而非单独产品。例如,中国的语音识别公司科大讯飞,可与北美本地医疗公司合作,提供医疗 AI 语音服务。

五、中国 AI 企业在北美的商业化潜力

数字经济的崛起和人工智能技术的快速发展,使北美成为 AI 商业化的核心战场。虽然《未来简史》预测人类社会将被 AI 主导,《芯片战争》则揭示了算力和供应链竞争的本质,但这并不意味着中国 AI 企业在北美市场没有机会。通过低成本模型优化、本地化运营、行业合作等策略,中国企业仍能在数字经济时代抢占一席之地。未来,AI 商业化的成功不仅仅取决于算力,更取决于数据、应用场景和商业模式的创新,而这些,正是中国企业的强项。

第三节 制造业回流带来的供应链变革

近年来,北美地区的制造业格局经历了深刻的变革。美国总统唐纳德·特朗普在其第二任期内推行了一系列贸易保护主义政策,旨在促进制造业回流美国。同时,加拿大前总理贾斯廷·特鲁多落选后,新政府的政策走向也对区域供应链产生了重要影响。此外,美国对加拿大、墨

西哥和中国的关税政策调整，进一步加剧了北美供应链的重组。在此背景下，中国制造企业在北美市场面临新的挑战与机遇。

一、特朗普政府的制造业回流政策

特朗普总统自上任以来，始终强调"美国优先"的经济战略，致力于通过贸易政策和税收改革，推动制造业回流美国。2025年2月1日，特朗普签署行政令，宣布对来自墨西哥和加拿大的进口商品加征25%的关税，对来自中国的商品加征10%的关税。其中，对加拿大的能源产品，如石油、天然气和电力，征收10%的额外关税。尽管后来针对加拿大和墨西哥的关税政策做了一些调整，但特朗普的"美国优先"政策，相信会贯穿于他的未来执政始终。

这些关税措施旨在削减贸易逆差，鼓励企业将生产基地迁回美国，以增加本土就业机会。然而，这些政策也引发了贸易伙伴的强烈反应，加拿大和墨西哥均表示将采取报复性关税措施，全球贸易紧张局势进一步升级。

二、加拿大新政府的政策走向

在新总理马克·卡尼就任后，加拿大新政府面临重新审视与美国贸易关系的挑战。由于美国对加拿大商品加征高额关税，加拿大政府被迫采取应对措施，以保护本国经济利益。新政府可能会寻求与其他贸易伙伴加强合作，减少对美国市场的依赖，同时制定激励政策，吸引外国投资者在加拿大设立生产基地，以维持国内就业和经济增长。

值得注意的是，特朗普总统多次公开表示"加拿大应该成为美国的第51个州"，这一言论激起了加拿大民众的强烈反感和爱国主义情绪。在关税战爆发后，加拿大民众纷纷发起"购买加拿大货"运动，超市里出现了"加拿大制造"的标志，相关产品销量激增，一时间成为国家经济自主的象征。

三、美国对加拿大、墨西哥和中国的关税政策

美国对《北美自由贸易协定》（NAFTA）伙伴国加拿大和墨西哥，以及中国的关税政策调整，对北美供应链产生了深远影响。对加拿大和墨西哥商品加征 25% 关税，对加拿大能源产品征收 10% 关税，以及对中国商品加征 10% 关税，旨在削弱这些国家的出口竞争力，迫使企业将生产迁回美国。

然而，这些政策也导致北美供应链的复杂化和成本上升。企业需要重新评估供应链布局，以应对关税增加带来的成本压力。一些企业选择在美国本土增加投资，另一些则考虑将生产转移至关税影响较小的地区。

面对加拿大和墨西哥的强烈反应，美国政府在数月后进行了部分关税调整：

对汽车及其零部件的关税从 25% 降至 10%，以保护美国汽车产业供应链的稳定性；

对钢铁和铝制品的关税降至 10%，以缓解美国国内制造业的成本压力；

对加拿大能源产品的关税保持 10%，但放宽了对液化天然气（LNG）和部分矿产资源的进口限制，以确保北美能源供应链的平衡。

以上政策，对于多变的特朗普，尚不能得出未来美国政策的最终走向。

四、北美供应链的变革趋势

在上述政策背景下，北美供应链呈现出以下变革趋势：

1. 供应链区域化

为降低关税和运输成本，企业倾向于在北美地区内部建立更紧密的供应链网络。这意味着更多的生产和组装环节将在美国、加拿大和墨西哥之间进行，以减少对海外供应商的依赖。

2. 供应链多元化

企业开始寻求多元化的供应来源，以降低单一国家或地区政策变化带来的风险。这促使企业在全球范围内寻找新的供应商和生产基地，以确保供应链的稳定性和弹性。

3. 技术驱动的供应链优化

数字化技术的应用，如物联网（IoT）、大数据和人工智能，使企业能够更精确地管理供应链，提高效率并降低成本。这些技术的应用有助于企业更好地应对政策变化和市场波动。

五、中国制造企业在北美的机遇

尽管面临贸易壁垒和政策不确定性，中国制造企业在北美市场仍有以下机遇：

1. 在北美设立生产基地

为避开高额关税，中国企业可以考虑在美国、加拿大或墨西哥设立生产基地，实现本地化生产。这不仅有助于降低关税成本，还能更快速地响应当地市场需求。例如前文提到的比亚迪在美国建立了电动巴士制造工厂，成功进入北美市场；宁德时代在加拿大投资电池工厂，规避了部分关税政策等。

当然我们也可以在东南亚等地建厂或者实现转口贸易，但对于善于"长臂管辖"的美国，可能这一设计要比你想象的困难得多。

2. 寻求与当地企业合作

通过与北美本地企业建立合资或合作关系，中国企业可以利用当地的市场渠道和资源，降低进入壁垒，实现共赢。例如：海尔（Haier）在美国收购通用家电（GE Appliances），实现品牌和供应链的本地化。

3. 提供技术和服务支持

中国企业在某些领域具有技术优势，可以为北美企业提供技术解决方案和服务支持。例如，在 5G 技术、人工智能、新能源和智能制造领域，中国企业可以输出先进的技术和经验。

4.投资研发以提升竞争力

在北美设立研发中心，吸引当地人才，进行产品和技术的本地化开发，以更好地满足北美市场的需求，提高产品竞争力。

北美制造业回流和供应链变革为中国制造企业带来了新的挑战与机遇。面对贸易保护主义和关税壁垒，中国企业需要积极调整战略，采取本地化生产、合作共赢、技术输出和研发投资等多种方式，深入拓展北美市场，实现可持续发展。

尽管贸易政策的不确定性给全球供应链带来了挑战，但中国制造企业仍可以通过灵活调整供应链布局、优化运营模式、投资本地化生产和技术创新，在北美市场找到新的发展机遇。

特别对于加拿大，我们有一点可以相信，美国也许会和墨西哥交恶，也许还能和全世界作对，但美国不会把加拿大当作敌人，毕竟他们是多年的邻居和伙伴，特别是意识形态方面，加拿大和美国始终保持高度一致。

第13章　新兴行业如何布局北美

第一节　跨境电商的未来趋势

2023年"黑五"大促期间，一家以 DTC 模式为主的中国品牌在美国市场杀出了重围。这家企业，几年前还只是苏州的一家代工厂，靠着给大牌做 OEM 勉强维持生计。但五年后的今天，它已经成为美国年轻人最爱的智能家居品牌之一，"黑五"当天的销售额直接翻了三倍。公司创始人兴奋地在朋友圈发了张订单暴涨的截图，配文是："终于熬出头了！"

然而，就在团队沉浸在庆功宴时，一封来自美国海关的邮件浇了一盆冷水。他们的部分货物因"原产地不明"被扣押，公司在加拿大的分销渠道也因为"安全审查"面临清关困难。突然之间，他们发现，自己打下的北美市场，似乎随时可能被一纸政策推翻。

这种情况并非个例。2023年以来，中美贸易摩擦愈演愈烈，中加关系也开始出现微妙变化，跨境电商企业面临的局势变得越来越复杂。曾经靠着便宜、好用、上架就卖爆的时代一去不复返，现在，摆在中国卖家面前的挑战是：如何突破政策壁垒？如何让北美消费者持续买单？如何在海外真正建立品牌？

北美市场一直是全球电商的必争之地。到2024年，美国电商市场规模预计突破1.2万亿美元，而加拿大市场也接近1000亿加元。这块蛋糕摆在那儿，谁都想咬一口。但问题是，现在的市场规则与过往已大不相同。

首先，是政策问题。过去几年，美国对华贸易限制不断加码，搞得很多中国企业措手不及。加拿大虽然在贸易上仍然依赖中国，但在某些行业上，也开始采取更谨慎的态度，特别是高科技、人工智能和新能源这些敏感领域。

其次，是消费者的变化。以前，美国人买东西，图的就是便宜好用。但现在，情况不同了。根据麦肯锡的调研，70% 的美国消费者更愿意买本土品牌。也就是说，如果你的品牌只是靠低价取胜，消费者不会再为你买单。而如果你的产品不能提供售后保障、物流太慢、品牌认知度低，那更是难上加难。

面对这些挑战，一些中国品牌已经开始调整打法。以往，大家喜欢走亚马逊、沃尔玛等平台，靠平台流量冲销量。但现在，越来越多的品牌开始探索 DTC 模式，自己建网站、做社交媒体营销、搞订阅制，跟消费者直接建立联系，摆脱对第三方平台的依赖。例如 SHEIN、Anker、Tineco 等品牌便采用了 DIC 模式，而且取得了不错的成效。

当然，光是换个模式还不够，供应链也得随之改变。过去，所有东西都从中国生产，再直接发往美国，加拿大。但现在，很多企业开始采用"近岸外包"模式，把部分产能转移到墨西哥或东南亚，再进入北美市场，以减少政策风险。Anker 在墨西哥设了仓库，SHEIN 也在美国本土建了配送中心，目的就是绕开清关麻烦，缩短配送时间，提高消费者体验。

品牌建设，也成了中国卖家不得不面对的问题。以前，卖家拼的就是价格，谁便宜谁赢。但现在，大家比的是谁能讲好品牌故事，谁能在社交媒体上吸引到更多忠实粉丝。TikTok、Instagram、YouTube 成了兵家必争之地，谁能在这里"种草"，谁就能掌握主动权。像 XREAL（前 Nreal）这样的中国 AR 眼镜品牌，就是靠 TikTok 上的开箱测评火遍全美，成功进入 Best Buy 等主流线下渠道。

最后，是合规问题。很多企业吃了政策的亏，被扣货、被封账号、被罚款，都是没有搞清楚各国的贸易法规的结果。现在，供应链透明化成了硬性要求，企业得知道自己供应链的每一环节是否符合当地规定。以前，很多品牌连在美国设立本地法人都嫌麻烦，现在，大家都在赶着补课，生怕下一个被针对的就是自己。

北美市场还是全世界消费力最强的地方，但能不能吃到这块蛋糕，就看企业能不能适应新的游戏规则。未来的跨境电商，不再是简单的卖货，而是全方位的竞争——供应链要灵活，品牌要扎实，营销要精准，合规要到位。

挑战很大，但机会也从来没有消失。现在，中国企业在北美的跨境电商之路，才刚刚开始。

第二节 中国 SaaS 企业的北美机会

2023 年初，一家中国 SaaS（软件即服务）公司正式进军北美市场。它原本在国内已经占据了细分市场的领先地位，主打的是智能客户关系管理（CRM）系统，帮助中小企业提升销售转化率。带着"中国经验"，他们信心满满地来到美国，准备复制在国内的成功模式。

在了解了北美市场的实际情况后，这家公司 CEO，发现现实比想象中要残酷得多。他们了解到，北美市场的企业客户对于数据合规、安全性、数据存储地点极为敏感。更重要的是，尽管他们的产品性价比很高，但美国企业仍然更倾向于选择本土 SaaS 品牌，比如 Salesforce、HubSpot、Zendesk 等巨头。在吃了几次闭门羹后，这家中国 SaaS 公司迅速调整策略，在加拿大设立数据中心，提供符合北美隐私法规的解决方案，同时招募当地销售团队，逐步打入市场。

经过一年多的努力，他们终于获得了一批北美中小企业客户，其中包括一家专注于新能源行业的公司。这家企业之所以选择他们的 SaaS 产品，是因为他们的 AI 智能分析功能比本土品牌更加高效，同时提供了更低价的订阅服务。如今，该 SaaS 公司已经在北美市场站稳脚跟，正在计划进一步扩展业务。

这个案例展示了中国 SaaS 企业在北美市场的挑战与机遇。那么，在当前复杂的国际环境下，中国 SaaS 公司如何成功进入北美市场？机会和风险又在哪里？

一、中美、中加关系对中国 SaaS 企业的影响

近几年，中美关系持续紧张，美国对中国科技企业的监管愈发严格，尤其是在数据安全、隐私保护和供应链安全方面。2024 年，美国政府针对中国科技公司的审查力度进一步加大，TikTok、华为等企业遭遇监管阻碍，使得中国 SaaS 企业在北美市场的准入门槛大幅提升。

加拿大在对华态度上相对温和，但仍然受到美国政策的影响，特别是在涉及数据安全的领域。近年来，加拿大也加强了对外国科技企业的数据存储和隐私保护要求。2023 年，加拿大政府出台了《消费者隐私保护法案》（CPPA），要求所有在加拿大运营的 SaaS 企业必须确保客户数据存储在本地服务器，并符合严格的隐私保护标准。

这些政策的变化，使得中国 SaaS 企业如果想要进入北美市场，必须优先考虑数据安全合规问题，并建立相应的合规体系，否则将面临极大的市场阻力。

二、中国 SaaS 企业的北美突围策略

1. 选择合适的细分市场，避开正面竞争

北美 SaaS 市场竞争激烈，巨头林立。像 Salesforce、Oracle、Adobe 这些公司已经占据了大部分市场份额，想要直接挑战这些巨头几乎不可能。因此，中国 SaaS 企业在进入北美市场时，需要选择特定的细分市场，避免与大企业直接竞争。

一些中国 SaaS 公司在细分领域找到了机会。例如，专注于电商行业的 Shoplazza（店匠），就成功在北美站稳了脚跟。Shoplazza 提供的是一站式跨境电商建站服务，针对中国卖家拓展海外市场的需求，提供本土化运营支持。由于其针对性的市场定位，它成功避开了与 Shopify 的直接竞

争,并在北美市场获得了大量客户。

类似的,中国 SaaS 企业如果能够找到未被充分开发的领域,比如制造业 SaaS、供应链优化 SaaS、AI 驱动的智能客服系统等,都有可能在北美市场找到突破口。

2. 解决数据合规问题,建立本地数据中心

数据合规已经成为中国 SaaS 企业进入北美市场最大的挑战之一。美国的《云法案》(CLOUD Act)、《通用数据保护条例》(GDPR)等法规,要求所有涉及美国或欧洲公民数据的公司必须符合严格的存储和访问控制要求。如果数据存储在中国,美国客户会担心数据安全问题,导致他们不愿意采用中国的 SaaS 产品。

为了解决这一问题,一些中国 SaaS 企业开始在北美设立本地数据中心。例如,PingCAP(一家专注于企业级数据库的中国公司)在美国设立了本地化的云服务,以满足北美客户对数据合规的需求。

类似的,进入北美市场的中国 SaaS 企业,必须在数据合规方面做好准备,比如:

在加拿大或美国设立本地服务器,确保客户数据存储在北美。

通过 SOC 2、ISO 27001 等国际认证,提高数据安全性,增强客户信任。

遵守北美各国的隐私法规,如美国的 CCPA 和加拿大的 CPPA。

3. 本地化运营,建立北美销售团队

许多中国 SaaS 企业习惯于用国内的打法去拓展海外市场,但北美客户的采购方式、商业文化完全不同。如果想在北美市场成功,必须建立本地化的销售和服务团队,真正融入当地市场。

一个典型的例子是 Agora(声网),这家中国实时音视频技术 SaaS 公司,在进入北美市场时,专门在美国建立了本地运营团队,并聘请了熟悉北美市场的高管来管理销售和客户关系。这样不仅能更好地服务北美客户,还能减少因文化差异带来的沟通成本。

中国 SaaS 企业进入北美市场时，可以考虑：

在硅谷、多伦多等科技中心设立办公室，靠近潜在客户和合作伙伴。

招聘本地销售和市场团队，提高客户沟通效率。

与北美本土企业合作，提供集成解决方案，增强市场竞争力。

三、挑战与机遇并存，北美 SaaS 市场的大门并未关闭

尽管当前中美关系复杂，中加关系也存在不确定性，但北美市场依然是全球最具潜力的 SaaS 市场之一。随着全球企业数字化转型的加速，SaaS 产品的需求仍在持续增长。

对于中国 SaaS 企业而言，未来的北美市场不再是"低价取胜"的简单模式，而是需要在合规、本地化、品牌建设等方面下足功夫。那些愿意投入资源去打造长期价值、深耕本地市场的企业，将有机会在这片竞争激烈的土地上，占据属于自己的一席之地。

第三节　医疗、教育、农业科技的新机遇

2021 年，一家来自中国的农业科技公司悄悄进入了加拿大市场。他们的产品很特别——基于 AI 和物联网的智能农业管理系统，可以实时监测农田的土壤湿度、养分含量，并结合天气数据提供最佳种植方案。最初，他们的目标市场是美国，但因为美国对中国科技企业的数据监管政策趋严，团队决定先从加拿大切入，而且是农业大省——萨斯喀彻温省。

起初，加拿大农场主对这家企业的产品并不感兴趣，甚至有些排斥，毕竟在他们的认知里，农业技术早已被北美本土企业垄断。但这家中国企业没有急着推销，而是拿出一套"试用 + 数据对比"的策略——让部分农场免费使用半年，并且把结果与传统种植方式进行对比。半年后，农作物的增产率达到了 15%，而灌溉和化肥的使用量减少了 20%，这才

让客户对他们刮目相看。

这家企业如今已经进入加拿大多个农业大省市场，与本地农场主、高校研究机构达成了合作，同时也在为进入美国市场做最后的准备。这不仅是中国农业科技公司进入北美的一个成功案例，更反映出当前国际环境下，中国企业如何在新兴行业中寻找突破口。

那么，在医疗、教育和农业科技这三个领域，中国企业在北美还有哪些机会？又需要避开哪些坑？

一、医疗科技：从设备到数字化服务

在中美关系持续紧张的背景下，医疗行业成为少数仍然存在合作空间的领域之一。美国市场对医疗设备、数字健康管理、AI辅助诊断等技术的需求不断增长，而中国在这些领域的技术水平已经不逊于西方，甚至在某些细分领域领先。但问题是，医疗行业的准入门槛极高，尤其是在涉及数据隐私的情况下，中国企业进入北美市场的难度不小。

案例：推想科技如何在北美落地

中国AI医疗影像公司推想科技（InferVision），就是一个成功的例子。这家公司以AI辅助诊断技术见长，产品可帮助医生快速筛查肺癌、乳腺癌等疾病。美国FDA对AI医疗软件的审批极其严格，但推想科技采取了一条巧妙的路径：

先进入欧洲市场，获取CE认证，积累国际信誉。

通过在北美设立本地化研发和数据中心，确保合规性。

与美国本土的医疗机构合作，进行临床测试，提高市场信任度。

目前，推想科技的AI产品已经被多个北美医疗机构采用，并与本地医院建立了合作。这个案例说明，中国企业如果想进入北美医疗市场，必须绕开监管高墙，通过本地化运营和国际合作逐步打入市场。

尽管中美关系复杂，医疗领域仍然是一个相对开放的行业，主要有几个方向值得关注：

AI辅助医疗：AI在医学影像分析、药物研发、病患管理等方面有很大潜力。

可穿戴健康设备：像华为、小米的智能手环在全球市场热销，北美消费者对健康监测设备的需求很高。

医疗设备出口：中国的医疗设备制造成本低，质量提升明显，特别是牙科、康复设备、影像诊断设备，越来越受到北美市场青睐。

二、教育科技：中国企业如何打破北美市场壁垒

中美关系的变化，让中国在线教育企业在北美的拓展变得更加复杂。美国近年来对中国教育行业的投资收紧，涉及K12教育、留学生管理的项目更是被列入审查范围。尽管如此，成人职业教育、企业培训、在线教育平台仍然存在巨大市场需求。

案例：VIPKID的北美困境与启示

VIPKID曾是中国最大的在线英语教育平台，在北美市场吸引了大量英语母语教师入驻。然而，2021年中国"双减"政策出台后，该公司失去了主要收入来源，北美市场业务也受到影响。VIPKID的问题在于太过依赖中国市场，而在北美市场缺乏真正的本地化布局，导致其难以转型。

尽管VIPKID的案例令人警惕，但仍然有一些领域值得中国企业关注：

职业教育和技能培训：相比K12教育，美国的职业技能培训市场需求巨大。编程培训、数字营销、数据分析等线上课程受到北美年轻人的青睐。

企业培训SaaS：美国企业越来越重视在线培训，很多企业愿意采购高效、低成本的SaaS培训系统。

AI驱动的智能学习平台：AI个性化教学、语言学习辅助工具（如语

音识别、智能批改）在北美市场有较大潜力。

对于想进入北美教育科技市场的企业，必须吸取VIPKID的教训——不能仅仅把北美当作教师供给方，而要真正了解北美用户需求，提供本地化的教育解决方案。

三、农业科技：中国企业如何撬开北美市场？

北美是全球农业科技最发达的地区之一，尤其是美国的精准农业（Precision Agriculture）在全球领先。但近年来，气候变化、劳动力短缺、农产品供应链问题，让北美的农场主们开始寻求更智能、更高效的农业管理解决方案，而这恰好是中国农业科技的优势所在。

以加拿大萨斯喀彻温省的农业现代化为例，当地农场主会对农作物进行详细的土壤和植株取样，分析每块土地的养分情况，针对不同作物的生长需求，精准计算施肥种类和剂量。这样做不仅能有效减少肥料浪费，降低成本，还能优化作物的生长均衡性，确保产量和质量的稳定。这种"科学种田"的方式，不仅提高了农业生产效率，也减少了环境污染，真正实现了可持续农业的发展。

案例：京东农业在加拿大的实验农场

京东农业近年来一直在探索智能农业，他们在加拿大与本地农场合作，测试智能无人机喷洒系统。通过AI、无人机、物联网技术，农民可以用更少的农药和肥料，实现更精准的作物管理。目前，这项技术已经在加拿大多个农场试点，农场主反馈成本降低了10%，作物产量提升了8%。

尽管北美市场竞争激烈，但中国农业科技仍然有很多机会：
智能农业设备：无人机喷洒、智能灌溉系统、精准施肥等技术。
农业数据平台：帮助农场优化生产管理，提高作物产量。
供应链管理SaaS：从农场到市场的全链路数字化管理。

四、中国企业如何在新兴行业赢得北美市场

医疗、教育、农业科技,这三个行业虽然各有挑战,但共同点在于:

本地化是关键,无论是数据存储合规、市场营销,还是供应链管理,都必须适应北美的环境。

合规与信任优先,特别是在医疗和农业领域,产品需要符合北美法规,否则再好的技术也难以落地。

找到真正的市场痛点,不是单纯输出中国经验,而是提供符合北美市场需求的创新方案。

尽管全球贸易环境充满变数,但对于有技术实力、愿意深耕的中国企业来说,北美市场依旧充满机遇。

第四节 投资咨询机构如何帮助不同产业在北美找到合适的市场切入点

2019年,一家中国新能源企业计划进军北美市场。他们的产品是新型储能设备,技术成熟,价格有竞争力,原本以为北美市场需求大,应该能顺利打开局面。然而,团队初步调研后发现,事情远比他们想象得复杂。

首先,美国和加拿大的市场环境完全不同。美国的清洁能源政策受联邦和各州政府影响,补贴政策各不相同,而加拿大则更多依赖政府主导的能源改革。其次,他们在北美市场的品牌认知度几乎为零,许多潜在客户甚至对他们的技术持怀疑态度。此外,供应链布局、合规问题、市场进入策略等都让他们举棋不定。

就在团队陷入困境时,他们决定寻求专业投资咨询机构的帮助。一家专注于北美市场的咨询公司接手了他们的项目,帮助他们分析政策环境、竞争格局,并最终制定了一套本地化的市场进入策略。通过优化供应链、在加拿大设立试点项目,并利用美国的新能源补贴政策进行市场渗透,该企业最终在北美市场站稳了脚跟。

这个案例并非个例。随着中美关系持续紧张，中加关系和美加关系也在不断调整，中国企业进入北美市场的难度明显提高。在这样的环境下，如何精准把握新兴行业的发展趋势，找到最合适的市场切入点，成为每一家企业都需要认真思考的问题。而专业的投资咨询机构，正在成为企业全球化布局中不可或缺的角色。

近年来，中美贸易摩擦不断，美国政府针对中国科技企业的监管愈发严格，涉及新能源、人工智能、云计算、通信等多个行业。例如，美国在2024年初宣布对某些关键行业的中国企业加强审查，涉及数据安全、半导体、关键矿产等领域。此外，拜登政府的《通胀削减法案》虽然继续支持新能源发展，但对来自中国的新能源产品加大了关税压力。

加拿大在对华关系上虽然比美国温和，但仍受到美国政策的影响。尤其是在人工智能、清洁能源、矿产资源等行业，加拿大政府对中国企业的审查趋严。例如，2023年底，加拿大政府强制要求中国企业剥离在某些关键矿产领域的投资，这表明中国企业在北美的市场策略需要更加谨慎。

与此同时，美加关系也在经历调整。由于加拿大的能源、矿产和科技行业深受美国影响，中国企业如果想要进入加拿大市场，必须考虑到美国政策对加拿大市场的连带作用。

因此，投资咨询机构在帮助不同产业寻找北美市场切入点时，需结合行业特性与当地市场特点，通过多维策略实现精准布局。

一、市场调研与需求匹配

1. 细分领域挖掘

针对科技类产业（如人工智能、生物科技），机构可引导企业聚焦未饱和的垂直领域，例如通过分析硅谷技术趋势，协助企业锁定与北美科技巨头合作的机会。例如小米与北美硬件公司合作智能家居产品的案例，体现了技术互补的价值。

对于消费行业，需结合美国多元化需求，关注环保、健康等新兴消费趋势，通过试定价策略和用户反馈调整产品定位，避免卷入低价竞争。

2. 数据驱动决策

利用早期市场信号（如用户注册数据、线上营销活动反馈）预判需求，建立"等候名单"机制快速验证市场兴趣。例如通过搭建北美专属页面收集潜在客户信息，降低试错成本。

二、本地化生态构建

1. 社群与人才网络

通过搭建创业者社群、风投侦查员项目等，实现信息与人才互通。例如建立跨境孵化器，帮助中国创业者对接北美本地资源，解决人才招聘与融资难题。

同时，聘用本土化团队（如具备北美口音的销售代理），增强客户信任感与文化适应性。

2. 合规与风险规避

针对北美严格的市场准入（如关税壁垒、数据合规），机构可以提供相应的法律与税务咨询。例如协助企业应对电动汽车行业的高额关税，探索通过技术合作或本地设厂降低政策风险。

此外，企业也应关注 ESG 要求，尤其在新能源、医疗等领域强化可持续发展形象。

三、资源整合与品牌塑造

1. 跨境资本联动

利用美国成熟的融资渠道（如风险投资、上市融资），协助企业对接当地资本。例如腾讯投资 Zoom 并助其拓展中国市场的模式，可反向应用于北美初创企业投资。

2. 区位优势延伸

引导企业利用美国作为全球枢纽的地理优势，设立分支机构辐射拉美、欧洲市场。例如跨境电商企业可通过北美物流网络优化全球供应链。

四、差异化竞争策略

1. 文化融合与高效沟通

避免过度依赖关系建立，转而采用"直接交易导向"的商务模式，适应北美快节奏的商业习惯。

同时，通过举办行业交流活动、硅谷考察等，深度融入本地商业网络。

2. 技术壁垒突破

对高端制造、清洁能源等受政策限制的行业，建议通过技术合作或专利共享降低审查风险。例如与北美研究机构联合开发，规避敏感技术领域的投资障碍。

五、长期战略支撑

1. 动态政策跟踪

建立与北美地方政府、行业协会的沟通机制，及时获取税收优惠（如各州差异化的土地政策、贷款支持），并调整投资策略。

2. 本土化人才体系

针对中资企业海外管理人才不足的痛点，提供高管培训、跨文化团队搭建服务，例如通过"预备创始人加速器"培养兼具国际视野与本地洞察的领导者。

通过以上策略，投资咨询机构可为企业定制从市场进入、资源整合到风险管控的全链条解决方案，实现从"机会型出海"向"系统性布局"的升级。

第14章　北美市场未来的变数

第一节　地缘政治对北美市场的影响

在全球经济的大棋盘上，北美市场无疑占据着举足轻重的地位。美国，作为世界第一大经济体，2024年GDP总量高达28.5万亿美元，其经济影响力辐射全球。高度发达的金融市场，如纽约证券交易所，每天的资金交易量数以万亿美元计，是全球资本的重要汇聚地；成熟的科技创新体系更是孕育出了苹果、谷歌、微软等一众科技巨头，这些企业在全球范围内引领着行业发展潮流，其产品和服务渗透到世界的每一个角落。

而加拿大，作为全球第十大经济体，2023年GDP达2.14万亿美元。丰富的自然资源与先进的科技相结合，让加拿大在能源、制造业、农业等领域成果斐然。例如，加拿大是全球重要的粮食出口国，其优质的小麦、油菜籽等农产品畅销世界各地；在能源领域，加拿大的原油储量丰富，为全球能源市场提供了稳定的供应。

从贸易活跃度来看，北美地区同样表现亮眼。美国是全球最大的货物和服务贸易国之一，2023年货物贸易进出口总额达到约4.69万亿美元。加拿大与美国之间紧密的贸易联系，使其对外贸易也十分活跃，2024年加拿大商品贸易总额持续增长，其中与美国的贸易额占其贸易总额的很大比重。

如此庞大的经济规模和活跃的贸易往来，让北美市场成为全球经济的重要引擎。但在这繁荣背后，地缘政治因素正悄然发挥着作用，深刻影响着北美市场的发展走向。

一、地缘政治：看不见的"操盘手"

地缘政治，这个听起来略显专业的词汇，实则与我们的生活息息相关，尤其在经济领域，它就像一只看不见的"操盘手"，掌控着市场的起伏。从学术角度来讲，地缘政治是政治地理学中的一项理论，它以全球战略的观点，深入分析地理现实与人类事务之间千丝万缕的联系，试图探寻那些能揭示世界历史中地理因素作用的规律，为国家的治国理政和战略制定提供关键依据。

地缘政治涵盖的要素丰富多样，政治关系首当其冲。国与国之间的外交关系亲疏、联盟与否，都会对经济合作产生直接影响。就拿美国与盟友之间的紧密政治关系来说，在这种基础上，他们往往能达成更优惠的贸易协定，在经济合作上也更为顺畅。美国与加拿大、墨西哥签订的《美墨加协定》，在政治互信的基础上，三国在贸易、投资等领域展开深度合作，促进了区域内的经济一体化发展。

贸易政策同样是地缘政治的重要体现。各国为了实现自身的政治和经济目标，会制定出不同的贸易政策，这些政策犹如经济战场上的"指挥棒"，指引着贸易的流向和规模。关税调整、贸易壁垒的设置或取消，都会对企业的进出口业务产生深远影响。例如，美国对中国部分商品加征高额关税，直接导致中国相关产品在美国市场的价格竞争力下降，许多企业不得不重新调整市场策略，寻找新的出口市场。

军事冲突则是地缘政治中最激烈的表现形式。一旦地区发生军事冲突，当地的经济必然遭受重创，甚至会波及全球市场。像中东地区，长期的地缘政治冲突使得当地石油生产和运输面临诸多不确定性，而石油作为全球工业的"血液"，其供应的不稳定会引发全球油价大幅波动，进而影响到各个行业的生产成本和利润空间。2024年，由于中东地区地缘政治紧张局势升级，国际油价在短期内大幅上涨，许多依赖石油进口的国家，如日本、韩国等，其制造业、运输业等成本大幅增加，企业利润受到严重挤压。

二、贸易格局的"乾坤大挪移"

1. 关税壁垒筑起"高墙"

关税，作为地缘政治影响贸易格局的一把"利刃"，在北美市场的表现尤为突出。不知道很多年后，历史对特朗普上任后的关税政策会如何点评，但最近的"对等关税"的确让所有人都开始关注这个话题。

2025年1月，特朗普宣布对加拿大和墨西哥进口商品加征25%关税，自2月1日起生效，随后又签署行政命令，对加拿大和墨西哥几乎所有商品加征25%关税。这一举措犹如一颗巨石投入平静的湖面，在北美贸易市场激起千层浪。

4月2日，特朗普更是宣布了"对等关税"政策。这一政策的核心在于，美国将对进口商品征收与贸易伙伴对美国出口商品征收的税率相同的关税。这意味着，任何国家对美国商品征收的关税，美国也将相应征收对方国家的商品关税。

从贸易流向来看，美国原本从国际市场大量进口的商品，因关税的增加，企业开始重新审视供应链。以汽车零部件为例，美国汽车制造商以往依赖从墨西哥进口大量价格低廉的零部件，关税提高后，进口成本大幅上升。为了降低成本，部分企业不得不将目光投向其他国家，如亚洲的一些国家，这使得墨西哥对美国的汽车零部件出口量急剧下滑，2025年上半年，墨西哥对美国汽车零部件出口额同比下降了30%。

对于企业成本与利润而言，关税的影响更是直接且深刻。美国的许多制造企业，尤其是那些依赖国外原材料的企业，关税成本大幅攀升。纽约联邦储备银行的调查数据显示，约68%的受访制造企业认为，美国上调进口关税已导致企业成本上升。美国对等关税政策出来后，有一家从中国进口少儿秋千的厂家叫苦不迭，按照之前的关税，他的货物到达美国后大概要缴纳6000多美元的关税，但按照对等协定，在中美反复互加关税之后，他的货物要缴纳的关税高达 16 万美元。他说货物到港之日，就是公司破产之时。可见关税并不只是大国博弈，对普通百姓的生活也有着至关重要的影响。

2. 贸易协定的"松紧带"

贸易协定，作为地缘政治与经济利益平衡的产物，对北美市场的贸易格局有着深远影响。2020 年，《美墨加协定》正式生效，取代了已实施 20 多年之久的《北美自由贸易协定》。这一更替背后，地缘政治因素扮演着关键角色。

特朗普上任后，多次批评《北美自由贸易协定》造成美国制造业岗位流失，要求重新谈判。从地缘政治角度看，美国试图通过重新谈判，强化自身在区域贸易中的主导地位，保障本国产业利益。新的《美墨加协定》在多个方面对区域内贸易规则和产业布局进行了重塑。在汽车产业，该协定将原先的原产地规则进一步提升，规定汽车零部件的 75% 必须在美墨加三国生产，才能享受零关税，高于此前 62.5% 的标准；到 2023 年，零关税汽车 40%~45% 的零部件必须由时薪最低 16 美元的工人所生产。这一规则的改变，促使汽车企业重新调整在北美地区的产业布局。例如，一些汽车制造商为了满足原产地规则要求，将部分生产环节从成本较低的墨西哥转移到美国，虽然这在一定程度上增加了美国的就业机会，但也提高了企业的生产成本。

在乳制品领域，加拿大同意取消"7 级"的乳品定价协议，向美国开放约 3.5% 的乳品市场份额。这一改变打破了加拿大原有的乳制品市场格局，美国乳制品企业获得了更多进入加拿大市场的机会，而加拿大本土乳制品企业则面临更大的竞争压力。

三、能源市场的"惊涛骇浪"

中东，这片古老而又充满纷争的土地，因其丰富的石油资源，一直是全球能源市场的焦点，其局势的任何风吹草动，都能在全球能源市场掀起惊涛骇浪，北美市场自然也难以幸免。

以 2024 年为例，中东地区地缘政治冲突不断升级。以色列与伊朗之间的紧张关系持续加剧，军事冲突一触即发。伊朗作为全球重要的石油生产国和出口国，其石油出口量约占全球石油贸易的 7%，而通过霍尔木兹海峡运送的石油更是占全球石油消费量的 20%。一旦冲突波及伊朗的石油生产设施或霍尔木兹海峡的运输通道，全球原油供应将面临严重短缺。

这种供应紧张的预期迅速在全球能源市场发酵，北美地区首当其冲。纽约商品交易所的原油期货价格在短短一周内飙升了 15%，从每桶 70 美元一度涨至 80.5 美元。这一价格上涨对北美地区的能源企业和相关产业产生了深远影响。

对于能源企业而言，油价上涨犹如一把双刃剑。一方面，石油生产企业的利润大幅增加。美国的埃克森美孚公司，作为全球最大的石油公司之一，在油价上涨期间，其季度利润同比增长了 30%，达到了创纪录的 150 亿美元。这使得企业有更多资金投入到勘探、开采和技术研发中，进一步提高石油产量。另一方面，炼油企业却面临着成本上升的困境。由于原油价格上涨，炼油企业的原材料成本大幅增加，而成品油价格的上涨幅度却相对有限，导致炼油企业的利润空间被严重压缩。美国的一些小型炼油企业甚至出现了亏损，不得不削减产能，以维持生存。

在相关产业中，运输业受到的冲击最为明显。航空运输业，由于燃油成本占其运营成本的很大比重，油价上涨使得航空公司的运营成本大幅增加。美国联合航空公司在油价上涨后，每个月的燃油成本增加了 5000 万美元，不得不通过提高机票价格来转嫁成本。这导致机票价格上涨了 15%，旅客数量减少了 10%，对航空公司的业绩产生了负面影响。同样，公路运输业也面临着成本上升的压力。物流企业为了维持运营，不得不提高运费，这又进一步推高了物价，形成了恶性循环。

四、资金流动的"潮汐周期"

地缘政治风险就像一只无形的大手,操控着国际资金在全球金融市场的流动方向,北美市场自然也难以逃脱其影响。当风险来临时,资金会迅速做出反应,就像受惊的鸟群,纷纷寻找安全的避风港。

在一些地缘政治紧张时期,国际资金对北美金融市场的态度会发生急剧转变。2024 年,由于中东地缘政治冲突升级以及贸易保护主义抬头等因素,国际资金开始对北美市场持谨慎态度,部分资金选择撤离。据国际金融协会(IIF)的数据显示,在冲突发生后的一个季度内,从北美金融市场流出的资金达到了 800 亿美元。这些资金的撤离,在北美市场的汇率和债券市场内引发了连锁反应。

在汇率方面,资金的大量流出导致美元贬值。美元指数在短时间内下跌了 3%,从 98 点左右降至 95 点左右。美元贬值使得美国的进口商品价格上涨,进一步加剧了通货膨胀压力。对于一些依赖进口原材料的企业来说,成本大幅上升,利润空间被压缩。美国的一家汽车制造企业,其生产所需的部分零部件从欧洲进口,美元贬值后,零部件的进口成本上涨了 15%,企业不得不提高产品价格,这又导致市场需求下降,企业经营面临困境。

而在债券市场,资金的撤离使得债券价格下跌,收益率上升。10 年期美国国债收益率在资金流出期间上升了 0.5 个百分点,从 2% 左右升至 2.5% 左右。债券收益率的上升,意味着企业和政府的融资成本增加。许多企业原本计划通过发行债券来筹集资金进行扩张,但由于融资成本的上升,不得不推迟或取消计划。一些地方政府也面临着基础设施建设项目融资困难的问题,这对经济的发展产生了负面影响。

但在某些情况下,地缘政治风险也会使北美市场成为资金的避险天堂。当全球其他地区出现严重的地缘政治危机时,如欧洲债务危机、亚洲地区的政治动荡等,由于美国经济的相对稳定性和美元的国际地位,大量资金会涌入北美金融市场。2023 年,欧洲部分国家的债务问题引发市场担忧，国际资金纷纷流向美国，美国债券市场迎来了大量资金流入，10年期美国国债的购买量大幅增加，债券价格上涨，收益率下降。这在一定程度上为美国政府和企业提供了低成本的融资机会，促进了经济的稳定发展。

五、企业发展的"荆棘之路"

1. 供应链的"脆弱链条"

在全球化的浪潮下，企业的供应链犹如一张庞大而复杂的网络，跨越国界，连接着世界的各个角落。然而，地缘政治的不确定性，就像一把锋利的剪刀，随时可能剪断这张网络中的关键链条，让企业陷入困境。

2024年，特斯拉就深刻体会到了这种痛苦。由于地缘政治冲突导致的供应链中断，特斯拉德国工厂不得不停产。原本有序运转的生产线戛然而止，工人们无奈地停下手中的工作，整个工厂陷入了一片寂静。特斯拉公司的声明显示，此次停产是由于关键零部件的供应中断，而这背后的罪魁祸首正是地缘政治冲突。由于冲突地区是相关零部件的重要生产地，当地局势的紧张使得生产和运输受阻，特斯拉德国工厂无法及时获得所需的零部件，只能无奈停产。

无独有偶，阿迪达斯也因红海地区的地缘政治危机，面临着供应成本大幅上升的困境。红海作为全球重要的航运通道，每天都有大量的货物通过这里运往世界各地。然而，红海地区的地缘政治紧张局势，使得商船的航行安全受到严重威胁。许多航运公司为了避免风险，不得不选择绕道而行，这使得运输时间大幅增加，运输成本也随之飙升。阿迪达斯作为一家全球知名的运动品牌，其产品的运输依赖于海运，红海危机的爆发让其运输成本增加了40%。为了维持运营，阿迪达斯不得不提高产品价格，这又导致市场需求下降，公司的业绩受到了严重影响。

2. 市场拓展的"玻璃天花板"

地缘政治冲突就像一层无形的"玻璃天花板"，阻碍着北美企业在海外市场的拓展步伐。当冲突发生时，消费者的抵制情绪往往会如汹涌的潮水般袭来，让企业措手不及。

以美国的两大餐饮巨头麦当劳和星巴克为例，在中东地区的地缘政治冲突中，它们就遭遇了严重的抵制危机。麦当劳在以色列的特许经营商向士兵提供折扣或免费餐食的行为被曝光后，引发了中东民众的强烈不满，他们纷纷发起抵制麦当劳的行动。在抵制活动最激烈的时候，中东地区许多麦当劳门店的客流量锐减，销售额大幅下滑。据麦当劳公司公布的数据，去年第四季度，其在中东地区的销售额下降了15%，许多门店甚至出现了门可罗雀的惨淡景象。

星巴克也未能幸免。当星巴克工人联合会发布支持巴勒斯坦的推文后，不仅中东地区的销售举步维艰，就连美国本土的咖啡馆也遭到了一些人的抵制，客流量从去年11月中旬开始下滑。星巴克不得不下调全年收入预期增长，从之前的10%~12%降至7%~9%。这种抵制行为不仅影响了企业的短期业绩，还对企业的品牌形象造成了长期损害，让企业在海外市场的拓展变得更加艰难。

在当前复杂多变的地缘政治环境下，企业应采取以下策略：

密切关注政策动态：及时获取美加两国政府的政策信息，评估其对业务的潜在影响。

多元化市场布局：避免过度依赖单一市场，分散风险，拓展多元化的市场渠道。

灵活调整供应链：根据贸易政策的变化，优化供应链结构，考虑在北美本土增加生产或库存。

加强合规管理：确保企业运营符合最新的法律法规要求，避免因政策变化导致的合规风险。

总之，地缘政治的变化对北美市场的资本、政策和市场走向产生深远影响。企业需保持高度敏感，积极调整策略，以在不确定的环境中保持竞争优势。

第二节　美加投资环境的变化

2025年初，全球政坛风云突变。在美国，唐纳德·特朗普成功连任总统，重返白宫。与此同时，加拿大前总理贾斯廷·特鲁多在执政近十年后，因党内压力和民众支持率下滑，宣布辞职。特朗普政府的政策方向对全球经济，特别是美加投资环境，影响深远。相比上一届政府，特朗普在第二任期的贸易政策更具"攻击性"，而加拿大在应对美国贸易壁垒方面采取了更为谨慎但坚定的反制措施。这种互动关系，使得美加投资环境变得更加复杂和难以预测。

一、特朗普与特鲁多：美加关系的未来走向

特朗普的再次当选，预示着美国将延续其"美国优先"的政策取向。在其首个任期内，特朗普以贸易保护主义和单边主义著称，挥舞关税大棒，频繁调整关税政策，影响全球贸易格局。此次重返白宫，市场普遍预期他将继续推行强硬的贸易政策，特别是针对中国和其他主要贸易伙伴。这可能导致全球供应链的重新布局，企业需提前制定应对策略，以适应潜在的贸易壁垒和政策变化。

特鲁多的辞职为加拿大政坛带来了不确定性。在其任内，加拿大在全球事务中扮演了积极角色，倡导多边主义和自由贸易。中加关系也不同于哈珀政府时期，特别是2019年的"孟晚舟"事件，中加关系跌到了低谷。然而，随着特鲁多的离任，新任领导人的政策走向尚不明朗。这可能影响加拿大与其他国家的贸易关系，特别是在《北美自由贸易协定》框架下的合作。企业需要密切关注加拿大新政府的政策动向，以调整自身的市场策略。

特朗普与特鲁多在任期间，美加关系经历了多次波折。特朗普曾对加拿大钢铝产品加征关税，引发两国贸易紧张。随着特鲁多的辞职和特朗普的当选，美加关系可能迎来新的调整期。如果加拿大新任总理倾向

与美国加强合作，可能会缓解此前的紧张关系；反之，若新政府采取更独立的立场，美加双边关系可能继续面临挑战。总体上判断，加拿大作为美国的邻国，堪称美国的后花园，两国关系不会背离得太远，他们的意识形态高度一致。总之，企业应关注两国政策协调情况，以评估对跨境业务的影响。

二、特朗普政府的对外投资和贸易政策

特朗普回归白宫后，迅速恢复了他第一任期的"美国优先"政策，这不仅影响了中美关系，也直接波及美加贸易关系。他在连任后的首批行政命令之一就是重新评估《美墨加协定》，声称要对加拿大的关键出口产业进行更严格的监管，并对部分加拿大商品加征关税。

2025年2月，特朗普政府宣布计划对加拿大进口的铝、木材、电动车及部分农产品加征10%~25%不等的关税。特朗普在讲话中强调："美国工人不应被廉价的加拿大产品冲击，我们将采取一切措施确保公平竞争。"这不仅让加拿大企业措手不及，也加剧了美加之间的贸易紧张关系。

此外，特朗普政府还针对能源行业提出新的限制措施。由于美国正在加速推进国内能源自给自足，白宫要求进一步收紧加拿大石油和天然气的进口许可。这对于高度依赖美国市场的加拿大能源企业来说，无疑是一大打击。

三、加拿大的反制：克制而又坚定

面对特朗普政府的新关税政策和贸易壁垒，加拿大政府采取了一系列反制措施，在新闻发布会上明确表示："加拿大不会在关税问题上妥协，我们将采取适当的回应措施，以保护本国企业和工人的利益。"

1. 报复性关税措施

在美国宣布新的关税政策后，加拿大政府迅速制定了一份报复性关税清单，对进口自美国的某些关键产品（如汽车零部件、食品加工品和消费电子产品）加征关税。这一举措不仅是为了对美国的贸易壁垒进行反制，也旨在向本国企业提供更多的本地化替代方案，鼓励加拿大企业减少对美国产品的依赖。

2. 加强与欧洲和亚洲市场的合作

在面对美国市场的不确定性时，加拿大加快了与欧洲、亚洲等市场的贸易谈判。例如，加拿大正在加强与欧盟的贸易合作，推动《加拿大与欧盟自由贸易协定》（CETA）的进一步深化，以确保加拿大企业在全球范围内保持竞争力。此外，加拿大政府还与日本、韩国等国加强了经济合作，努力减少对美国市场的依赖。

3. 促进本国企业的本地生产

加拿大政府加大了对本国制造业和科技企业的支持力度，推动产业链本地化，减少对美国供应链的依赖。例如，加拿大正在大力投资电动车电池供应链，推动北美电动车市场向"去美国化"方向发展。此外，加拿大政府还加快了基础设施投资，鼓励企业在本国设厂，并提供税收优惠政策，以增强企业的全球竞争力。

四、美加投资环境的不确定性

1. 资本外流风险增加

由于美国市场的不确定性加剧，部分加拿大企业开始考虑将生产和投资向其他国家转移。例如，一些加拿大制造商开始在墨西哥设厂，以绕开美国关税壁垒。同时，部分企业正在考虑将部分业务转移到欧洲或东南亚市场，以寻求更稳定的投资环境。

2. 美国对加拿大投资的影响

尽管特朗普政府在关税和贸易壁垒上对加拿大施加了很大的压力，但美国企业对加拿大市场的兴趣依然强劲。特别是在科技、能源和农业领域，美国企业仍然希望利用加拿大的资源优势进行投资。然而，由于贸易政策的不确定性，一些美国企业开始持观望态度，等待美加关系的进一步稳定后再决定投资方向。

3. 加拿大企业如何调整投资策略

面对美加投资环境的变化，加拿大企业需要采取更灵活的投资策略。例如：

多元化市场布局：减少对美国市场的依赖，加强与欧洲、亚洲等市场的合作。

供应链本地化：增加本国生产能力，减少对美国进口原材料和零部件的依赖。

加强政府支持：利用加拿大政府提供的税收优惠、补贴等政策，提高企业在全球市场的竞争力。

五、美加关系的未来走向分析

在特朗普政府的影响下，美加关系进入了一个新的不确定阶段。美国的保护主义政策让加拿大面临更大的贸易挑战，但加拿大政府的反制措施也表明，其不会在关键经济利益上妥协。对于企业而言，投资决策变得更加复杂，如何在这种充满变数的环境下做出正确的市场布局，将成为未来几年的重要课题。

对于寻求北美市场机会的企业而言，美加投资环境的变化并不意味着市场机会的消失，而是需要更精确的战略调整。例如，加拿大本土化生产和供应链优化可能是未来的主流趋势，而在美国市场上的投资策略也需要根据新一届政府的政策变化进行动态调整。

尽管特朗普政府的政策带来了更多的不确定性，但企业仍然可以通过灵活的市场策略，在北美市场找到属于自己的发展机会。关键在于，如何精准把握市场动态，及时调整业务布局，以适应不断变化的美加贸易环境。

第三节　跨境贸易的新模式：关税、供应链与数字化贸易

2025 年，北美市场的贸易格局正在发生剧变。在特朗普政府重新掌权的背景下，美国的贸易政策变得更加不确定，而加拿大则在应对中寻求新的贸易模式。这种变化直接影响了跨境贸易的三大核心领域：关税政策、供应链重构以及数字化贸易的兴起。

面对这一复杂环境，企业该如何调整策略？如何利用新兴技术和市场变化，在高关税和供应链重塑的过程中找到新的突破口？

一、关税：高成本时代的贸易挑战

1. 关税政策的回归

近年来，全球关税政策处于不断调整的动态变化之中。以美国为例，其对中国商品加征关税的举措备受瞩目。自 2018 年起，美国对中国多批次、多品类商品加征高额关税，涉及电子、机械、纺织等众多领域。这一行为背后，贸易保护主义无疑是重要的驱动因素。美国试图通过提高关税门槛，限制中国商品进入美国市场，从而保护本国相关产业，减少贸易逆差。

从产业结构调整的角度来看，美国旨在推动制造业回流，重振本土制造业。通过加征关税，提高进口商品成本，促使企业将生产环节回迁美国，以增强本国制造业在全球产业链中的地位，缓解产业空心化问题。除美国外，其他国家也在根据自身经济发展战略和贸易形势，对关税政策进行调整。欧盟在绿色能源产业相关产品的关税上有所变动，鼓励本土绿色能源产业发展，同时限制高污染、高能耗产品的进口。这些政策调整在全球范围内形成了复杂的关税网络，深刻影响着跨境贸易的走向。

2. 对跨境贸易的影响

关税政策的变化对跨境贸易产生了多维度的影响。在成本方面，关税的增加直接导致进口商品成本上升。对于依赖进口原材料或零部件的企业来说，生产成本大幅提高，压缩了利润空间。以中国的一家电子制造企业为例，其从美国进口关键芯片，关税的加征使得芯片采购成本增加了 20%，企业不得不面临产品价格上涨或利润下滑的困境。

在市场层面，高关税使得商品价格缺乏竞争力，市场份额可能被其他低关税国家的产品所抢占。一些原本在中国采购商品的美国零售商，因关税成本转而寻求东南亚国家的供应商，导致中国相关出口企业订单减少。从贸易格局来看，关税调整促使全球贸易格局发生重塑。部分国家之间的贸易往来减少，而一些新兴市场国家之间的贸易合作则有所加强，贸易流向呈现多元化趋势。

3. 供应链如何应对关税冲击

面对新的关税环境，跨境企业正在采取三种主要策略：

近岸外包：有些企业选择在墨西哥设厂，以绕开《美墨加协定》的关税限制。例如，比亚迪在墨西哥建设生产基地，以避免直接从中国进口带来的额外关税成本。当然，也有些企业选择在加拿大建设生产线。

提高本土化生产：加拿大政府提供补贴，鼓励企业在本国设立生产线，以减少对美国市场的依赖。特斯拉在加拿大开设新的电池制造厂，就是为了应对美国进口关税带来的成本上涨问题。

多元化市场：加拿大企业正在扩大与欧盟、东南亚等市场的合作，例如魁北克的乳制品在东南亚市场的出口量已增长 30%。

二、供应链的重塑：高效 vs 安全

1."去全球化"下的供应链变化

在传统的跨境贸易供应链中，诸多问题严重制约着企业的发展。从物流时间来看，跨境运输往往需要经历漫长的海运或空运过程。以中国

出口到美国的商品为例，海运通常需要 20~40 天不等，即使选择空运，也需要 3~7 天左右，这还不包括在港口或机场的装卸、清关等时间。长时间的运输使得商品交付周期拉长，无法快速响应市场需求。

物流成本居高不下也是一个突出问题。跨境物流涉及国际运输、报关、仓储、配送等多个环节，每个环节都伴随着费用支出。国际运输费用受油价、运输距离、运输方式等因素影响，波动较大。报关过程中的手续费、税费，以及在目的国的仓储和"最后一公里"配送费用，都使得商品的物流成本大幅增加。据统计，跨境物流成本通常占商品总成本的 20%~30%，对于一些低值商品，这一比例甚至更高。

此外，传统供应链的响应速度慢，缺乏灵活性。当市场需求发生变化时，企业难以快速调整生产和配送计划。由于供应链各环节之间信息传递不畅，企业无法实时掌握库存、运输等情况，导致在应对市场变化时反应迟缓，容易造成库存积压或缺货现象，影响企业的资金周转和客户满意度。

疫情期间，全球供应链受到了极大冲击，而如今，贸易保护主义的兴起进一步加剧了企业的供应链风险。企业不得不在"成本优化"和"供应链安全"之间做出选择。

以加拿大汽车产业为例，加拿大的汽车制造业依赖于北美供应链，尤其是美国和墨西哥的零部件供应。然而，随着特朗普政府对部分加拿大制造的汽车零部件加征关税，许多加拿大汽车企业开始调整供应链策略：

更依赖本地供应商：加拿大企业正在寻找本土供应商，以减少对美国的依赖。例如，马格纳国际（Magna International）开始在安大略省增加投资，提高本地零部件的生产能力。

增加库存，减少供应链风险：过去"零库存"模式正在被逐步放弃，企业开始增加库存，以应对未来的贸易摩擦带来的不确定性。

技术赋能供应链优化：企业通过人工智能和区块链技术优化供应链管理，减少成本，提高效率。

2."美加供应链一体化"趋势能否持续

尽管美加之间的贸易紧张加剧，但两国的经济联系仍然紧密。例如，加拿大仍然是美国最大的能源供应国，美国对加拿大的科技投资也在持续增长。

2024年，加拿大的AI芯片行业迎来了一波投资潮，许多美国企业在加拿大设立研发中心，原因之一是加拿大的人才资源丰富，而美国的H-1B签证政策趋严。这种"科技供应链一体化"趋势，反映了未来美加经济合作仍然有空间，只是需要更灵活的策略来规避贸易壁垒。

3. 数字化赋能供应链

数字化技术在跨境供应链中的应用，为提升供应链效率和竞争力提供了强大动力。物联网技术通过在货物、运输工具、仓储设施等上面安装传感器和射频识别标签，实现对供应链各环节的实时监控。企业可以实时获取货物的位置、温度、湿度、运输状态等信息，及时发现并解决潜在问题。例如，在运输高价值或易腐货物时，通过物联网传感器可以实时监测货物的环境参数，一旦发现温度、湿度异常，立即发出警报，采取相应措施，确保货物安全。

大数据分析则帮助企业更好地预测市场需求。通过收集和分析海量的市场数据，包括消费者购买行为、偏好、市场趋势等，企业可以准确把握市场需求的变化，提前调整生产和采购计划，优化库存管理。亚马逊利用大数据分析消费者的购买历史和浏览行为，为用户提供个性化的产品推荐，同时根据数据分析结果优化库存布局，降低库存成本，提高库存周转率。

人工智能在供应链决策中发挥着重要作用。它可以根据实时数据和历史经验，对供应链中的运输路线、仓储分配、配送计划等进行智能优化。在运输路线规划方面，人工智能算法可以综合考虑交通状况、运输成本、交货时间等因素，为企业规划出最优的运输路线，提高运输效率，降低运输成本。

三、数字化贸易：突破传统贸易壁垒的新路径

1. B2B 跨境电商的崛起

传统的跨境贸易模式正在被数字化平台取代。在数字产业化与产业数字化趋势日益明显的当下，数字贸易已成为数字经济的关键组成部分和全球贸易发展的重要方向。近年来，全球数字贸易规模持续攀升。据相关数据显示，2020—2023 年期间，全球数字服务贸易出口额从 3.16 万亿美元增长至 4.01 万亿美元，年复合增长率达到 8.6%。2023 年，中国可数字化交付的服务贸易进出口额达 3.1 万亿元，同比增长 8.8%，占服务贸易总额的 59.4%，较上年提升 2.5 个百分点。这些数据充分表明，数字化贸易在全球贸易格局中的地位愈发重要，增长势头强劲。

2024 年，加拿大 B2B 跨境电商增长了 15%，越来越多的中小企业开始使用在线平台进行国际贸易，而不再依赖传统的批发和代理模式。例如：

Shopify：加拿大的 Shopify 成为全球最大的跨境电商平台之一，帮助本地企业拓展国际市场，绕开部分贸易壁垒。

亚马逊全球开店（Amazon Global Selling）：北美地区的跨境电商商家数量增长了 20%，很多企业利用这一渠道直接销售产品，而不是通过传统的零售供应链。

数字化贸易的兴起，使得许多小企业不必再受限于关税和供应链问题，而是直接通过电商平台进入目标市场。

2. 区块链与智能合约：优化跨境支付与贸易流程

在新兴贸易模式中，区块链和智能合约技术正在被越来越多的企业采用。它们的作用包括：

降低跨境支付成本：使用区块链技术的跨境支付系统可以减少银行中介费用，提高结算速度。例如，加拿大皇家银行（RBC）已经在测试基于区块链的国际支付系统，以减少外汇结算的时间和成本。

增强贸易透明度：智能合约可以自动执行贸易协议，减少人为干预，

提高供应链的透明度和安全性。例如，加拿大某食品供应商使用区块链技术记录产品的来源，确保食品质量可追溯，符合出口标准。

3. 企业如何适应新贸易模式

2025年的北美贸易格局已经今非昔比，企业要在关税上升、供应链重构和数字化贸易崛起的环境下找到生存之道，需要采取多种应对策略：

调整供应链布局：避免单一依赖某个市场，而是分散风险，如增加在加拿大或墨西哥的生产设施。

拥抱数字化贸易：利用跨境电商、区块链和智能合约优化贸易流程，提高竞争力。

关注政策动态：企业需要紧密跟踪美加政策变化，并随时调整市场策略，避免因政策突变造成的业务风险。

提到供应链和数字化贸易，不得不提阿里巴巴。阿里巴巴国际站作为跨境电商领域的佼佼者，为我们提供了一个生动的协同发展成功案例。在关税应对方面，阿里巴巴国际站通过大数据分析和专业的政策研究团队，实时跟踪全球关税政策的变化，为平台上的商家提供精准的关税信息和应对建议。当美国对中国部分商品加征关税时，平台及时通知商家，并帮助商家分析关税影响，提供寻找替代市场、优化产品结构等解决方案。

在供应链优化上，阿里巴巴国际站与全球众多优质物流商、供应商建立了紧密的合作关系，打造了高效的供应链体系。平台推出的"无忧物流"服务，整合了物流、仓储、报关等环节，实现了一站式物流解决方案。通过智能化的物流管理系统，商家可以实时追踪货物运输状态，优化物流路线，降低物流成本。同时，平台还通过大数据分析商家的采购和销售数据，为商家提供供应链金融服务，帮助商家解决资金周转问题。

在数字化贸易创新方面，阿里巴巴国际站不断引入先进的技术，提升平台的智能化水平。平台接入通义千问 Qwen 2.5 – Max 大模型，实现了智能客服、市场分析和供应链管理的升级。智能客服能够快速回答客户的问题，提供个性化的服务；市场分析工具通过对海量数据的挖掘和分析，为商家提供市场趋势预测、竞争对手分析等服务，帮助商家制定精准的营销策略；供应链管理系统利用人工智能技术，实现了库存的智能管理和订单的自动处理，提高了供应链的效率和响应速度。

通过关税、供应链与数字化贸易的协同发展，阿里巴巴国际站在全球跨境电商市场中取得了显著的成绩。平台的订单量持续增长，2025年春节后，订单量同比大幅增长50%，核心指标全面向好。欧洲市场订单量同比激增70%以上，增速位列全球第一；中东、南美、亚太等市场紧随其后，增幅均超行业平均水平。阿里巴巴国际站的成功经验表明，在跨境贸易中，只有实现关税、供应链与数字化贸易的协同发展，才能在激烈的市场竞争中立于不败之地。

虽然全球贸易环境充满不确定性，但对于那些愿意调整战略、采用新技术的企业来说，跨境贸易的新模式仍然充满机遇。关键在于，如何灵活应对挑战，抓住新的增长点。

第四节　投资咨询如何帮助企业制定应对地缘风险的策略

2025年的北美市场，已经成为企业投资的一片"高风险高回报"之地。关税起伏、供应链调整、美加贸易关系的不确定性，都让企业不得不小心翼翼地制定战略，避免踩雷。面对这样的局面，专业的投资咨询机构正在发挥越来越重要的作用——帮助企业分析政策环境、优化市场布局、规避投资风险，并制定适应地缘政治变局的长期战略。

那么，投资咨询机构如何帮助企业在这样一个动荡的市场中立足？让我们结合本章的几个典型案例，一起来看看。

一、关税与市场准入：投资咨询如何帮助企业找到"突破口"

前文提到，随着特朗普政府对加拿大的电动车电池及相关供应链施加新的贸易壁垒，加拿大企业不得不寻找新的突破点。面对这一情况，某家在魁北克投资的中国新能源企业面临难题：一方面，美国市场巨大，他们不愿意放弃这块蛋糕；另一方面，美国关税政策频繁调整，他们无法预测未来的政策风险。最终，在专业投资咨询机构的帮助下，这家企业制定了"双市场战略"：

短期策略：通过在墨西哥设立工厂，利用《美墨加协定》规则，避免美国关税壁垒，同时确保产品能继续进入美国市场。

长期策略：投资加拿大本地的原材料供应链，减少对亚洲市场的依赖，以此获得加拿大政府的政策支持，并降低贸易战带来的供应链不稳定风险。

投资咨询机构的作用在于精准分析政策走向，找到市场中的"灰色地带"，帮助企业在合规的前提下，最大化降低关税成本，并顺利进入北美市场。

二、供应链安全：如何避免单点风险

前文提到，加拿大的汽车制造业依赖北美供应链，而特朗普政府针对部分加拿大零部件加征新关税，使得许多企业措手不及。

一家总部位于多伦多的汽车零部件供应商，在特朗普政策出台后，发现他们的产品出口美国成本上升了20%。如果不做调整，公司将失去原有的大客户，利润也会大幅缩水。

在咨询机构的指导下，他们采取了以下措施：

多供应链模式：不再依赖单一美国市场，而是寻找欧洲和日本的新客户，以分散风险。

本地化生产：调整生产模式，在美国设立合资工厂，降低进口关税成本。

数字化管理：通过大数据优化库存管理，减少因供应链中断而产生的损失。

这套策略使得公司在贸易壁垒不断变化的情况下，保持了业务稳定，并在多地市场找到了新的增长点。

三、资本布局：如何在不稳定市场中寻找安全避风港

近年来，加拿大的科技企业成为全球资本关注的重点。但与此同时，美国政府也在加强对加拿大科技行业的监管，尤其是在人工智能和生物科技领域，部分投资甚至被要求撤资。

一家温哥华的 AI 公司，本计划接受一笔来自中国风投机构的 1 亿美元融资，但在美国政府加强审查后，该笔资金面临合规问题，企业融资受阻。咨询机构帮助他们制定了一套应对方案：

资金多元化：避免单一资金来源，寻找欧洲、日本等市场的投资机构，减少对某一国家资本的依赖。

业务架构调整：在美国设立独立子公司，确保符合当地监管政策，同时利用加拿大的科技优惠政策吸引更多本地投资。

政府关系维护：通过咨询机构的公关网络，与加拿大政府相关部门建立联系，确保政策支持。

这家 AI 公司最终成功完成融资，并避免了地缘政治带来的投资风险。

四、数字化贸易：如何利用新模式降低政策风险

传统的贸易模式往往依赖线下供应链，而在当前关税和政策不断变化的环境下，数字化贸易成为新的突破口。

前文提到，加拿大的 B2B 跨境电商在 2024 年增长了 15%，许多企业开始利用电商平台绕开传统的贸易壁垒。某家专注于工业设备出口的加拿大企业，在咨询机构的帮助下，做出了战略调整：

减少直接出口，转向 B2B 跨境电商平台，如 Shopify 和 Amazon Business，以数字化模式销售产品；

利用海外仓模式，在美国和欧洲建立本地仓库，减少因关税变化带来的成本波动；

采用区块链技术，确保跨境支付安全性，并提高供应链透明度。

最终，这家企业不仅降低了关税影响，还通过数字化贸易模式，扩大了客户群体，利润率也大幅提升。

五、如何利用投资咨询机构找到最优解

面对最近几年的北美市场变局，企业要想生存并发展，必须有前瞻性思维。投资咨询机构的作用就在于帮助企业：精准分析政策走向，提前布局市场，避免突然的政策变化影响业务；优化供应链，避免单点风险，提高市场应变能力；制定资本布局策略，在全球市场中寻找最佳的投资路径；利用数字化手段，降低传统贸易壁垒，提高市场竞争力。

在当前复杂的国际经济环境下，面对未来的不确定性，企业不能单靠经验做决策，而必须依靠数据、政策分析和专业咨询进行提前布局，找到最优解。

第六篇

投资咨询如何助力企业成功出海北美

第15章 投资咨询在企业出海中的角色

第一节 市场调研与可行性分析：如何熟悉北美市场

2022年，一家中国新能源车企XEV（化名）决定进军北美市场。XEV在国内市场表现优异，年销量突破50万辆，并在欧洲部分市场取得成功。他们利用自己在欧洲的团队，直接复制欧洲的经验，准备进军北美市场，却遭遇了一系列挑战——从市场准入、法规限制、竞争压力到消费者信任问题，甚至一度面临撤资风险。最终，在一家投资咨询机构的帮助下，XEV重新评估了市场环境，调整了进入策略，才成功在美国西部建立了销售网络，并逐步扩大市场份额。

这个案例正是当下中国企业出海北美所面临困境的缩影。今天的出海，已经不是简单的出口，而是企业具备制造、科技或其他竞争力后，迈向国际市场的长期战略行为。如何在一个充分法治和市场竞争高度成熟的地区站稳脚跟，成为企业必须面对的关键问题。

一、北美市场：法制健全与竞争激烈并存

XEV最初的出海策略是复制他们在欧洲的经验：通过价格优势和续航技术吸引消费者。然而，他们很快发现，北美市场远比预想的复杂。

1. 法律与合规挑战

美国政府对新能源汽车的安全、环保、数据隐私等方面有严格的

规定。部分州、市的环保标准比联邦标准更严格，需要额外的技术认证。

车辆数据安全更是监管重点，美国对中国企业采集数据有严格限制，XEV必须建立本地数据中心，并确保符合《加州消费者隐私法案》。

2. 市场竞争高度成熟

特斯拉、福特、通用等本土品牌占据了北美新能源市场的大部分份额，消费者对新品牌的接受度较低。而XEV作为一个新进入者，如何建立品牌影响力成为难题。

充电网络的兼容性也是一大挑战，美国市场主要采用特斯拉、ChargePoint等充电标准，而XEV的充电接口在本地不兼容，导致市场进入受阻。

3. 政治与国际关系影响

近年来，美国政府对中国企业的监管越来越严，新能源行业更是受到《通胀削减法案》的影响。XEV在美销售的车型，如果没有在本土生产，就无法享受政府补贴。

而且，在贸易战背景下，XEV面临高额关税压力，直接影响其价格竞争力。

在这些问题面前，XEV意识到，缺乏充分的市场调研和可行性分析，是他们出海初期面临重大挑战的关键原因。

二、投资咨询机构的作用：如何帮助企业成功出海

在经历了初期失败后，XEV决定聘请一家专业的投资咨询机构，对市场进行深入调研，并重新制定出海策略。咨询机构从以下几个方面入手：

1. 目标市场选择

通过数据分析，咨询机构发现，美国西海岸（加利福尼亚州、华盛顿州）和加拿大安大略省、魁北克省是新能源汽车渗透率较高的地区。

加拿大安大略省虽然有较高的环保标准，但补贴政策非常友好，XEV决定以加拿大安大略省为切入点，逐步扩展至其他市场。

2. 政策与法规研究

通过咨询机构的分析，XEV调整了供应链，在靠近美国汽车城市底特律的加拿大安大略省温莎市设立工厂，解决原产地要求。

采用本地合作模式，与美国能源公司合作，确保充电接口兼容主流标准，提升市场适应度。

3. 竞争对手分析与品牌塑造

研究特斯拉、Rivian等企业的市场定位，XEV发现加拿大消费者更关注品牌价值和售后服务，而不仅仅是价格。

XEV调整市场策略，减少低端车型，专注高端电动SUV，并通过社交媒体营销提升品牌认知度。

4. 消费者需求与市场推广

通过市场调查发现，加拿大消费者对新能源车的最大顾虑是充电便利性和二手车残值。

XEV调整策略，与当地二手车交易平台合作，推出残值保值计划，增强消费者信心。

最终，XEV在投资咨询机构的帮助下，成功在加拿大市场站稳脚跟，并逐步向美国拓展。

三、投资咨询机构在市场调研与可行性分析中的关键作用

XEV的案例表明，企业出海北美，不仅仅是产品的出海，而是商业模式的升级。如果没有充分的市场调研和可行性分析，企业很可能在进入市场后遭遇合规、竞争、政策等问题，导致高昂的成本和失败的风险。

投资咨询机构的核心作用在于：

提供精准的市场数据与趋势分析，帮助企业制定合适的进入策略。

研究当地法律法规，确保企业合规运营，避免政策风险。

分析竞争对手，帮助企业找到自身的市场定位和竞争优势。

结合消费者需求，调整营销和产品策略，提高品牌认可度。

对于任何希望出海北美的企业来说，投资咨询机构不仅仅是一个顾问团队，更是确保企业在全球化竞争中成功的重要合作伙伴。市场调研和可行性分析，决定了企业能否在北美市场真正安身立命，长期发展。

第二节 融资与资本规划：如何找到合适的投资伙伴

TechM是一家中国智能制造企业，在国内依靠家族式管理和内部融资模式迅速崛起，市场占有率一路攀升。企业创始人习惯了高效的决策模式，资金来源也主要依赖内部资本积累和银行贷款。当他们决定进入北美市场时，最初的思路是简单复制过去的成功模式，依靠国内资本输血，扩展海外业务。然而，现实很快给他们上了一课。

北美市场的融资环境与中国截然不同，投资人关注的不仅仅是企业的盈利能力，还包括股权结构、治理模式、发展规划等多个维度。TechM的管理模式在国内行之有效，但在北美市场却让投资者望而却步。家族式决策机制和高度集中的股权结构，使得国际资本对企业的透明度产生质疑，而国内股东对让渡部分控制权的提议持抗拒态度，导致融资计划屡屡受挫。与此同时，他们发现，北美的资本市场对外资企业存在天然的审查壁垒，特别是在高科技和制造业领域，美国政府对外资并购的审查日益严格，这让TechM的融资难上加难。

这一困境并非个例。许多中国企业在出海时，都习惯性地沿用国内的资本运作模式，而忽略了市场环境的巨大差异。中国企业的高速成长往往依赖于创始人的强势领导和单一决策模式，但北美市场更加注重公司治理的规范性和股权结构的合理性。过于封闭的股权架构不仅阻碍了国际资本的进入，也使得企业在上市时面临巨大障碍。就像娃哈哈那样，企业在初期凭借创始人的强势决策实现快速增长，但当需要借助资本市场进一步发展的关键阶段，才发现原有的股权架构无法适应上市的要求，导致融资受阻。

TechM 在接触北美投资机构后，逐渐意识到问题的严重性。他们需要的不仅仅是资金支持，更是北美市场的本地化投资生态。北美的投资机构不仅是资金提供者，还是市场资源的整合者，能够帮助企业打开本地渠道，优化商业模式，并提供长期增长所需的战略支持。TechM 的管理层最终决定引入一家投资咨询机构，重新评估资本规划。

咨询团队的介入，使得 TechM 的融资模式发生了根本性的变化。首先，他们调整了股权架构，引入北美的战略投资者，以增强市场认同感，并符合当地资本市场的惯例。同时，他们不再单纯依赖国内母公司输血，而是设立本地融资平台，以便能够获得当地的银行贷款和政策扶持。此外，在投资机构的建议下，TechM 采取了更加开放的治理模式，组建了一支国际化的管理团队，以增强企业的透明度和竞争力。这些调整，使得 TechM 最终成功获得了北美投资机构的青睐，顺利完成了融资计划。

当然，并不是所有企业都要经历如此曲折的调整，但出海企业应尽早规划资本架构，避免在融资关键期被迫调整。对于希望在北美市场长远发展的企业，几个核心问题必须考虑。

首先，股权结构应符合国际投资者的需求。封闭的家族式管理可能会让企业在发展初期保持高效，但当企业需要更大规模的资本支持时，过于集中化的股权结构反而会成为掣肘。

其次，企业应积极融入本地资本市场，而不是单纯依赖国内资金支持。北美的投资机构除了提供资金，还能帮助企业打开市场，拓展商业资源，这种本地化的资本优势，是国内资本无法替代的。

最后，融资规划需要提前布局，而非等到资金紧张时才开始寻找投资人。TechM 在最初的融资困境中，就因为缺乏长期规划，导致在关键时刻难以快速获得市场认可。成功的企业往往在进入新市场前，就已经做好融资安排，包括初期的天使投资、本地机构合作、私募融资，以及后续的资本市场上市计划。

TechM 的经历表明，资本规划绝不仅仅是财务问题，而是企业全球化战略的重要一环。那些成功出海的企业，往往在设立之初，就已经考虑到如何让企业的股权架构和治理模式符合国际市场的规则,而不是等到企业发展到一定阶段,才发现自己的股权结构成为发展的障碍。投资咨询机构在这一过程中扮演着至关重要的角色,不仅能够帮助企业找到合适的投资伙伴,更能确保融资模式与企业的长期战略相匹配,使企业在全球市场上拥有更大的成长空间。

第三节 法律与合规支持:避免因小失大,合规先行

2021年,一家中国跨境电商企业FastCome(化名)决定进军北美市场。他们在国内电商行业崭露头角,凭借价格优势和高效供应链迅速占领了一部分市场份额。然而,由于对北美市场的法律和合规要求缺乏深入理解,公司在初期试图通过规避部分监管来降低成本,结果却付出了惨重代价。

FastCome的管理层认为,北美的法律体系虽然严格,但执行存在漏洞,因此决定采取"先做再说"的策略。他们没有注册正式的本地法人公司,而是通过个人账户在美国各大电商平台销售产品,避开部分税收和合规要求。他们的产品包装和标签并未完全符合美国消费品安全标准,也未进行严格的产品责任保险。此外,为了在短时间内提高销量,他们使用了刷单、虚假评论等手段来提升产品排名。

问题很快浮出水面。由于产品包装缺乏符合美国安全标准的警示标识,一位顾客的孩子误食了产品中的小零件,导致紧急送医。家长愤怒地提起诉讼,指控FastCome销售不符合安全标准的产品,并要求高额赔偿。与此同时,亚马逊和沃尔玛等电商平台开始收到大量消费者投诉,指出FastCome的产品描述存在夸大,虚假评论破坏了公平竞争规则。美国消费者保护机构介入调查后,不仅要求平台下架其所有产品,还对公司处以巨额罚款。

这一系列连锁反应,最终导致FastCome被迫撤出北美市场。他们原本希望通过低成本运营抢占市场,却因为缺乏合规意识和侥幸心理,

反而失去了进入市场的机会，甚至被列入美国商务部的不诚信企业名单，导致未来再进入北美市场变得异常困难。一个本可以长期发展的海外布局，仅仅因为前期对法律合规的忽视，付出了"因小失大"的代价。

FastCome 的教训充分说明，在北美市场，合规不仅仅是企业必须面对的成本，更是企业能否长期发展的关键因素。北美的法律体系虽然复杂，但执行力极强，尤其是在消费者权益保护、数据合规、税务合规和劳动法等方面，中国企业必须提前做好法律准备，而不是在遇到问题后亡羊补牢。

一、北美市场合规的核心领域

1. 产品合规：确保符合当地安全标准

北美市场对产品质量要求极为严格，特别是涉及食品、儿童用品、电子设备等行业。

美国消费品安全委员会（CPSC）对所有进入美国市场的产品都有严格的合规要求，违反规定不仅会导致罚款，还可能引发集体诉讼。

例如，儿童产品必须符合《消费品安全改进法案》（CPSIA）的检测标准，电子产品则需要符合 FCC 认证。

2. 数据合规：保护用户隐私，避免巨额罚款

北美的隐私法规极其严格，企业必须确保数据收集、存储和使用符合《加州消费者隐私法案》和《通用数据保护条例》（适用于在北美有欧洲用户的企业）。

2020 年，某知名中国短视频公司因数据隐私问题被美国政府调查，最终支付了近 6 亿美元的和解金，并被迫在美国设立数据本地化管理部门。

3. 税务合规：合理避税，而非逃税

北美的税务体系较为复杂，不同州的销售税（Sales Tax）和公司所得税（Corporate Tax）各不相同。

许多中国企业进入北美后，没有正确申报税务，导致后续补缴税款，甚至面临罚款和业务冻结。

例如，一些跨境电商企业在未注册销售税许可证的情况下销售产品，最终被美国税务局追查，并被要求支付巨额税款和滞纳金。

4.劳动法合规：避免劳工诉讼风险

北美的劳动法保护力度很大，企业必须遵守最低工资、员工福利、加班费支付等规定。

近年来，一些中国企业因未按照当地法律支付员工福利，被起诉并赔偿高达数百万美元。

例如，一家中国制造企业在墨西哥设厂，但未按当地劳动法支付加班费，结果被集体诉讼，最终不得不支付巨额和解金，并调整用工制度。

二、投资咨询机构如何帮助企业规避法律风险

FastCome的失败在于他们缺乏对北美法律体系的认知，而一个专业的投资咨询机构，本可以在企业进入市场之前，帮助他们避免这些"因小失大"的错误。

首先，投资咨询机构能够提供详细的法律合规指导，帮助企业明确在北美市场需要遵守的法律法规。例如，建议企业在进入市场前完成产品认证，注册销售税许可证，并建立合规的数据保护体系，以避免潜在法律风险。

其次，投资咨询机构可以协助企业制定合适的商业结构。不同的公司注册形式涉及不同的税务和法律责任，专业的咨询机构能够帮助企业选择最有利的公司架构，并确保未来融资或上市不会受到合规问题的阻碍。

此外，投资咨询机构还能帮助企业建立危机管理机制。即便企业已经进入市场，如果遇到合规问题，专业机构可以迅速介入，提供法律应对方案，最大程度减少损失。例如，在遭遇消费者诉讼时，投资咨询机

构可以建议企业采取主动召回、危机公关等策略，以降低企业形象受损的风险。

三、合规不是成本，而是企业长期发展的保障

FastCome 的失败案例表明，在北美市场，任何试图规避法律的做法，都可能最终演变为"因小失大"的悲剧。合规不仅仅是企业的义务，更是企业成功的前提。一个企业如果不能在法律框架内运作，即便初期能够获得市场优势，最终也会因为法律风险而遭受沉重打击。

专业的投资咨询机构，能够帮助企业在进入北美市场前，建立完整的合规体系，规避潜在风险，确保企业可以在全球竞争中长期稳健发展。对于出海企业来说，遵守当地法律不仅是必要的成本，更是赢得市场信任、获得资本认可、实现可持续增长的关键。

第四节　供应链与物流优化：降低运营成本，提高竞争力

一、多伦多仓储考察：一个供应链优化的现实案例

某中国企业家十多年前移民加拿大，从海外电商小作坊起家，后来联合几位志同道合的合伙人，创立了一家 M 供应链公司（下文简称 M 公司）。M 公司位于多伦多皮尔森机场附近的密西沙加市，如今已在加拿大拥有四个仓库，业务涵盖海关监管仓储、第三方物流、订单履约等，其业务版图还在快速发展。

M 公司作为一家成功的出海供应链企业，如何从传统仓储物流业务，升级为涵盖供应链一体化管理的企业？对于正在北美市场摸索的中国企业而言，这不仅是一个现实案例，更是一个值得深思的供应链优化样本。

二、供应链优化的关键：从"存货"到"价值管理"

M 公司的海关监管仓库是货物正式进入市场前的"缓冲区"，所有从海运或空运到达加拿大的货物，都会先在这里落脚，接受海关检查，确保合规后才能进入市场。

申请海关监管资质绝非易事，需要满足严格的法规要求。但一旦拿到这张"通行证"，企业在清关、分拨、存储等环节就能更加高效，甚至大幅降低物流成本。对于出海企业来说，供应链的第一道门槛不是运输，而是合规。

M 公司的订单履约仓的核心功能，是帮助中国企业更快、更高效地完成订单配送。随着跨境电商的崛起，越来越多的中国卖家选择"海外仓模式"，不再依赖国内发货，而是提前将库存放在北美本地仓库，从而提升配送效率，减少物流成本。

供应链优化已不再是简单的"存货 + 发货"模式，而是向供应链价值管理升级。企业不仅要送得快，更要服务好，才能在竞争激烈的市场中抢占先机。

三、供应链优化的核心策略

1. 设立本地仓储，优化库存管理

过去，许多中国企业习惯于从国内直接发货至北美，认为这样可以节省仓储成本。然而，物流周期过长、库存周转率低、交货不稳定，使得企业在竞争中处于劣势。

M 公司的模式表明，企业可以通过在多伦多、温哥华、洛杉矶等核心市场设立本地仓储，提高交付效率，并利用数据优化库存管理，确保热销产品不断货，滞销产品不积压。

2. 智能化供应链管理，提升运营效率

M 公司的仓库里配备了一套高度智能化的供应链管理系统（WMS），可以实时监测库存、优化仓位、预测订单趋势。这种数据驱动的管理方式，使得企业在库存调配上更精准，同时降低仓储成本。

M公司通过机器学习分析历史订单数据，预测未来销售趋势，提前优化库存分布。这不仅减少了存货积压的成本，还提高了订单履约速度。

3. 整合本地物流资源，降低"最后一公里"配送成本

在北美市场，"最后一公里"配送费用高昂，传统快递模式难以支撑高频订单。M公司选择与UPS、FedEx、DHL等本地物流公司合作，同时搭建自己的配送网络，优化订单分发，降低配送成本。

M公司的仓库已经实现了分区配送，例如加拿大东部市场由多伦多仓负责，西部市场由温哥华仓覆盖，大幅缩短了配送时间，提高了客户满意度。

4. 完善退货管理体系，提升客户体验

北美消费者的退货率远高于国内，尤其是电商领域。如果企业没有高效的退货处理机制，很容易遭遇信誉危机。

M公司的解决方案是建立专门的退货中心，并与维修站、二手市场合作，降低退货损失，同时提升客户满意度。这种模式不仅减少了运营成本，还让企业在品牌服务上形成差异化竞争力。

四、投资咨询机构在供应链优化中的作用

1. 供应链规划与选址

投资咨询机构可以帮助企业选择合适的仓储和物流中心，评估目标市场的需求、物流成本，并设计最优供应链方案。例如，某些企业适合在美加设立独立仓库，而另一些企业可能更适合与第三方物流合作。

2. 供应链整合与成本优化

在仓储、清关、配送等环节，咨询机构能够提供整合方案，降低不必要的开销。例如，通过共享仓储模式，多个企业可以共用同一个仓库，从而降低仓储成本，提高库存周转率。

3. 合规管理与风险控制

北美市场的物流法规较为严格，企业需要符合当地的贸易法规、税务要求和环保标准。投资咨询机构可以提供合规审查，确保企业不会因为物流合规问题而遭受罚款或业务中断。

五、供应链是企业出海的"生命线"

多伦多的仓储考察让我深刻认识到，供应链不仅是企业的"后勤保障"，更是决定市场竞争力的关键因素。

如果企业没有高效的供应链体系，就无法满足北美市场对快速交付的需求，也难以在成本控制上取得优势。而投资咨询机构的介入，可以帮助企业优化供应链，提高运营效率，降低物流成本，并确保所有环节合规运行。

M公司的案例显示出中国企业出海的新阶段——从单纯的产品出口，向供应链体系的全球化升级。供应链优化不是可选项，而是企业能否成功出海的决定性因素。

第五节　品牌与市场推广：如何用北美的方式讲述中国企业的故事

一、瑞幸咖啡的财务造假事件：品牌诚信与市场信任的代价

2020年，瑞幸咖啡（Luckin Coffee）一度被视为中国品牌全球化的典范。作为星巴克在中国的强劲竞争对手，瑞幸凭借快速扩张和数字化运营在短时间内崛起，甚至成功登陆纳斯达克。然而，仅仅一年后，这家企业便因财务造假丑闻跌入谷底，不仅自身遭遇毁灭性打击，也对中国品牌在全球市场的信誉造成了不可估量的损害。

瑞幸被曝光虚增收入约22亿元人民币，导致股价暴跌，公司最终被纳斯达克摘牌。这个事件成为全球资本市场的焦点，不仅让瑞幸自身

付出了惨重代价，也让国际投资者对中国企业的诚信产生了深深的怀疑。瑞幸的案例表明，在全球市场，品牌的核心不仅仅是产品和营销策略，更是企业的诚信与信誉。

对于出海企业来说，瑞幸的失败提醒我们：

诚信是品牌的基石，一旦失去，将很难重新赢得市场信任。

品牌形象不仅仅取决于产品和营销策略，企业文化、治理结构、透明度同样至关重要。

危机发生后，品牌如何应对公关挑战，决定了企业能否东山再起。

尽管瑞幸目前还在经营，但它的财务造假事件给出海企业带来了深刻的教训。

二、品牌塑造不是简单的市场推广，而是信任的建立

北美市场对品牌的认知，与中国市场有着根本性的不同。美国消费者愿意为"信任"支付溢价，而不仅仅是产品的性价比。在瑞幸事件之前，中国品牌在国际市场上的信誉尚未完全建立，而该事件进一步加深了外界对中国企业"缺乏透明度"的刻板印象。

北美消费者认同的品牌往往有几个共同特点：

品牌故事能够引起情感共鸣，如特斯拉强调环保和科技创新，耐克鼓励个人奋斗。

品牌传播方式符合当地市场习惯，如注重社交媒体运营、品牌代言人与用户互动。

企业诚信至上，任何财务或法律违规行为都可能导致品牌瞬间崩塌。

中国企业如果想要在北美市场长期立足，不能仅靠"低价策略"赢得市场，而是要构建符合当地消费者认知的品牌故事，并长期积累品牌信任。

三、如何用北美的方式讲述中国企业的故事

1.让品牌故事具备情感共鸣

北美消费者更愿意支持那些有"理念"的品牌。瑞幸的失败，正是

因为企业过度强调扩张速度，而忽略了品牌本身的可信度和长期价值。中国企业可以借鉴成功品牌的做法，例如比亚迪在北美推广新能源汽车时，强调可持续发展，而非仅仅是技术参数或价格优势。

2. 采用符合北美市场的品牌传播策略

北美市场的品牌营销高度依赖社交媒体、KOL（意见领袖）、用户口碑等多元化传播方式。瑞幸事件的另一个警示在于，品牌不仅要能吸引资本，更要赢得消费者长期信任。简单的广告投放无法建立深厚的品牌影响力，而与消费者建立互动、打造品牌社区，才能形成长期竞争力。

3. 建立透明合规的企业文化

瑞幸的核心问题之一，是企业文化缺乏透明度，导致财务造假行为未能得到及时遏制。中国企业在出海时，必须主动适应北美市场对公司治理的高标准要求，确保信息披露透明，避免因短期利益而牺牲品牌长期发展。

四、投资咨询机构如何助力品牌全球化

瑞幸的失败，不仅是个别企业的问题，也凸显了许多中国企业在品牌建设上的系统性短板。投资咨询机构在帮助中国企业进入北美市场时，可以发挥关键作用。

1. 制定品牌战略，确保品牌定位清晰

投资咨询机构可以帮助企业在进入北美市场前，进行市场调研，明确品牌定位，并制定长期品牌建设计划，确保企业不会陷入"短期销量 vs 长期品牌建设"的两难。

2. 建立品牌传播体系，提高市场认知

投资咨询机构可以协助企业制定符合北美市场的营销策略，包括社交媒体运营、KOL合作、公关传播等，使品牌在当地市场更具影响力。

3. 优化企业治理，提升品牌信誉

企业的品牌形象不仅取决于市场推广，也取决于公司治理和财务透明度。咨询机构可以帮助企业建立合规管理体系，避免因财务问题或治理不善导致品牌受损。

4.危机公关与品牌修复

一旦品牌遭遇危机，如消费者投诉、监管调查或负面新闻，投资咨询机构可以提供专业的危机管理策略，帮助企业快速应对，降低负面影响。

五、品牌是企业的核心资产，投资咨询机构是品牌全球化的关键助力

瑞幸咖啡的案例表明，品牌建设不仅仅是营销部门的职责，而是企业整体战略的一部分。北美市场的消费者更注重企业诚信、品牌故事和长期价值，中国企业如果想要真正立足国际市场，必须在品牌建设上投入更多精力，而不是只关注短期市场推广。

在这一过程中，投资咨询机构扮演着至关重要的角色。它们不仅帮助企业制定品牌战略，还能提供市场推广、企业治理、危机管理等全方位支持，确保品牌能够在北美市场长期发展，而不是昙花一现。

对于中国企业而言，出海北美的第一步，不是如何提高销量，而是如何建立一个值得信赖的品牌。而投资咨询机构，正是帮助企业完成这一转型的最佳伙伴。

尾　声

出海北美，为什么一定要有投资咨询机构的支持

在全球化的浪潮中，越来越多的中国企业将目光投向北美市场，寻求新的增长机会。然而，北美市场的复杂性和多样性使得企业在"出海"过程中面临诸多挑战。为了有效应对这些挑战，投资咨询机构的支持显得尤为重要。

一、了解当地投资环境

北美地区，尤其是美国和加拿大，拥有高度发达的市场经济体系，但各州和省份的法律法规、税收政策以及市场准入条件存在显著差异。例如，美国的法律体系相对独立且复杂，各州之间的法律差异较大，政策和法规可能会随时发生变化，对企业的经营产生影响。投资咨询机构熟悉当地的政策环境，能够为企业提供最新的政策解读，帮助企业制定符合当地法规的投资策略，避免因政策误读而导致的法律风险。

二、市场调研与竞争分析

北美市场竞争激烈，各行各业都有大量的竞争对手。企业需要具备强大的竞争力和市场洞察力，才能在激烈的竞争中立于不败之地。投资咨询机构拥有丰富的市场调研经验，能够深入分析目标市场的需求、竞争格局以及消费者偏好，帮助企业制定差异化的市场进入策略，确保产品或服务能够迅速获得市场认可。

三、法律合规与风险管理

美国的法律环境复杂，各州之间的法律差异较大。此外，美国的法律环境也存在一定的不确定性，政策和法规可能会随时发生变化，对企业的经营产生影响。投资咨询机构通常与当地的法律和合规专家合作，能够为企业提供全面的法律合规服务，包括合同审查、知识产权保护、税务筹划等，确保企业在当地的运营合法合规，降低法律风险。

四、文化差异与本土化策略

美国是一个多元文化的国家，不同地区和不同群体之间存在着文化差异。企业需要了解并尊重美国的文化习俗和价值观，以避免因文化冲突而导致的问题。投资咨询机构熟悉当地的商业文化和社会习俗，能够为企业提供本土化建议，帮助企业更好地融入当地市场，提升品牌形象和市场接受度。

五、资源整合与战略合作

投资咨询机构通常拥有广泛的商业网络，能够为企业搭建与当地政府、行业协会、潜在合作伙伴的沟通桥梁。这种资源整合能力有助于企业迅速建立起在当地的业务网络，寻找战略合作机会，提升市场竞争力。

在北美市场投资，机遇与挑战并存。投资咨询机构凭借其专业知识和丰富经验，能够为中国企业提供全方位的支持，帮助企业有效规避风险，抓住市场机遇，实现全球化发展的战略目标。

如何避免踩坑，降低试错成本

在全球化的背景下，中国企业积极拓展海外市场，寻求新的发展机遇。然而，跨国经营充满挑战，如何避免踩坑，降低试错成本，成为企业关注的焦点。

一、深入了解目标市场

成功的国际化战略始于对目标市场的深入了解。这包括对当地法律法规、市场需求、文化差异等方面的全面调研。缺乏对目标市场的深入了解,可能导致企业在运营过程中遇到意想不到的困难。

二、选择合适的进入时机

把握进入市场的时机至关重要。过早进入可能面临市场尚未成熟的风险,过晚则可能错失先机。企业应根据市场环境、竞争态势以及自身资源,制定科学的进入策略,确保在合适的时机切入市场,以降低试错成本。

三、培养跨文化管理能力

跨文化管理能力是企业全球化成功的关键。企业需要理解并尊重当地文化,避免因文化差异导致的管理问题。文化差异可能导致企业在当地的经营活动受到阻碍,甚至引发社会舆论的反弹。因此,培养跨文化管理能力,尊重当地社会习俗和文化,成为企业在海外成功运营的关键因素。

四、加强风险评估与管理

海外投资充满不确定性,政治、经济、法律等方面的风险需要企业高度重视。德勤的研究指出,中国企业在投后风险管理过程中需要以价值提升为导向,充分理解境外监管及运营环境,重点聚焦全球运营管控定位、运营决策机制、一体化运营管控体系、风险控制与监督四大方面,利用现有资源和管理经验,实现境外企业的合法合规运营,避免国有资产流失。

五、积累国际化经营经验

经验的积累有助于企业更好地应对海外市场的复杂性。随着企业在同一东道国并购经验的积累，并购经验对并购成功率最初具有正影响，然后变为负影响，最后又转变为正影响。这表明，企业应注重在海外市场的长期经营，积累经验，逐步提升国际化经营能力。

六、借助专业咨询机构

专业的投资咨询机构可以为企业提供当地市场的深入分析、政策解读和风险评估，帮助企业制定科学的海外投资策略，降低试错成本。通过建立境外投资全生命周期风控体系，树立一套管理规则，理顺一套管理权责，提供一套实用工具，梳理一批风险案例，明确一批管控流程，上线一套监控系统，为企业管好境外投资业务，保护境外资产，防范不确定性风险，少交或不交学费，提供更为坚实、行之有效的制度性、体系性保障。

七、履行社会责任

企业在海外投资过程中，应积极履行社会责任，关注当地社区的发展，建立良好的企业形象。反思中企海外投资失败案例，社会责任理解不到位是其中一个重要原因。企业应在当地开展公益活动，关注环境保护，与当地社区建立良好关系，提升企业的社会认可度，降低运营风险。

八、建立合规管理体系

合规管理是企业海外投资成功的基础。中国企业应充分考虑海外不合规所带来的种种负面后果，并将合规风险管理与日常业务紧密结合。企业应建立健全的合规管理体系，确保业务运营符合当地法律法规，避免因合规问题导致的法律风险和声誉损失。

九、重视税务规划

税务风险是海外投资中不可忽视的因素。企业应在投资前进行详细的税务规划，了解当地税收政策，合理安排资金流动，避免因税务问题导致的财务损失。境外投资需警惕四大类风险,其中税务风险是关键之一。企业应与专业税务顾问合作,制定科学的税务策略,确保税务合规,降低税务风险。

十、加强内部控制

健全的内部控制体系有助于企业及时发现并应对潜在风险。企业应建立有效的内部审计和监督机制,确保业务运营的透明度和合规性。

总之,中国企业在走向国际化的过程中,应充分准备,深入了解目标市场,培养跨文化管理能力,加强风险评估与管理,积累国际化经营经验,借助专业咨询机构的支持,履行社会责任,建立合规管理体系,重视税务规划,加强内部控制,以避免踩坑,降低试错成本,确保海外投资的成功。

投资机构的经验、资源和网络如何成为企业的"加速器"

在全球化和竞争日益激烈的商业环境中,企业寻求加速发展的路径已成为共识。投资机构凭借其丰富的经验、资源和广泛的网络,常常扮演着企业"加速器"的角色,助力企业实现快速成长。

一、经验即武器

本书讲述了大大小小中国企业出海的案例,有成功者,也不乏失败者。相信大家也能看出,出海北美,产品、法律、市场、合规,每一项都是雷区密布。同样的经验在国内也许好用,在东南亚也许好用,换个地方,可能就会成为一个掉进去就爬不出来的"坑"。而投资咨询机构是从雷区中厮杀出来的战士,由经验丰富的专业人士组成,在行业内积累了丰富的实践经验。这些专业人士能够为企业提供战略指导,帮助企业制定清晰的发展路径。他们不是教企业游泳,而是将这些血淋淋的失败案例做成浮板，供出海企业在市场上生存。这本书里提到的那些案例，那些在商场中亲身经历的"战争"，比任何商学院的案例都锋利。

二、资源卡位战

真正的加速不是给地图，而是直接控制交通枢纽。企业要的市场、品牌、营销、战略，哪一项不是资源堆积起来的。而投资咨询机构不仅能提供资金支持，还能整合各种资源，帮助企业提升技术能力。他们拥有海量的市场数据，涵盖北美各行业的市场规模、增长趋势、竞争格局等信息。通过对这些数据的深入分析，能够帮助企业精准识别目标市场和潜在客户群体。以智能家居市场为例，咨询机构通过对北美地区不同城市、不同消费群体的智能家居需求数据进行分析，发现年轻一代消费者对具有个性化定制功能的智能家居产品需求旺盛，而东北部沿海城市的市场增长速度明显高于其他地区。基于这些数据，一家中国智能家居企业调整了市场定位，将目标客户锁定为北美年轻一代消费者，并优先开拓东北部沿海城市市场，取得了良好的市场反响。

三、网络即权力

在北美，人脉是降维打击的武器库。投资咨询机构拥有广泛的行业联系网络，能够为企业搭建合作平台，拓展市场机会。比如通过参加北美当地的行业展会、商务活动以及与当地商业协会的合作，将这些客户信息推荐给企业。同时，利用自身的专业优势，为企业制定针对性的客户拓展方案，协助企业与潜在客户建立联系，开展业务洽谈，提高客户转化率。例如，一家中国的软件服务企业希望进入北美市场，但对当地客户需求和市场规则了解有限。咨询机构通过其人脉关系，帮助企业与北美几家大型企业建立了初步联系，并指导企业根据北美客户的特点调整产品服务方案，最终成功拿下了几个重要客户订单，为企业在北美市场的发展奠定了基础。

总之，投资咨询机构通过提供经验分享、资源整合、网络拓展、品牌提升、风险管理和创新支持，成为企业发展的"加速器"。企业应充分利用投资机构的优势，加速自身成长，实现可持续发展。

站在全球市场看北美，把握未来的出海趋势

在当前复杂多变的国际关系格局下，全球市场对北美的关注度持续上升。中国企业在制定出海战略时，需深入理解中美、中欧、加美、美欧、美俄等多边关系的动态变化，以把握未来的出海趋势。

一、中美关系：竞争与合作并存

中美关系作为全球最重要的双边关系之一，其变化直接影响全球经济格局。近年来，尽管贸易摩擦和技术竞争加剧，但两国在经贸领域仍存在广泛的合作空间。2025年，中国股市表现优于美国股市，MSCI中国指数上涨18%，而标普500指数仅上涨2%。尽管中国经济面临房地产市场疲软、高债务和人口老龄化等挑战，但政府采取的货币和财政政策，以及对科技领域的支持，增强了市场信心。

然而，地缘政治风险仍对中国企业产生影响。例如，美国政府的行政命令提醒市场，地缘政治风险持续存在，可能影响中国科技公司的市场表现。

二、中欧关系：深化合作与投资

中欧关系在近年来取得积极进展，双方于2020年达成了《中欧全面投资协定》，旨在消除投资障碍，确保市场准入，提升投资环境透明度，并改善劳工标准，支持可持续发展。这一协定的签署，为中国企业在欧洲的投资提供了新的机遇。

中国企业在欧洲的投资呈现多元化趋势，涵盖新能源汽车、电池制造等领域。例如，宁德时代、亿纬锂能、比亚迪等企业在匈牙利投资建厂，形成了明显的产业集群效应。匈牙利政府为中国企业提供了税收优

惠、地理优势和高素质人才等支持，吸引了大量中国投资。

三、美加关系：合作与竞争的双重特性

加拿大与美国作为邻国，经济联系紧密。在美加贸易协定的框架下，两国在能源、制造业等领域合作密切。然而，随着特朗普政府对加征关税的政策调整和全球供应链的重组，加拿大也在寻求多元化的贸易伙伴关系，以减少对单一市场的依赖。这为中国企业在加拿大的投资提供了新的契机，特别是在绿色能源和高科技制造领域。

四、美欧关系：联盟中的分歧

美欧关系虽然以联盟为基础，但在贸易政策、数字税等方面存在分歧，这种分歧为中国企业在欧美市场的布局提供了空间。通过灵活的市场策略和技术创新，中国企业可以在欧美市场找到新的增长点。

五、美俄关系：紧张局势下的战略考量

过去美俄关系的紧张以及当下美俄关系的变化对全球能源市场和地缘政治格局产生深远影响。中国企业在制定全球战略时，需要考虑美俄关系的变化对能源价格、市场稳定性等方面的影响，以制定灵活的应对策略。

六、中国企业出海的新趋势

在全球复杂的政治经济环境中，中国企业的出海战略呈现出以下新趋势：

跨境电商的快速发展：随着全球电商市场的扩张，中国跨境电商企业积极布局欧美、东南亚等市场，通过数字营销和本地化服务，扩大市场份额。

人工智能驱动的数字化转型：中国企业利用 AI 技术实现产品和服务的智能化，提高客户体验和运营效率，增强全球竞争力。

先进制造和自动化设备：特别是北美地区，高昂的劳动力成本及其管理方式，给中国先进制造和自动化设备企业提供了较为广阔的市场。

绿色能源领域的布局：中国企业在全球范围内投资绿色能源项目，如电动汽车、电池制造和可再生能源，推动全球能源转型。

跨国并购与投资：中国企业通过并购和直接投资，进入海外市场，获取技术和品牌资源，提升全球影响力。

在全球市场中，北美作为重要的经济体，仍然是中国企业出海的关键目标。然而，复杂的国际关系要求企业在制定出海战略时，充分考虑地缘政治、贸易政策和市场变化等因素。通过灵活应对和创新发展，中国企业有望在全球舞台上取得更大的成功。

后　记

2024年春节，我在加拿大时萌生了写本有关出海北美的书的想法。经过一年多的酝酿，本书终于完成。在这个过程中，我对中国企业在北美的成功经验与失败教训进行了深入研究，希望能够为未来有志于国际化的企业提供一些有价值的思考和借鉴。然而，任何一部书籍都难免存在不足，本书也不例外。

在撰写过程中，我三易其稿，力求内容的完整性和逻辑的严密性。然而，面对庞杂的商业案例和不断变化的国际环境，仍然难免会有疏漏。特别是在案例的选择上，我既要保持案例本身的客观性，又要考虑与本书内容的关联性和逻辑性，不得不对部分案例进行适当调整，使其更具代表性和可读性。

书中引用的案例，有的是我亲历或深入调研所得，有的则来自公开的网络报道。不管案例来源如何，难免都会在某种程度上偏离事件的全部客观现实。希望本书的内容不会对相关企业造成任何困扰，若有不妥之处，还请谅解。同时，书中未明确企业名称的案例，大部分是非公开案例，相关内容仅作为分析参考，并不特指某一具体企业，请勿对号入座。

本书的写作过程中，我得到了许多朋友和业内专家的帮助。在此，特别感谢加拿大张长荣先生、徐图先生的大力支持，他们在多个案例研究中提供了宝贵的见解和信息，让本书的内容更加丰富、精准。此外，企业管理出版社的编辑朋友从书稿初期到最终定稿,始终给予我鼓励和支持,这是促使我坚持完成本书的重要动力。

对于所有曾经给予我帮助的人,我在此致以最诚挚的感谢。希望本书能对有志于出海的企业提供一些有益的启示,也欢迎各位读者批评指正,以期未来能够不断完善。

2025 年 3 月 31 日

于多伦多北约克